À la Page : Culture et littérature

À la Page

Elisabeth Marlow
University of Oregon

Véronique Morrison
University of Oregon

Culture et littérature

Holt, Rinehart and Winston
New York Chicago San Francisco Philadelphia
Montreal Toronto London Sydney Tokyo
Mexico City Rio de Janeiro Madrid

Literary acknowledgments and photo credits appear at the end of the book.

Library of Congress Cataloging in Publication Data

Main entry under title:

A la page : culture et littérature.

    1. French language—Readers.   2. French language—Text-books for foreign speakers—English.   I. Marlow, Elisabeth.   II. Morrison, Véronique.
PC2117.A13   1985   448.6'421   84-12827

ISBN 0-03-063244-7

Copyright © 1985 by CBS College Publishing

Address correspondence to:
383 Madison Avenue
New York, NY   10017

Printed in the United States of America
Published simultaneously in Canada

5 6 7 8 9   090   9 8 7 6 5 4 3 2 1

CBS COLLEGE PUBLISHING
Holt, Rinehart and Winston
The Dryden Press
Saunders College Publishing

Préface

We developed *À la Page* for students who have already had an introduction to French. The program consists of two coordinated texts: *Grammaire*, a review grammar accompanied by a laboratory workbook and a tape program, and *Culture et littérature*, a reader using related grammar in cultural and literary articles, excerpts, reviews, essays, poems, and songs. The books complement each other by illustrating and reinforcing important themes, grammar, and vocabulary, but each can stand alone, depending on course objectives and student needs. A specific cultural theme provides a basis for the vocabulary, questions, and exercises at the beginning and end of each chapter. Fundamental principles of the language are reviewed systematically, as new material is presented, with continuous reinforcement and recall of subject matter previously introduced.

À la Page : Culture et littérature is an intermediate French reader designed to expose students to French as it is spoken and written by native speakers. The widely varying literary and cultural selections have been chosen to offer as many examples as possible of the grammar structures presented in each corresponding grammar chapter. Because of the considerably differing levels of preparation of intermediate French students, each selection is coded to indicate its level of difficulty, enabling the instructor to fit the particular needs of the students. The selections are grouped by theme and vary in length. The longer ones can easily be used as individual assignments. They have been organized so that selections may be assigned in any order or omitted entirely, at the discretion of the instructor.

Each of the twelve chapters in *À la Page : Culture et littérature* contains the following components:

1. *Vocabulaire* is a vocabulary list dealing with the thematic photographs found at the beginning of each chapter and the general theme of the chapter. This vocabulary is used for immediate practice through exercises so that the learning process is set in

motion from the very beginning of the chapter. The vocabulary is further reinforced throughout the chapter, in the *Mise en train*, in the chosen selections, in the varied oral and written exercises that accompany each text, and, finally, in the *Exercices récapitulatifs* at the end of each chapter.
2. *Mise en train* consists of a series of diversified exercises and questions relating to the photographs at the beginning of the chapter. It provides immediate practice of new vocabulary as well as insights into the daily life of people in French-speaking countries.
3. The reading selections have been chosen for their thematic content as well as their contrasting representations of the past and the present literary and cultural French-speaking world. All difficult words are glossed in the margin. Students should read the selections out of class and be prepared for discussions during the next class periods.
4. The exercises immediately following each selection serve as a check on reading comprehension and interpretation and are a basis for discussions of the theme of each lesson.
    a. *Compréhension et discussion* proposes short questions directly related to the text. They can be answered orally or in written form.
    b. *Discussion ou composition* encourages students to analyze the readings, make personal judgments, and express varied opinions leading to discussions.
    c. *Composition* treats the theme on a broader level and gives topics for written compositions. Students are encouraged to refer to the vocabulary list at the beginning of each chapter.
    d. *Et maintenant...* suggests general topics and activities related to the themes. These sections also encourage students to use the related vocabulary. They vary in form and include situations, skits, and interviews.
5. *Exercices récapitulatifs* are review exercises that deal with the grammar presented in the corresponding chapter of *À la Page : Grammaire*. These exercises do not provide a complete review of French grammar, but deal with special problems and recurring structural difficulties. They offer a wide choice for the instructor and may be assigned in any order, according to the needs of the students.
    a. *Questions de culture générale* relate to the theme of a given chapter on a broader scale, thus eliciting active student participation in discussions, as well as providing a learning experience with interesting cultural insights into the French people and their culture.
    b. *Activités* enable students to use the new vocabulary of the chapters actively in related thematic activities
    c. *Composition écrite* proposes that the students give a written summary of ideas presented in the different sections of each chapter and serves as an excellent reinforcement and recall exercise.
    d. *Situations* are based on a lesson theme. They consist of skits and dialogues, humorous as well as serious situations in which students could possibly, or at least in imagination, find themselves.
    e. *Débats* further enable students to consider different aspects related to the theme of each chapter. The class can be divided into two groups, with the instructor or one student serving as moderator. Preparations should be done in advance, at home, using as much of the newly acquired vocabulary as possible.

6. *Quelque chose de curieux* introduces proverbs dealing with the chapter theme and grammar. They can easily be learned by students and used as a basis for cultural discussions.

À la Page : Manuel de laboratoire is a laboratory workbook that accompanies *À la Page : Grammaire* but can also be used with *À la Page : Culture et littérature.* It contains pronunciation exercises and review, as well as additional written and oral exercises. The tapes reinforce correct pronunciation, as well as the vocabulary and grammar covered in the text. They include comprehension exercises with related questions, pronunciation review, pattern practice drills, grammar exercises, and dictations.

We wish to express our gratitude to Louis J. Iandoli, Brandeis University, and James L. Martin, Purdue University, for their constructive comments on the manuscript.

E.M.
V.M.

Table des matières

Niveaux
  *: texte facile
  **: texte de moyenne difficulté

Code
  P=poème
  F=fable
  B=bande dessinée
  PC=poème-chanson

Préface   v

1 Les Français   1

  *½ **Français moyen—qui es-tu? I**   5
  *½ **Français moyen—qui es-tu? II**   9
       Jacques Thomas, *Marie-France*
  ** **Gentil pays**   13
       Pierre Daninos, *Les Carnets du Major Thompson*
  ** **La douce France**   19
       André Maurois, *Portrait de la France et des Français*

  Grammaire : Présent; Impératif; Négation; Interrogation

2 La gastronomie   24

* ½ **Qu'allon-nous manger ce soir?**   29
  Colette, *La Maison de Claudine*
* ½ **Des légumes sympathiques**   31
  J. M. G. Le Clézio, *L'Inconnu sur la terre*
* **Fauchon, le paradis des gourmets**   35
  Samuel Perkins, *Sélection du Reader's Digest*
* **La table**   41
  G. Michaud et G. Torres, *Le Nouveau Guide France*

Grammaire : Noms; Articles : Définis, Indéfinis, Partitifs

3 La Provence   49

½ **La femme du boulanger   53
  Jean Giono, *Jean Le Bleu*
* **La Provence**   57
* ½ **L'Arlésienne**   61
  Alphonse Daudet, *Les Lettres de mon moulin*
* **Les gitans**   65
** **Mon pot' le gitan** *PC*   65
  J. Verrières et M. Heyral

Grammaire : Passé Composé, Imparfait, Plus-que-Parfait, Passe Surcomposé, Passé Simple

4 Les jeunes   71

** **Famille, je vous aime!**   74
  Mariella Righini, *Le Nouvel Observateur*
* ½ **Souvenirs d'enfance**   79
  Marcel Pagnol, *Souvenirs d'enfance*
* **Je fume**   83
  Sempé, Goscinny, *Le Petit Nicolas*
* ½ **Lycéens et politique**   88
  Sondage Louis Harris, *Marie-France*

Grammaire : Pronoms Personnels : Sujets, Objets Directs, Indirects; Pronoms Disjoints

5 Les études 96

** **Le proverbe** 99
  Marcel Aymé, *Les Contes du chat perché*
** **Les élèves prennent la parole** 109
  Evelyne Fallot, *L'Express*
** **Professeurs à la boule** 115
  Marcel Béalu

Grammaire : Pronoms Relatifs; Adjectifs et Pronoms Démonstratifs; Adverbes

6 Paris 122

*½ **Lettre à une etrangère** 125
  André Maurois, *Paris*
 * **Chanson de la Seine** *P* 130
  Jacques Prévert, *Spectacles*
*½ **La Seine** *PC* 131
  Valse de Monod-Lafarge
*½ **Vivre heureuse à Paris** 134
  Perrine Bour, *Jacinte*
** **April in Paris** 138
  Françoise Parturier, *L'Amour? le plaisir?*

Grammaire : Verbes Pronominaux; Verbes Impersonnels; Discours Indirect

7 La famille 145

*½ **Le portrait** 148
  Yves Thériault, *L'Île introuvable*
 * **Familiale** *P* 155
  Jacques Prévert, *Paroles*
*½ **Les aînés sont-ils les plus favorisés?** 157
  Quentin Debray et Pierre Debray-Ritzen, *Enfants-Magazine*
½ **Jose et Josette 161
  Remy de Gourmont, *D'un pays lointain*

Grammaire : Adjectifs Qualificatifs; Comparaison

8 Les femmes 169

   ** **La laitière et le pot au lait** *F*   172
      Jean de la Fontaine
   ** **Conquêtes inachevées**   175
      Sylviane Stein, *L'Express*
   * **Si tu n'existais pas** *PC*   180
      Joe Dassin
   * **Les mâles** *B*   182
   ** **La condition masculine**   184
      Catherine Valabrègue, *La Condition masculine*

Grammaire : Futur Simple, Futur Antérieur; Conditionnel Présent, Conditionnel Passé

9 Professions et métiers 191

   ** **Dialogue de l'employeur et de l'employé**   195
      Georges Duhamel, *Le Notaire du Havre*
   *½ **Le chien jaune**   199
      Georges Simenon, *Le Chien jaune*
   ** **Assistante d'ingénieur**   205
      Geneviève Leclerc, *Jacinte*

Grammaire : Adjectifs et Pronoms Possessifs; Infinitif

10 Loisirs et vacances 213

   ½ **Un début de vacances mouvementé I   217
   ½ **Un début de vacances mouvementé II   222
      Christiane de Rochefort, *Les Petits Enfants du siècle*
   *½ **Les dangers de la belle saison**   226
      Dan Carlinsky, « The Toronto Star », *Sélection du Reader's Digest*

Grammaire : Subjonctif

11 France, Canada, États-Unis 235

*½ **Un Américain à Paris** 239
Art Buchwald, « La France de Mitterand », *Paris-Match*
*½ **1776–1789 : Le boomerang de la liberté** 243
L'Express
** **La mémoire incertaine** 247
Mariane Favreau
** **La Nouvelle-Orléans, une fête pour tous les sens** 253
Le Journal français d'Amérique

Grammaire : Adjectifs, Pronoms et Adverbes Interrogatifs; Participe Présent; Voix Passive

12 Beaux-arts et spectacles 260

** **La culture en province...** 264
Claire Gallois, *Marie-France*
** **Une interview exclusive de Jeanne Moreau** 270
Anne Prah-Pérochon, *Le Journal français d'Amérique*

Grammaire : Prépositions; Conjonctions

Lexique : Français-Anglais 281

À la Page : Culture et littérature

Chapitre 1
Les Français

Vocabulaire

Les Français et les autres

un étranger, une étrangère *foreigner*
s'entendre avec quelqu'un *to get along with someone*
la patrie *fatherland*
le patriote *patriot*
la langue maternelle *mother tongue*
la langue étrangère *foreign language*
s'exprimer *to express oneself*
parler couramment *to speak fluently*
se disputer *to quarrel*
une insulte *insult*
un orgueil *pride, arrogance*
traiter quelqu'un *to treat someone*
se rapprocher (de) *to grow closer (to)*
avoir/nourrir des préjugés à l'égard de *to hold prejudices toward*
critiquer *to criticize*

Les Français au moral

ingénieux *clever, skillful*
pratique *practical*
traditionaliste *traditionalist*
méprisant *scornful*
vaniteux (-euse) *conceited*
pessimiste *pessimist*
serviable *willing to help*
complaisant *obliging*
aimable *friendly*
désagréable *unpleasant*
intolérant *intolerant*
travailleur *hard working*
tendu *tense*
souple *flexible*
rouspéteur (-euse) *complainer*

cultivé *educated*
moqueur (-euse) *mocking*
être facile/difficile à vivre *to be easy/difficult to get along with*
être sûr de soi *to be sure of oneself*

En plus...

un peuple *a people*
s'adapter aux coutumes d'un peuple *to adapt to the customs of a people*
souhaiter la bienvenue à quelqu'un *to welcome someone*
un indigène, une indigène *native*
francophone *French speaking*
francophile *French loving*
francophobe *French hating*
une hospitalité *hospitality*
accueillir chaleureusement *to welcome warmly*
être bien/mal reçu *to be well received/not to be well received*
le système D (D = débrouillardise) *a system that allows anyone to handle a given situation*
se fier à *to trust*
se sentir à l'aise *to feel at ease*
l'art de vivre *art of living*
la grandeur *greatness*
la vieille France *the France of bygone days*

Mise en train

I. *Choisissez l'adjectif qui convient le mieux pour remplacer les tirets dans les phrases suivantes.*
 1. Daniel veut toujours aider ses amis. Il est très _____.
 2. Cette femme n'est pas née en France et ses parents ne sont pas Français. Elle est sûrement _____.
 3. Ils prédisent toujours la fin du monde. Ils sont _____.
 4. Cet homme adore les Français. Il est _____.
 5. Les Dupont accueillent les touristes chaleureusement. Ils sont très _____.
 6. Les Français respectent beaucoup le passé. Ils sont _____.
 7. Après une journée fatigante, elle est très _____.
 8. Quelqu'un qui se plaint toujours est _____.
 9. Ces Français ont des connaissances étendues en littérature, musique, sciences et art. Ils sont très _____.
 10. Les pays où l'on parle le français sont des pays _____.

4 Les Français

II. *Donnez le mot qui convient pour les définitions suivantes.*
1. Quelqu'un qui méprise les autres =
2. La première langue qu'on parle dans sa vie =
3. Quelqu'un qui aime protester =
4. Abréviation pour « se débrouiller » =
5. Personne née dans le pays =
6. Le pays qu'on aime =
7. Parler très bien une langue =
8. Juger d'avance =

III. *Questions sur les photos.* Répondez aux questions suivantes avec des phrases complètes.*
1. On a pris ces photos en quelle saison? Justifiez votre réponse.
2. Quelle importance ont les terrasses de café dans la vie des Français?
3. Que font les personnes assises à la terrasse du café Aux Deux Magots?
4. Décrivez une des autres photos aux choix.
5. Faites le portrait moral du jeune étudiant que vous voyez au premier plan sur la photo qui représente la terrasse du café.

*Ces questions sont toujours sur les photos qui figurent en tête du chapitre.

Le mariage civil devant le maire est obligatoire. On se marie ensuite à l'église si on le désire.

Français moyen, qui es-tu?

Français moyen°—qui es-tu? I

      moyen *average*

Les sondages° d'opinion nous précisent chaque jour davantage° le portrait-robot° du Français moyen, cet être mythique, qui ne peut exister en chair et en os,° mais dont la démarche° est en accord avec ce que pensent et ce que font la majorité des Français.... Voici des chiffres° qui vous permettront de vous situer par rapport à lui....

    Taille° moyenne, aspect viandeux° et poilu,° pommettes° fleuries. Ajoutez à cela un béret basque, une moustache en « brosse à dents » et une baguette sous le bras, et vous aurez là le portrait du Français moyen. Notre Français moyen traîne en plus tout un cortège de qualificatifs : « C'est un laxiste »,° disent les uns. « Un combinard° ébouriffant°, un être plus peureux qu'un lombric° et pas plus sportif qu'un veau° de trois jours! », disent les autres. « Il a la passivité exemplaire d'un boeuf! », ajoutent les plus méchants....

    Au Français moyen on prête donc beaucoup d'opinions, d'attitudes et de comportements, souvent à partir de préjugés,° d'idées reçues et de clichés. Mais au fait, ce Français moyen, il pense à quoi toute la journée? Et d'abord est-ce qu'il existe? « Nous le connaissons », affirment les sondages, qui en font jour après jour un minutieux portrait. Les

le sondage *survey* / **davantage** *more* / **le portrait-robot** *profile* / **en...os** *in the flesh* / **la démarche** *proceeding; here, behavior* / **le chiffre** *figure, number*

la taille *height (also waist)* / **viandeux** *fleshy* / **poilu** *hairy* / **la pommette** *cheek*

le laxiste *lazy person* / **le combinard** *schemer* / **ébouriffant** *striking* / **le lombric** *earthworm* / **un veau** *calf*

le préjugé *prejudice*

°glossed word

6 Les Français

Français sont de plus en plus révélés à eux-mêmes : étiquetés,° pesés, soupesés, catalogués, sondés, analysés et observés dans leurs moindres habitudes. On sait ainsi que 14% des Français ont un vase de nuit° dans leur chambre à coucher; que 23% détestent tremper° leurs tartines° dans leur café au lait. Les sondages peuvent révéler avec précision les grandes tendances de la France profonde et mettre parfois en débandade° bien des idées reçues sur nos semblables. Exemple : on pourrait penser que le Français nourrit de chaudes pensées pour son pays, pour sa patrie et qu'il la défendrait becs et ongles° contre un ennemi potentiel... Faux! Un des plus récents sondages prouve le contraire. À la question : « Que feriez-vous en cas d'invasion du territoire? », 39% des Français ont clairement indiqué qu'ils s'exileraient! 11% ne verraient pas d'inconvénient à collaborer avec l'envahisseur! 18% ne se prononcent pas. Et seulement 32% iraient combattre dans la clandestinité.... Autre exemple : en 1981, on n'a pas cessé de parler de Nostradamus° et de ses prédictions au parfum d'apocalypse.... Journalistes et sociologues ont repris le même discours : guerre mondiale, etc. Ils pensaient faire chorus avec l'opinion publique. Erreur : notre sondage d'octobre 1981 a révélé qu'à peine 12% des Français croyaient aux prédictions de Nostradamus. Mieux : 70% ont avoué ne pas croire aux prédictions en général. Conclusion : ces résultats permettent de dire que les Français ne sont pas forcément des veaux et que leur maturité et leur logique sont plus évidentes qu'on ne le croit!

Liquidons d'abord les formalités d'identité : notre Français moyen se situe dans la tranche d'° âge des 28–35 ans. Il habite la région parisienne (en banlieue°). Il travaille (les actifs sont plus nombreux que les non-actifs). Il mesure désormais 1,71 m, soit 5 cm de plus qu'avant 1940, la taille des Français continuant à s'accroître° au fil des° années.

Cela dit, les hommes dépassent les femmes de 10 cm en moyenne : celles-ci mesurant aujourd'hui 1,60 m. Le tour de taille des Françaises s'est aussi resserré : à la ceinture de 88 à 86 cm; sur les hanches de 96 à 93 cm.

Quant à° la moyenne du poids masculin, il s'établit à 72,2 kilos (60,6 kilos pour les femmes). Le pourcentage des blonds, lui, diminue d'année en année. Les roux° disparaissent : 0,3% de la population, mais sont encore nombreux en Moselle (5%) et en Corse (3%).

La plupart des Français ont les yeux foncés° (55%); 31% ont les yeux bleus ou verts; et 14% ont les yeux gris. Un chiffre impressionnant : 17% des femmes de plus de

étiqueté *labeled*

le vase de nuit *chamber pot*
tremper *to dip/***la tartine** *slice of bread and butter*

en débandade *in disorder*

becs et ongles *tooth and nail*

Nostradamus *sixteenth-century French astrologer, famous for his predictions*

la tranche de *slice of*
la banlieue *suburb*

s'accroître *to increase/***au fil de** *with*

quant à *as for*

le roux *redhead*

foncé *dark*

dix-huit ans préféreraient être un homme. (Celles qui le disent ont le sentiment que la vie des femmes est, dans une large proportion, inconfortable—voire° malheureuse; résultat d'une enquête effectuée par le secrétaire d'État à la condition féminine.)

    Le Français moyen préfère la femme de plus de 1,65 m. Pour lui, la femme idéale est blonde aux yeux bleus (les rousses ne recueillent que 2% des suffrages°). Et c'est l'allure générale ou la « ligne »° de la femme qui est considérée par les hommes comme l'élément le plus important. Seulement 6% des hommes estiment que les jambes d'une femme constituent l'élément essentiel. Autre révélation : le Français moyen apprécie les femmes rondes et dodues° et va ainsi à contre-courant de tout un discours qui dit « oui » aux croupes° de bacchantes° et aux poitrines° d'allégorie et « non » à tous ces mannequins minces comme des fils° à voile° qui se font les portemanteaux° de la mode!... 44% des couples pratiquent le « mariage à l'essai » et vivent ensemble avant de « graver° leur nom au bas d'un parchemin »... La « cohabitation juvénile », qui ne concernait que 17% des couples en 1968, entre donc peu à peu dans les mœurs° et aurait tendance à se prolonger. Résultat : le nombre de mariages diminue. L'âge moyen du premier mariage, lui, après avoir baissé, augmente à nouveau : vingt-cinq ans pour les hommes, vingt-deux ans et dix mois pour les femmes. De nos jours, 10% seulement des hommes et 8% des femmes resteront célibataires,° au lieu de 12 à 13% il y a trente ans.

    Quant au chiffre des divorces, lui, connaît une pente ascendante : en 1979, par exemple, un quart des mariages se sont soldés par un divorce : leur nombre a doublé de 1970 à 1979. On divorce aussi de plus en plus jeune : les hommes en moyenne à trente-cinq ans et les femmes à trente-trois ans. Les femmes mariées avant l'âge de vingt ans et les habitants de l'Île-de-France et de Provence-Côte-d'Azur sont ceux qui divorcent le plus fréquemment.

Jacques Thomas, *Marie-France*

voire *even, indeed*

un suffrage *vote*
la ligne *figure*

dodu *chubby*
la croupe *hindquarters*/**la bacchante** *priestess of Bacchus, Roman god of wine*/**la poitrine** *breasts, chest*/**le fil** *thread*/**le voile** *veil*/**le portemanteau** *clothes hanger*/**graver** *to engrave*
les mœurs *customs*

célibataire *single*

1 mètre = 3½ feet
1 mètre = 100 centimètres
1 inch = 2,54 centimètres
1,71 m = approx. 5' 7½"
1 kilogramme = 2.2 pounds
60,6 kilos = 133 pounds
72,2 kilos = 159 pounds

Compréhension et discussion

1. Que signifie l'aspect « viandeux et poilu » du Français moyen?
2. Donnez quelques préjugés qu'on a généralement sur le Français moyen.

3. Quelles réponses les Français moyens donnent-ils à la question : « Que ferez-vous en cas d'invasion? »
4. Quelle est l'opinion des Français sur les prédictions de Nostradamus?
5. Comment expliquez-vous que le tour de taille et le tour de hanches des Françaises ont diminué?
6. Donnez la couleur des yeux des Français moyens.
7. Pourquoi 17% des femmes de plus de dix-huit ans préféreraient être un homme?
8. Faites le portrait de la femme idéale selon le Français moyen.
9. Pourquoi le nombre de mariages diminue-t-il?
10. Où réside le Français moyen? Trouvez quelques raisons qui expliquent ce phénomène.

Discussion et composition

1. Faites le portrait physique et moral du Français moyen comme l'article nous le présente.
2. D'après le texte, que font les sondages? À votre avis, est-ce un moyen valable d'étudier un peuple? Pourquoi?
3. Qu'est-ce qui nous montre dans ce sondage que ces Français ne sont plus très patriotes? Comment peut-on expliquer ce changement?
4. À votre avis, quelle est la valeur du patriotisme dans un monde qui devient de plus en plus petit?
5. Comment expliquez-vous la vogue de la femme mannequin (portemanteau)?
6. La « cohabitation juvénile » avant le mariage assure-t-elle un mariage plus heureux? Pourquoi ou pourquoi pas?
7. Que pensez-vous des prédictions qui sont à la mode aujourd'hui? Donnez-en quelques exemples.
8. Aujourd'hui les Français sont plus grands qu'il y a quelques années. Expliquez pourquoi.
9. Est-ce que cela vous surprend que les Français aiment les femmes rondes et dodues? Commentez.
10. Quels sont les dangers du mariage à l'essai?

Composition

1. 17% des Françaises de plus de dix-huit ans préfèrent être un homme. En ce qui vous concerne, êtes-vous satisfait(e) d'être un homme (ou d'être une femme)? Expliquez.
2. Faites le portrait de la femme idéale pour l'Américain moyen.
3. Faites le portrait de l'homme idéal pour l'Américaine moyenne.
4. D'après le sondage le nombre de divorces a doublé en France, comme aux États-Unis. Quels sont les problèmes causés par le divorce?

La Française moyenne? La jeune fille de gauche ou la dame entre deux âges de droite?

Français moyen—qui es-tu? II

Les Français moyens dorment 8 h 10 par nuit. 40% ont un crucifix dans leur chambre à coucher et 10% une bible. Ils se lèvent à 6 h 45, et 65% avouent ne pas avoir d'appétit le matin et ne prennent donc qu'un « petit » déjeuner.

77% boivent du café; 7% du thé. On remarquera que 3% de Français prennent encore du vin rouge au petit déjeuner! (Et 1% d'amateurs de soupe.) 51% trempent leurs tartines dans leur café.

Seulement 38% des femmes et 22% des hommes font une toilette quotidienne complète. 36% se lavent comme des chats. Enfin, pour 9% de la population, la toilette ne reste qu'une vue de l'esprit,° qu'ils compensent à la rigueur avec des déodorants!

94% des hommes ne font ni la cuisine ni le ménage à la maison. Conclusion : la France ne compte que 6% d' « hommes-fées du logis »°... « Chiffre optimiste! », disent leurs épouses en ramenant ce pourcentage à 4%. En résumé, disons qu'à part le bricolage° (51%), très peu d'hommes participent aux travaux domestiques : ils

vue de l'esprit *purely theoretical view*

la fée du logis *literally, "fairy of the house," an excellent housekeeper*
le bricolage *puttering*

condescendent encore moins à effectuer ces travaux le dimanche et ont plutôt tendance à surévaluer leur participation. Une curiosité : 16% des hommes essaient des recettes ou font des confitures ou des liqueurs de ménage!... Un constat inattendu :° le Français est grand amateur de yaourt nature. Sept Français sur dix disent en manger régulièrement. Autre révélation : 90% des Français s'asseoient toujours à la même place à table, et 55% sont fidèles aux pantoufles.°

Vœux° des Français pour 1984 : la santé d'abord! Pour 60% des personnes interrogées, une bonne condition physique est en effet la plus grande des richesses. Explication des sociologues : « Devant la montée° de périls difficiles à cerner° et souvent impossibles à maîtriser, tels l'inflation, le chômage et les menaces de guerre, nos contemporains se réfugient dans un certain égocentrisme frileux ».° Résultat : quand tout va mal, la valeur individuelle à préserver reste...la santé. Loin derrière les candidats à une bonne santé viennent les « vénaux »° (33% souhaitent gagner plus d'argent) et les « sentimentaux » (32% désirent être heureux en amour et en amitié).

Toujours au chapitre santé, signalons que les maladies cardio-vasculaires arrivent en tête des causes de décès en France (220.000 morts).

L'espérance de vie du Français moyen est de soixante-neuf ans pour les hommes et de soixante-seize ans et sept mois pour les femmes.

Tino Rossi est de loin° le chanteur préféré des Français. Viennent ensuite Mireille Mathieu, George Brassens et à égalité Luis Mariano et Édith Piaf.

Côté cinéma, le Français moyen avoue sans fausse honte° préférer les films comiques (50%). C'est Fernandel qui le fait encore rire à gorge déployée.° À la question : « Si vous étiez actrice de cinéma, quel serait votre partenaire idéal? », les femmes ont marqué de l'enthousiasme pour Yves Montand (22%), Alain Delon (15%), Lino Ventura et Belmondo (12%). Quant à l'actrice préférée des hommes, c'est Catherine Deneuve. Les 18–24 ans préfèrent Miou-Miou et les plus de 50 Annie Girardot.

Cela dit, deux millions de Français ne sont jamais allés au cinéma. 36% n'y sont pas allés depuis trois ans et plus. Et 50% y vont au moins une fois par an.

75% des Français regardent la télé au moins un jour sur deux. Les films et les émissions° médicales de préférence.

le constat inattendu *unexpected finding*

la pantoufle *slipper*
le vœu *wish*

la montée *increase*
cerner *here, to identify (to encircle)*

frileux *here, sensitive (to the cold)*
vénal *mercenary*

de loin *by far*

la fausse honte *shamefacedness*
à gorge déployée *heartily*

une émission *program*

Côté « culture », 87% des Français n'ont pas le baccalauréat.° On ne compte que 7% de bacheliers et 5,8% de titulaires d'un diplôme d'études supérieures (sept Français sur dix n'ont aucun diplôme).

79% des Français se déclarent catholiques (84%, il y a dix ans). À la question : « Le drapeau français a-t-il encore un pouvoir d'émotion sur vous? », 52% ont répondu « oui ».... Mais six Français sur dix refusent de mourir pour la patrie!

Enfin, 100% des directeurs d'instituts de sondage sont persuadés que le Français moyen n'existe pas...pour la simple raison que le Français moyen est, en fait, une Française moyenne! La part des femmes dans la population française est, en effet, supérieure de plus de 1% à celle des hommes. Pour cette simple raison statistique, la France moyenne doit donc se conjuguer au féminin!

Jacques Thomas, *Marie-France*

le baccalauréat French secondary school diploma or examination

Quelque chose de plus...

Il dépense de moins en moins pour se nourrir

70% des ménages français disposent d'une voiture (10% de plus qu'il y a dix ans) et 17% en possèdent deux. 30% des conducteurs se disent prêts à payer l'essence° plus de 5 F le litre (dont 15% plus de 6,50 F!). En 1981, 95% des Français possédaient un réfrigérateur, 90% un téléviseur (dont 44% une T.V. couleurs); 79% une machine à laver; 29% un congélateur° et 16% un lave-vaisselle. Le téléphone équipe 67% des ménages (deux fois plus qu'en 1976).

Un Français sur deux est propriétaire de son logement° et vit dans une maison individuelle (51%) plutôt qu'en appartement (40%). 98% ont l'eau courante dans leur résidence principale (eau chaude : 81%); 60% le chauffage central.

51% des Français ont un appareil de photo; 12% une chaîne-stéréo; 4% une carte de crédit; 51% un livret de caisse d'épargne.°

Autre révélation : ils dépensent de moins en moins pour leur alimentation :° il y a vingt ans la consommation alimentaire représentait 37% des dépenses. Elle n'est plus aujourd'hui que de 22%.

Le Français moyen mange 170 g de pain par jour, 10 g de sel et 96 kilos de viande par an (deux fois plus qu'en 1930).

essence (f.) *gas*

le congélateur *freezer*

le logement *lodgings, dwelling*

un...d'épargne *savings passbook*

une alimentation *food, nourishment*

Extrait de *Marie-France*

Compréhension et discussion

1. Donnez quelques renseignements sur les habitudes du Français moyen en ce qui concerne ses repas.
2. Quel pourcentage de Français s'assoie toujours à table à la même place? Que pensez-vous de cela?
3. Pourquoi la santé semble-t-elle être l'élément le plus important dans la vie des Français?
4. Quel est le pourcentage des hommes qui n'aident pas leur femme aux travaux ménagers? Est-ce que cela vous surprend? Pourquoi ou pourquoi pas?
5. Que fait un « vénal » pour se procurer de l'argent? Donnez quelques exemples.
6. Quelle est l'espérance de vie du Français moyen et de la Française moyenne?
7. Combien de Français vont au cinéma seulement une fois par an? Comment expliquer ce phénomène?
8. Quelles émissions de télévision les Français semblent-ils préférer?
9. Très peu de Français ont une carte de crédit. Qu'est-ce que cela signifie?
10. Le Français moyen existe-t-il vraiment? Pourquoi ou pourquoi pas?

Discussion et composition

1. Quelle idée vous faisiez-vous du Français moyen avant de lire ce sondage? En quoi votre opinion a-t-elle changé?
2. Que pensez-vous des habitudes hygiéniques des Français?
3. Les voeux des Français concernant la santé, l'argent et le domaine sentimental sont-ils les mêmes pour l'Américain moyen? Discutez.
4. La consommation alimentaire des Français a diminué dans les vingt dernières années de 37% à 22% des dépenses. Voyez-vous une explication à cela?
5. Pourquoi les Américains prennent-ils un petit déjeuner plus riche que les Français?
6. Le Français est un grand amateur de yaourt. Que savez-vous sur les qualités nutritives de cet aliment?
7. Est-il nécessaire de dormir huit heures par jour? Discutez.
8. Les Français semblent préférer la télévision au cinéma. Partagez-vous cette opinion? Pourquoi ou pourquoi pas?
9. Si vous étiez acteur ou actrice de cinéma, quel serait votre partenaire idéal(e)? Pourquoi?
10. D'après ce sondage, est-ce que les Français semblent différents des Américains? Comment?

Composition

1. Discutez les aspects positifs et les aspects négatifs de ce sondage. À votre avis, quelle est la valeur de ce sondage?

2. Dans ce sondage, il n'est pas question de l'homme idéal pour la Française. Imaginez que vous êtes la Française moyenne. Faites le portrait de votre homme idéal.
3. Pour les Américains, la femme idéale semble être mince et grande. Pour les Français, c'est le contraire. Comment s'expliquent ces différences?
4. Imaginez que vous êtes dans une foule, à Oslo. Vous voyez passer un étranger. Il est Français. Comment êtes-vous arrivé(e) à cette conclusion?

Et maintenant...

1. Faites exactement le même sondage que celui de « Quelque chose de plus... » avec les étudiants de votre classe.
2. Faites une liste de vingt questions que vous voulez poser à des Américains pour découvrir « l'Américain moyen ».

Gentil pays

Les Français croient assez volontiers que l'étranger vit les yeux fixés sur la France. C'est du moins° ce que leurs journaux assurent lorsque, à la moindre° crise, ils écrivent : « Chaque jour, l'étranger nous observe ».

 Pour ma part, il m'est rarement arrivé de me poster au sommet des falaises° de Douvres avant le début du jour pour voir, à la lorgnette,° comment se lèvent les Français. Je trouve cela indécent. *Well*...il y a sans doute de damnés étrangers qui passent leur temps à ça, je suppose....

 Je me demandais encore comment était fabriquée cette étrange espèce d'étranger curieux, lorsqu'une nuit je le vois dans un de mes très rares songes :° un pied au Kremlin, l'autre dans la *City*, la tête britannique, l'estomac russe, le subconscient germanique, le portefeuille américain, la mémoire emplie de Waterloos et de Sedans,° il guettait° la douce France de son regard international, plutôt mauvais°....

 Les Français sont persuadés que leur pays ne veut de mal à personne. Les Anglais sont méprisants;° les Américains dominateurs; les Allemands sadiques; les Italiens insaisissables;° les Russes impénétrables; les Suisses suisses. Eux, Français, sont gentils. On leur fait des misères.°

 Il y a deux situations pour la France :
 Dominer le monde par son rayonnement° (conquêtes territoriales, développement des Arts et des Lettres, etc.). Ce sont les grandes époques héroïques de la France rayonnante.

du moins *at least*
la moindre *the slightest*

la falaise *cliff*
à la lorgnette *through a telescope*

un songe *dream*

Waterloos et Sedans *two locations of French defeats/***guetter** *to watch/***plutôt mauvais** *here, rather malevolent*
méprisant *condescending*
insaisissables *incomprehensible*
fait des misères *torment*

rayonnement *radiance*

Ou bien être envahie, vaincue. Elle est alors foulée aux pieds,° meurtrie,° crucifiée. Ce sont les grandes époques héroïques de la France humiliée.

Le premier état satisfait chez le Français son orgueil et son besoin de grandeur. C'est son côté Napoléon. Il puise dans° le second les forces irrésistibles du relèvement. C'est son côté Jeanne d'Arc.

Le Français imagine mal que l'on puisse—sans se méprendre°—voir la France autrement qu'un rameau d'olivier en main, tendre proie° à la merci de belliqueuses° nations. L'observateur de bonne foi° ne saurait manquer de trouver assez légitime cet état d'esprit, puisque, trois fois en moins d'un siècle,° la France a subi° les plus sauvages fureurs de la race teutonne; toutefois si, prenant le recul° nécessaire à un jugement impartial, il abandonne les annales des quatre-vingts dernières années pour étudier celles des siècles précédents, il est obligé de considérer qu'un Espagnol dont la ville fut mise à sac° par les armées de

foulé(e) aux pieds downtrodden/**meurtrie** bruised

puiser dans to draw from

se méprendre to be mistaken
la proie prey/**belliqueux (-euse)** warlike
de bonne foi impartial
le siècle century/**subir** to undergo
le recul perspective

mise à sac sacked

Napoléon peut difficilement voir la France sous l'aspect d'une innocente persécutée. L'étranger devrait pourtant comprendre que, quand l'armée française entre dans le Palatinat ou à Saragosse, elle ne le fait pas exprès.°

Persécuté par ses ennemis qui lui font la guerre, par ses alliés qui font la paix sur son dos,° par le monde entier qui lui prend ses inventions, le Français se sent également persécuté par les Français, par le gouvernement qui se paie sa tête, par le fisc° qui lui fait payer trop d'impôts, par son patron qui paie bon marché° ses services, par les commerçants qui font fortune à ses dépens,° par le voisin qui dit du mal de lui, bref,° par *anybody*....

Cet état de menace où sans cesse il se croit acculé° semble le mobiliser dans un état permanent de self-défense. C'est ce qui ressort° clairement quand deux Français se demandent de leurs nouvelles. À l'étranger, on va bien, on va mal, on va. En France : « On se défend°.... »

Il y a dans le « Je me défends comme je peux » du Français moyen le cas d'un perpétuel assiégé.°

Qui donc investit° le gentil Français?

Un mot très bref de son vocabulaire, sur lequel mon si dévoué collaborateur et ami a bien voulu attirer mon attention, m'a livré la secrète identité des assiégeants :° c'est *ils*. Et *ils* c'est tout le monde : les patrons pour les employés, les employés pour les patrons, les domestiques pour les maîtres de maison, les maîtres de maison pour les domestiques, les automobilistes pour les piétons,° les piétons pour les automobilistes, et, pour les uns comme pour les autres, les grands ennemis communs : l'État, le fisc, l'étranger.

Environné d'°ennemis comme l'Anglais d'eau, le Français, on le concevra aisément, demeure sur ses gardes.

Il est méfiant.°

Puis-je même dire qu'il naît méfiant, grandit méfiant, se marie méfiant, et meurt d'autant plus méfiant qu'à l'instar de° ces timides qui ont des accès d'audace,° il a été à diverses reprises° victime d'attaques foudroyantes° de crédulité? Je pense que je puis.

De quoi donc se méfie le Français? *Yes, of what exactly?*

De tout.

Dès qu'il s'assied dans un restaurant, lui qui vit dans le pays où l'on mange les meilleures choses du monde, M. Taupin commence par se méfier de ce qu'on va lui servir. Des huîtres,° oui.

faire exprès *to do on purpose*
sur son dos *at France's expense*

le fisc *IRS français*
bon marché *cheap*
à ses dépens *at his expense*
bref *in short*
acculé *cornered*

ressortir *to come out*

on se défend *they fend for themselves*

un...assiégé *someone constantly besieged, on the defensive/***investir** *here, to attack*

un assiégeant *besieger*

le piéton *pedestrian*

environné de *surrounded by*

méfiant *distrustful*

à l'instar de *just like/***des accès d'audace** *fits of audacity/***à diverses reprises** *on successive occasions/***foudroyant** *destructive*

une huître *oyster*

« Mais, dit-il au maître d'hôtel, sont-elles vraiment bien? Vous me les garantissez? »

Je n'ai encore jamais entendu un maître d'hôtel répondre :

« Non, je ne vous les garantis pas! » En revanche,° il peut arriver de l'entendre dire : « Elles sont bien.... Mais (et là il se penche en confident vers son client)...pas pour vous, Monsieur Taupin... », ce qui constitue, surtout si M. Taupin est accompagné, une très flatteuse consécration.°

D'ailleurs, M. Taupin sait très bien que, si les huîtres sont annoncées sur la carte, c'est qu'elles sont fraîches, mais il aime qu'on le rassure, et surtout il ne veut pas être pris pour quelqu'un à qui « on tire la jambe ».°

M. Taupin se méfie même de l'eau : il demande de l'eau fraîche comme s'il existait des carafes d'eau chaude ou polluée. Il veut du pain frais, du vin qui ne soit pas frelaté.°

« Est-ce que votre pomerol° est bien?... On peut y aller°?... Ce n'est pas de la bibine,° au moins! »

Good Lord! Que serait-ce dans un pays comme le mien où se mettre à table peut être une si horrible aventure?

Ayant ainsi° fait un bon (petit) repas, M. Taupin refait mentalement l'addition.

« Par principe », me dit-il. S'il ne trouve pas d'erreur, il semble déçu. S'il en déniche° une, il est furieux. Après quoi, il s'en va, plus méfiant que jamais, dans la rue.

Il y a quelque temps, comme je me rendais gare d'Austerlitz pour aller dans une petite ville du Sud-Ouest avec M. Taupin, celui-ci m'avertit° qu'il ferait une courte halte dans une pharmacie pour acheter un médicament dont il avait besoin.

« *Too bad!*...Vous êtes souffrant? » demandai-je.

—Non, pas du tout, mais je me méfie de la nourriture gasconne.°

—Ne pouvez-vous acheter votre médecine sur place?°

—On ne sait jamais, dans ces petites villes.... Je serai plus tranquille si je la prends à Paris ».

À ma grande surprise, notre taxi dépassa plusieurs pharmacies, mais en lesquelles M. Taupin ne semblait pas avoir confiance. Je compris alors le sens de cette inscription française qui m'avait toujours laissé perplexe : En vente° dans toutes les bonnes pharmacies. Celles que je venais de voir, évidemment, c'étaient les autres.

en revanche *on the other hand*

la consécration *here, eulogy on his taste*

tirer la jambe *to take someone for a ride*

frelaté *adulterated*
le pomerol *excellent wine/***on...aller** *here, drinkable/***la bibine** *cheap wine (familiar)*

ayant ainsi *having thus*

dénicher *to discover*

avertir *to warn*

gascon *from the province of Gascony in Southwest France*
sur place *on the spot*

en vente *for sale*

Enfin, nous nous arrêtâmes devant la bonne. En revenant à la voiture, un petit flacon° à la main, M. Taupin me dit, comme pour s'excuser :

un flacon *small bottle*

« Je me méfie plutôt de tous ces médicaments qui ne servent strictement à rien. Mais ma femme, elle, y croit ».

Pierre Daninos, *Les Carnets du Major Thompson*

Compréhension et discussion

1. Pourquoi les Français pensent-ils : « chaque jour l'étranger nous observe »?
2. Que pensent les Français des étrangers? Donnez des exemples.
3. D'après Daninos quelles sont les « grandes époques héroïques » de la France?
4. Quel est le côté Napoléon du Français?
5. Quelles sont les « fureurs de la race teutonne » que mentionne Daninos?
6. Que signifie l'allusion au Palatinat et à Saragosse?
7. Comment le monde entier persécute-t-il les Français?
8. Pourquoi le Français dit-il « on se défend » quand on lui demande comment ça va?
9. De quoi se méfie le Français?
10. Pourquoi le maître d'hôtel dit-il à Monsieur Taupin que les huîtres ne sont pas pour lui?

Discussion et composition

1. De quelles façons Monsieur Taupin montre-t-il sa méfiance dans le restaurant?
2. Pourquoi Monsieur Taupin veut-il acheter son médicament à Paris? Qu'est-ce que cela vous montre sur l'opinion des Français vis-à-vis de la province?
3. Quels sont les ennemis des Français en France? Discutez.
4. Expliquez ce que représente ce « ils » des Français.
5. À votre avis, faut-il vérifier l'addition dans un restaurant comme le fait Monsieur Taupin? Pourquoi?
6. Pourquoi le Français se méfie-t-il de *tout*? Est-ce un trait américain? Pourquoi ou pourquoi pas?
7. Quels sont les passages dans ce texte qui montrent que les Français s'intéressent beaucoup à l'histoire?
8. Racontez l'épisode de la pharmacie.
9. Pourquoi l'auteur dit-il que se mettre à table est une horrible aventure en Angleterre?
10. Q'est-ce qui montre dans ce texte que les Français aiment bien manger?

18   Les Français

Composition

1. Inventez le dialogue entre Monsieur Taupin et un Français qui n'est pas de son avis.
2. Pourquoi l'auteur a-t-il appelé son pays « gentil »? La description qu'il en donne correspond-elle au titre?
3. Quelle est l'attitude des Américains envers les étrangers? Donnez quelques exemples.
4. De quoi se méfient les Américains?

Et maintenant...

1. Imaginez que Monsieur Taupin se trouve à New York. Inventez un dialogue qui montre sa méfiance dans les situations suivantes :
    a. dans un grand hôtel
    b. à la poste
    c. dans un supermarché
    d. à l'aéroport
    e. invité à dîner dans une famille américaine
2. Choisissez plusieurs groupes ethniques et décrivez les caractéristiques qu'on leur attribue. Comment proposez-vous de changer ces stéréotypes?

La France, c'est tout ça, mais c'est aussi... « La Douce France ».

La douce France

...Les étrangers eux-mêmes venaient chercher, en France, un type de vie qu'ils jugeaient supérieur, « une atmosphère indescriptible », disaient-ils, « où la solidité de facture° s'unit au souci de la dignité humaine, pour constituer ce que nous appelons la douce France et dont nous avons tous la nostalgie. L'amour de la perfection, de la forme accomplie, du bon travail, la fierté° de bien savoir et de bien faire son métier, qu'il s'agisse du chef de cuisine ou du comédien, de la couturière° ou de l'artiste peintre, avec la possibilité de fréquenter ses semblables° sur un plan purement humain, c'est bien cette atmosphère générale d'art qui attire en France non seulement les touristes, mais les écrivains et les artistes. La douceur de vivre, si elle existe encore dans notre Europe meurtrie et ensanglantée,° c'est à la France que nous la devons et c'est en France que nous allons la chercher. Cette tendance à faire de tout, mais absolument de tout, une oeuvre° d'art, d'un livre d'érudition comme d'un article de journal, d'une robe de femme comme d'un plat de poisson, d'une liaison d'amour comme d'une belle journée de printemps,—je me demande si la fine fleur° de la civilisation française, ce n'est pas là qu'on la cueille° ... »

Nous aimons à penser que ce jugement reste vrai. Il est exact que beaucoup de Français essaient de faire de la vie une oeuvre d'art. Un Anglais, quand il est artiste, voit le monde tel qu'°il voudrait qu'il soit, ce qui explique la qualité morale et poétique de leurs grands peintres. Ils peignent une femme, non comme elle leur apparaît, mais comme elle devrait être. L'artiste français découvre, sous l'apparente laideur° d'une petite vieille en noir assise sur une plage, une suggestion de beauté. Les paysages français ne sont pas dramatiques. Nous n'avons pas de fleuves° géants, comme le Mississippi ou l'Amazone, mais le peintre français trouve à sa porte assez de rivières bordées de peupliers° ou de saules,° assez de routes ombragées de platanes° ou de tilleuls,° assez de villages aux toits de tuiles° ou d'ardoises,° souriant dans la jeune lumière du matin, pour peindre des paysages enchanteurs.

On peut appeler « sensualité » ce plaisir que le Français prend à la vie sous tous ses aspects. Il a l'amour des choses simples et bien faites...

Le Français a l'amour de son langage. Dans les journaux, la rubrique° « Grammaire » intéresse le lecteur et suscite le plus grand nombre de lettres. Un homme poli-

---

la...facture *soundness of design*

la fierté *pride*

la couturière *seamstress*
ses semblables *fellows, comrades*

ensanglantée *bloodied*

une oeuvre *work*

la fine fleur *quintessence (epitome)*
cueillir *to pick*

tel que *such as*

la laideur *ugliness*

le fleuve *river*

le peuplier *poplar*/**le saule** *willow*
le platane *plane tree*/**le tilleul** *linden tree*/**la tuile** *tile*/**une ardoise** *slate*

la rubrique *here, column*

tique de qualité se pique de° bien écrire. Un chroniqueur dit : « Je cherche à faire, de chaque article, un poème en prose ». Un public populaire assiste—avec plaisir—aux matinées classiques de la Comédie-Française. Les commerçants du Faubourg Saint-Honoré mettent en scène° les Fables de la Fontaine, ou l'histoire de la France en images d'Épinal.° Ceux de l'avenue Victor-Hugo composent des vitrines romantiques. À Bordeaux, en Bourgogne, en Champagne, on parle des vins comme Valéry parlait des vers, avec un mélange de compétence technique et de poésie. La gamme° des fromages enchante un Français, comme la gamme des couleurs une Française; ils tirent, de l'une comme de l'autre, des variations subtiles et des nuances fines. Mais à peine a-t-on décrit ce côté sensuel du Français qu'il faut retoucher le portrait et parler de l'ascétisme° des curés de villages, si pauvres, et de la dignité dans le besoin de tant de familles d'ouvriers, d'employés, d'officiers, de fonctionnaires ou de retraités.°

se piquer de to pride oneself in

mettre en scène to stage

Épinal French town noted for its popular prints

la gamme spectrum, range

l'ascétisme austerity

le retraité retired person

André Maurois, *Portrait de la France et des Français*

Compréhension et discussion

1. Quel genre de vie les étrangers viennent-ils chercher en France?
2. Qu'est-ce qui constitue la douce France?
3. Qu'est-ce que beaucoup de Français essaient de faire de la vie?
4. Quelle est « l'atmosphère générale d'art » qui attire en France?
5. Selon Maurois quelles sont les différences entre l'artiste français et l'artiste anglais?
6. Que pense l'artiste français de « la petite vieille en noir? »
7. Où se trouvent le Mississippi et l'Amazone?
8. Quels sont les arbres qu'on trouve beaucoup en France?
9. Comment expliquer la valeur que le Français donne à son langage?
10. Comment les fromages et les couleurs enchantent-ils les Français et les Françaises?

Discussion ou composition

1. À votre avis, les Américains considèrent-ils leur pays d'une manière différente de celle des Français? Commentez.
2. Est-ce que l'amour de la perfection vous semble une qualité positive? Expliquez.
3. Pourquoi Maurois dit-il que l'Europe est meurtrie et ensanglantée?

4. À votre avis, que signifie « la fine fleur » de la civilisation française?
5. Décrivez la sensualité française selon Maurois.
6. Connaissez-vous d'autres exemples que ceux de Maurois qui montrent que le Français aime son langage?
7. Quels aspects de ce texte nous montrent que le Français est enchanté par son pays?
8. Comment peut se traduire « la dignité dans le besoin » dont parle Maurois à la fin du texte?
9. Discutez en quoi la vie en France semble supérieure à celle dans les autres pays.
10. Est-ce que le récit décrit un pays moderne? Justifiez votre opinion.

Composition

1. Les Français s'exilent rarement. Pouvez-vous l'expliquer en considérant le texte de Maurois?
2. Est-ce qu'on peut vraiment connaître un peuple par les tableaux des grands peintres? Donnez des exemples.
3. Quel genre de vie est-ce que les étrangers viennent chercher en Amérique?
4. Donnez le portrait du Français d'après Maurois.

Et maintenant...

1. Faites, à votre tour, la description de votre pays.
2. Quels sont, à votre avis, les éléments nécessaires pour avoir un pays où on est heureux? N'est-ce pas une utopie? Justifiez votre réponse.

Exercices récapitulatifs

A. *Mettez les verbes entre parenthèses à la forme correcte du présent de l'indicatif.*

La poignée de main

La poignée de main (*posséder*) _____ chez les Français de nombreuses nuances : elle (*pouvoir*) _____ être chaleureuse, amicale, condescendante, froide,... sèche.

Il y en (*avoir*) _____ qui (*estimer*) _____ n'avoir serré une main qu'après vous avoir broyé les phalanges. D'autres (*conserver*) _____ votre main comme s'ils ne (*vouloir*) _____ plus vous la rendre, et s'en (*servir*) _____ pour appuyer leur raisonnement.... Il en (*être*) _____ qui vous (*mettre*) _____ votre main au chaud entre les leurs. Il y en (*avoir*) _____ qui, au contraire, (*sembler*)

22 Les Français

_____ vous glisser quelque chose tout tiède et mou dans la paume, ce qui (être) _____ désagréable. D'autres ne (donner) _____ que trois doigts, deux doigts, ou le bout d'un seul. N'(importer) _____ ; ils (donner) _____ quelque chose, on (devoir) _____ le prendre. Je (voir) _____ souvent des Français faire des prodiges d'équilibre et d'acrobatie en plein milieu d'un boulevard pour donner une poignée de main à un ami....

Lorsqu'un étranger (vivre) _____ longtemps en France, il (prendre) _____ vite l'habitude de serrer toutes les mains.... Aujourd'hui, quand je (retourner) _____ en Angleterre mon avant-bras (rester) _____ tendu dans le vide. Mes compatriotes ne (savoir) _____ qu'en faire. « *Too bad!* »

D'après Pierre Daninos

B. *Employez l'impératif en donnant la forme familière* (tu), *la forme polie* (vous) *ou la forme* nous, *selon la situation.*

   EXEMPLE : (dites à Henri) de répondre tout de suite
   Réponse : Réponds tout de suite, Henri.

   1. de ne pas juger les autres (à vos enfants)
   2. de ne pas dépenser tout son argent (à ton frère Louis)
   3. de visiter tous les musées de cette ville (à vous et à vos amis)
   4. de savoir la vérité, c'est important (à vos parents)
   5. de ne pas être en retard (à tes étudiants)
   6. d'avoir du courage (à nous)

C. *Remplacez l'inversion des phrases suivantes par* est-ce que. *Faites les changements nécessaires.*
   1. La poignée de main des Français est-elle chaleureuse?
   2. Y a-t-il des étrangers qui se serrent la main?
   3. Interrompt-il son professeur en classe?
   4. Faut-il répondre à ces questions en français?
   5. Pourquoi les Français ont-ils des idées différentes des nôtres?
   6. Comment va-t-on de Toulouse à Bayonne?

D. *Répondez aux questions suivantes en employant les expressions entre parenthèses.*
   1. Avez-vous un franc à me prêter? (*ne...que*)
   2. Ont-ils envie de partir en vacances? (*ne...pas du tout*)
   3. De quoi a-t-il besoin? (*ne...personne*)
   4. As-tu envie d'aller en Allemagne? (*ne...aucune*)
   5. Visitez-vous les églises et les musées quand vous passez une journée dans une ville? (*ne...ni...ni*)
   6. Que veut-elle? (*ne...rien*)
   7. Est-ce que le Français moyen existe? (*ne...pas*)

I. *Questions de culture générale*
   1. Les Français ont la coutume de se donner une poignée de main. Que pensez-vous de cette coutume? Discutez les avantages et inconvénients au point de vue social.
   2. Quelle semble être l'importance du passé pour les Français et pour les Américains? Expliquez les différences.
   3. À votre avis, comment les stéréotypes influencent-ils l'idée qu'on se fait d'un peuple? Donnez des exemples.
   4. D'après les textes, comment les Français considèrent-ils la vie?

II. *Activités en groupes*
   A. Activités en petits groupes
      1. Considérez certains groupes ethniques des États-Unis. Donnez leurs comportements et discutez la valeur de leurs traditions.
      2. Discutez : le rôle de la France dans le monde d'aujourd'hui.
      3. Trouvez dans les textes de ce chapitre les caractéristiques typiques des Français.
      4. Faites une liste des difficultés qu'un Américain peut rencontrer en France. Expliquez avec des détails.
   B. Activités en groupes de deux
      Préparez un questionnaire de 12 questions que vous allez distribuer aux étudiants de votre classe pour vérifier leurs connaissances des Français et de la France.

III. *Composition écrite*
   Choisissez un trait de caractère positif et un trait de caractère négatif chez les Français et discutez-les.

IV. *Situations*
   1. Imaginez que vous êtes un Français moyen. Décrivez une journée typique.
   2. Vous préparez une brochure avec beaucoup de publicité sur la France. (Employez des impératifs dans la mesure du possible.)
   3. Grande surprise! Vous partez demain en France. Faites une liste de « ce qu'il faut faire » et de « ce qu'il ne faut pas faire » pour être bien accepté par les Français.
   4. On vient de vous donner le nom d'un correspondant ou correspondante en France. Écrivez votre lettre d'introduction en lui posant des questions sur la France et sur ses idées.

V. *Débats*
   1. Être Français ou être Américain.
   2. Un mariage franco-américain : avantages et inconvénients.

Quelque chose de curieux
   1. Impossible n'est pas français.
   2. Méfiance est mère de sûreté.

Chapitre 2

La gastronomie

Vocabulaire

Avant le repas

les aliments *food*
le couteau *knife*
la cuillère (ou la cuiller) *spoon*
la fourchette *fork*
mettre le couvert, mettre la table *to set the table*
la nappe *tablecloth*
le panier *basket*
la serviette *napkin*
la soucoupe *saucer*
le tablier *apron*
la tasse *cup*
le verre *glass*

Le petit déjeuner

le beurre *butter*
les céréales *cereal*
la confiture *jam*
la gelée *jelly*
le miel *honey*
le pain grillé *toast*
la tartine *slice of bread and butter*

Le déjeuner

les crudités *raw vegetables*
la charcuterie *pork, butcher's meat*
les fruits de mer *seafood*
des hors-d'oeuvre *hors d'oeuvres*
les légumes *vegetables*
    le poireau *leek*
    la betterave *beet*
    la blette *chard*

la citrouille *pumpkin*
la courge *squash*
l'aubergine (f.) *eggplant*
la pastèque *watermelon*

Le goûter

le biscuit *cookie or cracker*
la brioche *brioche*
le casse-croûte *snack*
le chocolat *chocolate*
le jus de fruits *fruit juice*
le pain au chocolat *small roll with chocolate inside*
les petits gâteaux *cookies*

Le dîner

la grillade *grilled meat*
le homard *lobster*
le lapin *rabbit*
le pot-au-feu *type of pot roast*
la tarte *pie*
la viande *meat*
   du boeuf *beef*
   du veau *veal*
   du porc *pork*
   du mouton *mutton;* **de l'agneau** *lamb*
   de la volaille *fowl*
   du poulet *chicken*
   de la dinde *turkey*

En plus...

la boucherie *butcher's shop*
la boulangerie *bakery*
la charcuterie *delicatessen*
la confiserie *candy store*
les convives *guests*
une épicerie *small grocery store*
la grande surface *huge supermarket*
la laiterie *dairy*
le mets *food, dish*
la pâtisserie *pastry shop*
la poissonnerie *fish store*
la soupière *soup tureen*
le supermarché *supermarket*
surgelé *frozen*

Mise en train

I. *Complétez les phrases suivantes avec les mots qui conviennent.*
   1. Pour le petit déjeuner, les Français prennent du pain _____ avec _____ et _____.
   2. On met la table. On a besoin de couteaux, de _____ et de _____.
   3. On achète du _____ à la charcuterie, du _____ à la boulangerie et du _____ à la laiterie.
   4. Nous achetons du bifteck à _____, du poisson à _____ et des bonbons à _____.
   5. Aujourd'hui les marchés en plein air sont souvent remplacés par des _____.
   6. En France on ne fait pas de tarte à la _____ comme aux États-Unis.
   7. Pour préparer un repas la maîtresse de maison met souvent un _____ pour protéger ses vêtements.
   8. Les coquilles Saint-Jacques sont des _____.

II. *Faites des phrases complètes avec les mots suivants.*
   1. la tasse et la soucoupe
   2. la gelée de fraises et le miel
   3. la pastèque et les États-Unis
   4. le lapin et le homard
   5. le casse-croûte et le chocolat

III. *Questions sur la photo. Répondez aux questions suivantes avec des phrases complètes.*
   1. Faites une liste de tout ce que vous voyez sur la table de gauche.
   2. Décrivez ce restaurant sympathique.
   3. Choisissez une personne et faites-en le portrait.
   4. Imaginez la conversation entre les personnes autour de la table à droite.
   5. Que préférez-vous—dîner chez vous ou au restaurant? Expliquez pourquoi.

28 La Gastronomie

Bon appétit!

Qu'allons-nous manger ce soir? Une bonne quiche lorraine ou une succulente tarte aux pommes?

Qu'allons-nous manger ce soir?

—Il n'y a rien pour le dîner, ce soir... Ce matin, Tricotet n'avait pas encore tué°.... Il devait tuer à midi. Je vais moi-même à la boucherie, comme je suis. Quel ennui! Ah! pourquoi mange-t-on? Qu'allons-nous manger ce soir?

Ma mère est debout, découragée, devant la fenêtre. Elle porte sa « robe de maison » en satinette à pois,° sa broche d'argent qui représente deux anges penchés sur un portrait d'enfant, ses lunettes au bout d'une chaîne et son lorgnon° au bout d'un cordonnet° de soie° noire, accroché° à toutes les clefs de porte, rompu° à toutes les poignées de tiroir° et renoué° vingt fois. Elle nous regarde, tour à tour, sans espoir. Elle sait qu'aucun de nous ne lui donnera un avis utile. Consulté, papa répondra :

—Des tomates crues° avec beaucoup de poivre.

—Des choux rouges° au vinaigre, dit Achille, l'aîné de mes frères, que sa thèse de doctorat retient à Paris.

—Un grand bol de chocolat! postulera° Léo, le second.

Et je réclamerai,° en sautant° en l'air parce que j'oublie souvent que j'ai quinze ans passés° :

—Des pommes de terre frites! Des pommes de terre frites! Et des noix° avec du fromage!

Mais il paraît que frites, chocolat, tomates et choux rouges ne « font pas un dîner.... »

—Pourquoi, maman?

—Ne pose donc pas de questions stupides....

Elle est toute à son souci.° Elle a déjà empoigné° le panier fermé, en rotin° noir, et s'en va, comme elle est. Elle garde son chapeau de jardin roussi° par trois étés, à grands bords°...et son tablier de jardinière, dont le bec busqué° a percé une poche.

—Maman! ôte° ton tablier!

Elle tourne en marchant sa figure à bandeaux° qui porte, chagrine,° ses cinquante-cinq ans, et trente lorsqu'elle est gaie.

—Pourquoi donc? Je ne vais que dans la rue de la Roche.

—Laisse donc ta mère tranquille, gronde° mon père dans sa barbe. Où va-t-elle, au fait?

—Chez Léonore, pour le dîner.

—Tu ne vas pas avec elle?

—Non, je n'ai pas envie aujourd'hui.

---

tué *killed; here, the butcher kills his own meat*

satinette à pois *polka-dotted satin*

le lorgnon *single-lens eyeglass*/**le cordonnet** *braided string*/**la soie** *silk*/**accroché** *fastened*/**rompu** *broken; here, torn*/**le tiroir** *drawer*/**renoué** *retied*/**cru** *raw*/**le chou rouge** *red cabbage*

postuler *to ask for*

réclamer *to demand*/**sauter** *to jump*
quinze ans passés *over 15 years old*
la noix *walnut*

à son souci *worried*/**empoigner** *to grab*
le rotin *rattan*
roussi *scorched*
le bord *rim*/**le bec busqué** *hooked edge; here, of pruning scissors*
ôter *to remove*
à bandeaux *here, hairdo parted in middle and flat against head*/**chagrin** *sad*

gronder *to grumble, to scold*

Il y a des jours où la boucherie de Léonore, ses couteaux, sa hachette, ses poumons° de boeuf gonflés° que le courant d'air irise° et balance, roses comme la pulpe du bégonia, me plaisent à l'égal d'une confiserie. Léonore y tranche pour moi un ruban de° lard salé° qu'elle me tend, transparent, du bout de ses doigts froids. Dans le jardin de la boucherie, Marie Tricotet, qui est pourtant née le même jour que moi, s'amuse encore à percer d'une épingle° des vessies° de porc ou de veau non-vidées, qu'elle presse sous le pied « pour faire jet d'eau ». Le son affreux° de la peau qu'on arrache à la chair° fraîche, la rondeur des rognons,° fruits bruns dans leur capitonnage° immaculé de « panne »° rosée, m'émeuvent d'une répugnance compliquée, que je recherche et que je dissimule. Mais la graisse fine qui demeure au creux du petit sabot° fourchu,° lorsque le feu fait éclater° les pieds du cochon mort, je la mange comme une friandise° saine.... N'importe. Aujourd'hui, je n'ai guère envie de suivre maman.

le poumon *lung /* **gonflé** *here, swollen*
iriser *to make iridescent*

un ruban de *a thin slice of /* **le lard salé** *salted pork*

une épingle *pin*
une vessie *bladder*

affreux *horrible*
la chair *flesh /* **le rognon** *kidney*
le capitonnage *padding*
la panne *lard*

le sabot *wooden shoe /* **fourchu** *forked*
éclater *to burst*
la friandise *delicacy*

Colette, *La Maison de Claudine*

Compréhension et discussion

1. Pourquoi n'y a-t-il rien pour le dîner ce soir?
2. Quelle est l'attitude de la mère de Colette?
3. À votre avis, pourquoi est-elle découragée?
4. Que proposent les membres de la famille pour le dîner?
5. Pourquoi l'auteur saute-t-elle en l'air?
6. Pourquoi la mère n'accepte-t-elle pas les propositions de la famille?
7. Pourquoi Colette ne veut-elle pas accompagner sa mère à la boucherie?
8. Que fait la petite Tricotet dans le jardin de la boucherie?
9. Pourquoi Colette compare-t-elle la boucherie à une confiserie?
10. Quelles sont « les friandises » qu'elle trouve dans cette boucherie?

Discussion ou composition

1. Pour quelles raisons mangeons-nous?
2. Faites le portrait de la mère.
3. Est-ce que les différents menus des membres de la famille vous plaisent? Pourquoi ou pourquoi pas?
4. À votre avis, qu'est-ce qui constitue un repas sain?
5. Pourquoi Colette demande-t-elle à sa mère d'ôter son tablier? Les tabliers sont-ils utiles aujourd'hui? Expliquez.

6. Décrivez la mère qui se prépare à sortir.
7. Quelles impressions avez-vous de la description de la boucherie? Comment cette description montre-t-elle que l'auteur aime la nature?
8. À votre avis, est-ce que Colette nous présente sa mère d'une manière sympathique? Discutez.
9. Est-ce une bonne idée que les mères consultent les enfants pour les repas? Pourquoi ou pourquoi pas?
10. Donnez une description d'une boucherie de supermarché. En quoi est-ce différent de la boucherie de Colette?

Composition

1. Décrivez votre repas préféré que votre mère préparait quand vous étiez plus jeune.
2. « Frites, chocolat, tomates et choux rouges ne font pas un dîner », d'après la mère de Colette. À votre avis, quels sont les éléments d'un dîner bien équilibré?
3. Vous êtes végétarien(-ne). Vous expliquez à des amis les avantages de ne pas manger de viande.
4. Les tendances d'aujourd'hui sont de ne manger ni sel, ni sucreries, ni graisses, ni caféine. Quelle est votre opinion?

Et maintenant...

1. Vous préparez sept menus typiquement américains pour une semaine, pour présenter la cuisine américaine à des Français. Employez les articles partitifs. Pour les produits qui n'existent pas en français, expliquez ce que c'est.
2. Considérez tous les détails de ce récit qui montrent qu'il ne s'agit pas d'une famille américaine d'aujourd'hui.

Des légumes sympathiques

Si je devais collectionner quelque chose, ce seraient les légumes. J'aime les voir sur les étals° des marchés, en vrac,° ou bien rangés et calibrés° dans des cagettes° de bois blanc. Ah, ils ne sont pas sérieux! Ils ne prétendent pas à de grandes choses, ils font bien rire parfois, avec leurs couleurs bizarres, leurs formes excentriques, leurs feuilles grignotées° par les limaces,° leur air tranquille....

Les fenouils,° par exemple : je ne peux m'empêcher de les trouver comiques. Ils ont des sortes de pattes raides avec de grosses cuisses° en gigot, de toutes petites têtes, et avec ça un vert très tendre et de petites stries° qui leur don-

un étal *stand*
en vrac *loose/***calibré** *arranged according to size/***la cagette** *small crate*

grignoté *nibbled/***la limace** *slug*
le fenouil *fennel*

la cuisse *thigh*

la strie *streak*

32   La Gastronomie

Quelques légumes sympathiques. Lesquels? Devinez.

nent l'air de baigneurs.° Pas moyen de° prendre les fenouils au sérieux.

    Les oignons non plus d'ailleurs. Les oignons perdent toujours leurs peaux° jusque par terre. Ces grands-pères qui muent° continuellement n'incitent pas à la tristesse, contrairement à ce qu'en disent les ménagères. Leurs voisins les poireaux auraient pu avoir davantage de dignité, malgré leur allure dégingandée,° mais leurs longues feuilles molles° et leurs barbiches de ficelle!° Non, décidément, ce sont aussi des clowns.

    Ils sont tous comme cela. Ils ont tous quelque chose d'inénarrable,° mais tout de même sympathique. Il n'y a pas de légume aristocratique. Ils ont tous quelque chose de la terre, quelque chose de simple et de gai, et de la bonne humeur. Rien à voir° avec les fleurs ou les fruits. Ils ne sont pas là pour décorer, ni pour le luxe.

    Pourtant, ils ne sont pas tous maladroits.° Les carottes bien rouges sont parfaites. Les navets° inventent quelquefois un violet clair qui est admirable, les radis sont très raffinés, les betteraves sont mystérieuses, et les choux ont une blancheur de neige ou de nacre.°

    Mais ce ne sont que des légumes pour la soupe, et leur destin modeste les empêche de régner.° On ne s'y attarde° pas. Dommage!

le baigneur *bather*/**pas moyen de** *there is no way to*

la peau *skin*
muer *to shed*

dégingandé *gangling, lanky*
molle *soft*/**la ficelle** *string*

inénarrable *indescribable*

rien à voir *nothing to do*

maladroit *awkward, clumsy*
le navet *turnip*

la nacre *mother of pearl*

régner *to reign*
s'attarder *to linger*

Des légumes sympathiques

C'est dans les marchés qu'on voit les plus belles feuilles. Les couleurs fraîches semblent encore rassasiées° de l'eau des pluies, elles montrent la brillance du soleil, la tiédeur° de la terre, l'odeur profonde autour des racines. Il y a des verts très intenses, chez les blettes et chez les laitues. Il y a ces feuilles bien lisses,° aux nervures° apparentes, ces tiges° solides, ces bourgeons,° toute cette vie, toute cette sève.° Les tomates ont une peau tendue, couleur de brique. Les melons et les citrouilles ont des formes qui sont des miracles d'équilibre. Peaux tachetées,° parcourues de veinules jaunes, peaux marbrées des pastèques... Ce ne sont pas des couleurs et des formes pour les yeux seulement, mais pour la bouche, mêlées d'°odeurs qui vous font tressaillir.° Vous ressentez le désir.

La courge est très belle, peau qui réverbère la lumière du soleil, et sa section montre une chair fine et serrée, chargée de lumière aussi. L'artichaut est à la fois une fleur et une herbe, aux pétales violacés. Le concombre a la peau vernie,° la courgette a la peau mate° et tendre, l'aubergine peinte, l'okra huileux, la pomme de terre sale, les haricots en lunule;° je les regarde, je les prends, et quelque chose de leur simplicité vient en moi, me rend familier. J'aime leur odeur nette et précise, odeur de terre des champignons frais, odeur de thym, de romarin,° de basilic, de coriandre. Devant les tas de piments, rouges, verts, noirs, je sens toute la puissance de la lumière et de la terre. Le blé,° le riz, les haricots rouges coulent entre mes doigts, légers comme un liquide, et lourds comme une monnaie.

Mais ceux qui m'émeuvent° vraiment, ce sont les épis de maïs.° Comme tous les autres légumes, ils sont drôles et sans fausse dignité, avec leurs grandes feuilles jaunies qui les ceignent° comme un habit, et leurs fins cheveux châtains. Mais si on les devêt,° en faisant craquer les feuilles entre ses mains, l'épi se montre, et c'est sans doute le plus beau des fruits que l'homme a inventés...

Sur les marchés, en plein air, ou bien dans les grandes salles blanches des supermarchés, je vais voir tous les légumes, et leur beauté neuve me fait du bien. Ils sont sympathiques, et pas très sérieux, ils sont un peu bizarres quelquefois, ils ont de drôles de protubérances et des couleurs qu'on n'aurait pas cru possibles. Ils sont là pour être vendus, bouillis,° et mangés, rien de plus—Rien de plus?

J. M. G. Le Clézio, *L'Inconnu sur la terre*

rassasié *satisfied*
la tiédeur *balminess*

lisse *smooth*/**la nervure** *vein of a leaf*
la tige *stem*/**le bourgeon** *bud*
la sève *sap*
tacheté *spotted*

mêlé de *mingled with*
tressaillir *to shudder*

verni *varnished*/**mate** *dull*

la lunule *half-moon*

le romarin *rosemary*

le blé *wheat*

émouvoir *to move*
un épi de maïs *cob of corn*
ceindre *to gird with*
devêtir *to undress*

bouilli *boiled*

Compréhension et discussion

1. Qu'est-ce que l'auteur aime collectionner?
2. Comment aime-t-il voir les légumes?
3. Pourquoi les légumes le font-ils rire?
4. Pourquoi le fenouil est-il comique?
5. Pourquoi les ménagères disent-elles que les oignons incitent à la tristesse?
6. Décrivez les plus belles feuilles.
7. Que pense l'auteur des carottes, des radis, des betteraves et des choux-fleurs?
8. Quels légumes sont « des miracles d'équilibre » selon l'auteur?
9. Quel est le légume préféré de l'auteur?
10. Que signifie la question « Rien de plus? » à la fin du récit?

Discussion ou composition

1. L'auteur personnifie les légumes. Donnez trois exemples qui le montrent.
2. À votre avis, est-ce que l'auteur de ce récit est végétarien? Pourquoi ou pourquoi pas?
3. Pourquoi est-ce que Le Clézio inclut les melons et les citrouilles avec les légumes?
4. Quels sont les légumes dans ce récit qui réfléchissent la lumière? Ajoutez-en d'autres.
5. Connaissez-vous tous les légumes que mentionne l'auteur? Lesquels sont inconnus aux Américains?
6. Relevez les adjectifs qui décrivent les formes et les couleurs des légumes.
7. Relevez les comparaisons pittoresques. (Par exemple : « les barbiches de ficelle » : des poireaux).
8. Pourquoi n'y a-t-il aucun légume aristocratique?
9. Où et comment l'auteur aime-t-il voir les légumes?
10. Parmi ces légumes quels sont ceux que vous n'aimez pas du tout? Pourquoi pas?

Composition

1. En trois paragraphes faites une description comme celle du récit avec cinq fleurs de votre choix.
2. Décrivez, comme l'auteur, les légumes suivants : le céleri, le chou, les épinards, les petits pois et le persil.
3. À votre avis, est-il préférable de manger les légumes frais, en conserve, surgelés ou crus? Donnez avantages et inconvénients.
4. Cherchez dans un livre de cuisine une recette pour végétariens qui emploie au moins quatre légumes. Présentez la recette en français.

Et maintenant...

1. Choisissez dix fruits sympathiques et décrivez-les comme l'auteur l'a fait pour les légumes.
2. La « ratatouille » est un plat de légumes français. Cherchez la recette dans un livre de cuisine et décrivez la préparation.

Fauchon, le paradis des gourmets

Les amateurs de mets rares, exotiques ou raffinés sont tous un jour ou l'autre des clients du célèbre épicier parisien.

Pour fêter° son anniversaire, Aleksei Kossygine a eu l'agréable surprise de recevoir de ses camarades de l'ambassade soviétique à Paris un panier de 40 bouteilles de vin toutes de 1904, année de sa naissance. Stavros Niarchos, le richissime armateur grec, s'adresse là aussi pour se faire envoyer, par avion privé, les denrées° dont il manque sur son yacht.

    Ce magasin, situé Place de la Madeleine à Paris et qui se signale par un auvent° vert sur lequel « Fauchon » se détache en lettres blanches, est célèbre pour ses vitrines° parmi les plus alléchantes° de la capitale. Tout au long de l'année, mais surtout à Noël, les passants s'attroupent° devant, et l'on entend des exclamations d'admiration.

    Épicerie de luxe, certes, mais Fauchon satisfait tous les gourmets. « Les trois-quarts de nos clients sont des gens ordinaires qui viennent chercher ici ce qu'il y a de meilleur », assure Edmond Bory, qui dirigeait le magasin depuis près de 30 ans quand il a pris sa retraite° en décembre dernier. Il nous donne le secret de la réussite de Fauchon : ce ne sont pas ses produits qu'il vend, mais de la qualité.

    La qualité, tel est en effet le maître mot° de la maison. Fauchon achète les denrées les meilleures, et le premier, puis il les vend avec élégance et courtoisie. C'est ainsi que les fruits et les légumes sont disposés avec un art de peintre. Caissettes° de reinettes° sans aucun défaut, fraises des bois sur plateaux d'osier,° paniers de fruits tropicaux et une incroyable variété de salades composent autant de ravissantes natures mortes.°

    Des mangues° toute l'année. Du jour où Bory est devenu le maître, la maison Fauchon a commencé à promouvoir° de nouveaux produits; ainsi a-t-elle été la première en France à s'approvisionner° régulièrement en avocats,° en limettes et en mangues, qui étaient alors des

fêter *to celebrate*

la denrée *commodity*

un auvent *awning*
la vitrine *shop window*
alléchant *appetizing*
s'attrouper *to gather*

prendre sa retraite *to retire*

le maître mot *key word*

la caissette *small case*/**la reinette** *type of apple*
un osier *wicker*
une nature morte *still life*
la mangue *mango*

promouvoir *to promote*
approvisionner *to stock up*
un avocat *avocado*

curiosités. Edmond Bory se rappelle encore l'arrivée de ses premiers avocats en 1955 qui, après avoir fait le voyage de Californie à New York dans un train et navigué sur l'Île-de-France jusqu'au Havre, avaient pris le train pour Paris.

    Il a convaincu la compagnie Air France de l'avenir du fret° aérien et chaque fois que c'était possible, a fait placer quelques marchandises dans la soute° de tout appareil revenant d'un pays exotique; bientôt, les Parisiens, émerveillés, ont pu acheter en décembre des fraises du Japon, des cerises du Chili, et des ananas des îles Hawaï.

le fret *freight*
la soute *baggage hold*

Fauchon, le paradis des gourmets? Oui, c'est sûr, mais pourquoi?

Fauchon, le paradis des gourmets

Cinq fois par semaine, à une heure où la plupart des Français dorment encore, André Georget, le responsable des achats de fruits et légumes, va en voiture aux Halles de Rungis, près de Paris. « Les champignons, m'a-t-il confié, se choisissent au toucher ».

S'il ne lui est pas possible de trouver à Rungis ce qu'il cherche, il s'adresse à des serres,° en France ou en Belgique. Il peut compter aussi sur l'arrivée, une ou deux fois par mois à la saison qui convient, des grenades,° des patates douces et d'autres produits de Californie choisis sur place par un correspondant et expédiés de Los Angeles à Paris par un vol direct d'Air France.

Mais sur le plan des voyages autour de la planète, c'est la section de l'épicerie internationale qui a la palme.° On y trouve, en effet, provenant de 50 pays différents, 4500 spécialités dont, entre autres, de la confiture de figues égyptienne, de la sauce pour grillades venue du Texas, de la farine° de manioc brésilienne ou du lait de noix de coco de Malaisie. Selon Jacques Roche, l'un des responsables, « c'est une véritable bibliothèque gastronomique contenant ce que chaque pays a de meilleur ».

Chacun des 16.500 articles vendus dans le magasin a d'abord été goûté° par tous les responsables de la direction et par le chef de rayon° concerné. Puis on a demandé un avis étranger à la maison, celui d'un dégustateur° de l'École hôtelière de Paris, qui a été chargé de rédiger° un rapport.

Mais une fois décidé du choix du fournisseur,° la recherche de la qualité se poursuit. Ainsi, le chef chargé de préparer le pot-au-feu prêt à réchauffer doit venir dans les cuisines du magasin faire des essais° et décider avec les responsables de Fauchon de la composition définitive de l'assaisonnement° de la dimension des morceaux de viande ainsi que de la présentation des légumes. Après quoi, il retourne à ses fourneaux,° confectionne sa préparation et la met dans des bocaux° qui feront honneur aux rayons du magasin.

La maison Fauchon prépare elle-même ses spécialités gastronomiques. Ses cuisiniers accommodent quelque 150 mets assez raffinés pour satisfaire les palais les plus exigeants.° Quant à conseiller le client, c'est la tâche de Christian Hué, le responsable de la section gastronomie. Il suggère, par exemple, de commencer un repas par une terrine° de lapin ou de sanglier,° de poursuivre avec une quiche, ensuite, pourquoi pas du poisson? Le rayon offre tout un choix de soles, de bars,° de turbots, de truites, de saumons et de homards délicieusement accommodés.° Si

la serre greenhouse

la grenade pomegranate

avoir la palme to take the prize

la farine flour

goûté tasted
le rayon department
le dégustateur taster
rédiger to draft, to write

le fournisseur supplier

un essai trial

un assaisonnement seasoning

le fourneau oven
le bocal glass jar

exigeant demanding

la terrine pâté/**le sanglier** wild boar
le bar bass
accommodé prepared with a sauce

le client attend des invités, il se décidera peut-être pour un jambon en croûte° sauce madère et truffes, ou des cailles farcies° en gelée.°

Mais pénétrons maintenant dans les coulisses,° et montons jusqu'à la cuisine du sixième étage. Les 19 cuisiniers et aides-cuisiniers s'activent autour des 22 plaques de cuisson,° sous la direction du chef Lucien Adrian, un homme énergique et jovial. Les uns surveillent d'énormes chaudrons de cuivre,° d'autres travaillent devant des comptoirs d'aluminium. Un peu à l'écart,° Jean-Pierre Legland, le cuisinier-décorateur, recouvre patiemment un saumon poché, dépouillé° de sa peau, d'« écailles »° faites de tranches de courgettes d'une finesse extrême. Deux heures après, les dernières retouches apportées, le plat descendra à toute allure° au rez-de-chaussée pour y être admiré et détaillé.°

Le 19 décembre 1977, un groupe terroriste anonyme a fait sauter° le magasin. Deux fortes explosions ont défoncé° le rez-de-chaussée et ont mis le feu à une partie des bâtiments; le magasin n'était plus que ruine fumante; par miracle, il n'y a eu aucune victime, mais à six jours de Noël, c'était un coup° terrible.

Le personnel de Fauchon n'a pas perdu courage. « Tous les salaires et les primes° de Noël seront payés », a dit Bory. Et maintenant, au travail! Par bonheur, les lettres de commande pour les fêtes avaient été épargnées° par l'incendie, et grâce à un labeur acharné° dans des bureaux ouverts à tous les vents,° et en puisant dans les stocks, le personnel réussit à honorer toutes les commandes. Cet attentat a prouvé à quel point il importe pour la maison d'avoir un personnel dévoué. « Les gens de valeur sont plus difficiles à trouver que les bons produits », affirme Jacques Roche. Aussi, la direction fait tout son possible pour retenir les bons éléments et pratique une politique promotionnelle. Par exemple, le responsable des exportations, Jacques Melon, est entré chez Fauchon comme vendeur en 1961, et le directeur du personnel, Marcel Dufourcq. comme chauffeur-livreur° en 1954.

Les « conquêtes ». Fauchon est devenu une entreprise internationale, qui vend ses produits dans plus de 800 magasins autonomes en France et dans une centaine de boutiques de produits de luxe dans près de 30 pays. C'est au Japon que sa clientèle est la plus importante. On y trouve en vente actuellement de la bisque de homard, du pain français ainsi que du thé à la pomme.

le jambon en croûte *ham baked in a pastry crust*
la caille farcie *stuffed quail*/**en gelée** *aspic*/
dans les coulisses *behind the scenes*
la plaque de cuisson *cooking surface*
le cuivre *copper*
à l'écart *aside*

dépouillé *skinned*/**une écaille** *scale*

à toute allure *at full speed*
détaillé *cut up*

faire sauter *to blow up*
défoncer *to smash in*

un coup *blow*

la prime *bonus*

épargné *spared*
acharné *relentless*
à...vents *to the four winds*

le chauffeur-livreur *deliveryman*

Fauchon poursuit toujours sa quête de produits nouveaux et sensationnels... comme surgelés! Car si le public en désire, Fauchon lui en fournira. Mais dans les préparations qu'elle confectionnera, l'équipe de Fauchon s'en tiendra aux principes qui l'ont si bien servie jusqu'ici : fournir de la qualité, innover et se maintenir toujours un peu en avant du peloton.° Cela signifie simplement que tous ceux qui voudront se procurer les meilleurs surgelés se dirigeront une fois de plus, et tout naturellement, vers le célèbre magasin à l'auvent vert.

le peloton *group (in sports)*

Samuel Perkins, Sélection du *Reader's Digest*

Compréhension et discussion

1. Qu'est-ce que les amis d'Aleksei Kossygine lui ont offert pour son anniversaire?
2. Qu'est-ce que c'est que Fauchon, et où est-ce que ça se trouve?
3. Quelles sortes de gens font leurs achats chez Fauchon?
4. Pourquoi les passants s'attroupent-ils chez Fauchon?
5. Décrivez les avocats, les limettes et les mangues.
6. Quels sont les produits que Fauchon achète en Californie?
7. Quels sont les poissons qu'on peut trouver au rayon des fruits de mer?
8. Qu'est-ce qui s'est passé le 19 décembre 1977?
9. Fauchon pratique une politique promotionnelle. Que signifie cela?
10. Quelle est la politique de Fauchon pour les surgelés?

Discussion ou composition

1. En quoi cette épicerie de luxe est-elle différente d'une épicerie normale?
2. Décrivez la vitrine de Fauchon.
3. Qu'est-ce qu'une nature morte?
4. Racontez l'arrivée des premiers avocats.
5. Décrivez les responsabilités de la personne qui achète les fruits et les légumes.
6. Dites ce que c'est qu'une serre. Pourquoi Fauchon en a-t-il besoin?
7. Pourquoi Fauchon a-t-il 19 cuisiniers? Est-ce normal dans une épicerie?
8. Que fait Fauchon pour maintenir la grande qualité qui fait sa réputation?
9. Décrivez ce qui s'est passé chez Fauchon après l'attentat de 1977.
10. Est-ce une bonne idée pour Fauchon d'introduire les surgelés dans ses produits? Pourquoi?

40   La Gastronomie

Composition

1. Décrivez la cuisine du sixième étage.
2. Voyez-vous l'utilité d'une épicerie de ce genre dans votre ville? Pourquoi ou pourquoi pas?
3. À votre avis, pour quelles raisons y a-t-il eu un attentat chez Fauchon? (Considérez l'aspect politique et social.)
4. Parmi tous les produits mentionnés dans cet article, choisissez les cinq que vous préférez et dites pourquoi.

Et maintenant...

1. Prenez un magasin « un peu différent » de votre ville et faites-en la description.
2. Imaginez que vous êtes vendeur chez Fauchon et que vous offrez les produits suivants aux clients ci-dessous. (Choisissez une des situations.)
   a. le maïs américain à une dame très snob
   b. un avocat à un Norvégien
   c. un jambon en croûte à un végétarien
   d. une bouteille de champagne à quelqu'un qui ne boit pas d'alcool

Un vin d'honneur?

Des fromages appétissants.

La table

Le menu est l'expression de l'idée française de civilisation à table. Il trahit un besoin d'ordre et de durée.

Sieburg

Cuisine et gastronomie

La tradition culinaire française remonte° à la Renaissance, les premiers restaurants à la Révolution. Au début du XIXe siècle, elle acquiert° ses titres de noblesse littéraire : Berchoux lui consacre un poème en quatre chants, *La Gastronomie*, Brillat-Savarin un traité, *La Physiologie du goût*. Depuis lors,° la gastronomie française, considérée comme une science ou un art par ses adeptes, a conquis, grâce à des maîtres comme Beauvillier, Carême, Escoffier, une renommée° mondiale.

remonter *to go back to*

acquérir *to acquire*

depuis lors *since then*

une renommée *fame*

Un Code et un rite

La cuisine est, pour la grande majorité des Français, une forme de raffinement. Elle est à la fois un code et une méthode, elle a ses principes et ses lois, exprimés souvent sous forme d'aphorismes.°

un aphorisme *aphorism*

UN « VRAI » REPAS
une pièce° en 6 actes
hors-d'oeuvre

Un repas est ainsi à la fois la célébration d'un rite et une oeuvre

la pièce *play*

entrée
viande garnie
fromages
salade
dessert

d'art, ordonnée° selon un certain rythme et un certain ordre, comme une symphonie ou une pièce classique.

ordonné *organized*

Les repas

D'une façon générale, la table est une des préoccupations essentielles de la ménagère, un des principaux plaisirs du Français. On a beau affirmer qu'« il ne faut pas vivre pour manger », le Français considère que ce n'est pas vivre que de ne pas manger bien.

Les repas se déroulent selon une régularité quasi-rituelle, que trouble d'ailleurs de plus en plus le rythme de la vie moderne.

HEURE

7 8	Petit déjeuner	Simple bol de café noir, café au lait ou chocolat; tartines de beurre ou croissants.
9 10 11	Casse-croûte	Seulement chez les paysans, les ouvriers et les écoliers.
12 13 14 15	Déjeuner (« dîner » dans certaines régions)	En principe un repas important qui se prend en famille et comprend° trois ou quatre plats; en fait, dans les villes, travailleurs et écoliers déjeunent souvent sur les lieux de leur travail (restaurant, cantine° ou « panier-repas »).
16 17 18	Goûter ou thé	Pour les enfants : pain et chocolat. Pour les grandes personnes qui se rendent en visite : thé, toasts, petits-fours.°
19 20 21	Dîner (« souper » dans certaines régions)	Le repas familial par excellence, pendant lequel chacun raconte sa journée : potage, entrée (œufs, poisson, charcuterie), légume, fromage et dessert (fruit ou entremets°).

comprendre *here, to include*

cantine *lunchroom (in schools or factories)*

les petits-fours *small pieces of iced and decorated cake*

un entremets *dessert*

Le vin

Le vin n'est pas seulement un produit agricole; c'est aussi une œuvre d'art. Chaque cru° a sa personnalité, et il existe en France des règles pour le servir et pour le déguster.°

le cru *vintage wine*
déguster *to taste*

La table **43**

Depuis 1920 sont nées plus de vingt-cinq confréries° à la gloire du vin français. La « Confrérie des Chevaliers du Tastevin » a pour devise° un calembour :° « Jamais en vain, toujours en Vin ».

la confrérie *guild, fraternity*
la devise *motto*/**le calembour** *pun*

Un repas sans vin est une journée sans soleil.

Quelques règles

POUR SERVIR

Les « grandes » bouteilles se servent avec leur poussière,° tenues horizontales, dans un panier d'osier.   **la poussière** *dust*

Les vins rouges se servent « chambrés »° (de 15° à 18°)   **chambré** *at room temperature*

Les vins blancs et rosés se servent frais (de 5° à 12°).

Le champagne et le mousseux° se servent légèrement « frappés » (rafraîchis lentement dans un bain d'eau et de glace).   **le mousseux** *sparkling wine*

On doit harmoniser le choix des vins avec les différents mets.

Huîtres, poissons :	blanc sec ou mousseux
Entrée :	blanc ou rosé léger
Viande blanche, volaille :	rouge généreux ou champagne brut
Viande rouge, gibier,° fromages :	rouge corsé°
Desserts :	vin doux, mousseux
Fruits :	vin moelleux,° champagne

le gibier *game* / **corsé** *full-bodied*

moelleux *mellow*

POUR DÉGUSTER

Humer° d'abord le vin pour en percevoir le bouquet.   **humer** *to sniff*
Puis le boire à petites gorgées.° Ni eau, ni cigarette.   **boire...gorgées** *to sip*

Les fromages

La France possède une variété incomparable de fromages : plus de 100 espèces° et de 300 sortes différentes, aux formes les plus inattendues.° Certains, comme le roquefort et le camembert, ont une réputation mondiale.

une espèce *type*
inattendu *unexpected*

On distingue les fromages frais (petit suisse, demi-sel), les fromages fondus,° les fromages à pâte pressée (port-salut, gruyère) et les fromages affinés (camembert, roquefort, etc.).

fondu *melted*

Les fromages doivent être dégustés comme des vins, et toujours accompagnés de vins.

G. Michaud, G. Torres, *Le Nouveau Guide France*

Compréhension et discussion

1. À quand remonte la tradition culinaire française?
2. De quoi se compose un « vrai » repas?
3. En quoi un repas français est-il comme une symphonie?
4. Que pense le Français de « la table »?

5. Quel est le repas important qui se prend en famille?
6. Qu'est-ce qu'une cantine?
7. En quoi consiste le goûter?
8. Comment appelle-t-on le dîner dans certaines régions de la France?
9. Comment sert-on les « grandes » bouteilles?
10. Donnez deux fromages qui ont une réputation mondiale.

Discussion ou composition

1. Discutez la tradition culinaire française.
2. Comment la cuisine française est-elle un raffinement pour les Français?
3. En quoi un « vrai » repas américain est-il différent d'un repas français?
4. À votre avis, comment le rythme de la vie moderne trouble-t-il la régularité des repas?
5. Le repas en famille est-il important? Pourquoi?
6. Pourquoi le vin est-il une œuvre d'art pour les Français?
7. Est-il absolument nécessaire d'avoir du vin dans un bon repas? Pourquoi?
8. Avec quels vins sert-on les différents plats?
9. Discutez l'importance du fromage dans le repas français.
10. Pourquoi le texte dit-il que la table est une des préoccupations essentielles de la ménagère française?

Composition

1. En comparant la distribution des repas français en quoi sont-ils différents des repas américains? Commentez.
2. Est-il préférable de prendre un petit déjeuner à la française plutôt qu'un « breakfast » américain si copieux? Discutez le pour et le contre.
3. Avez-vous goûté des plats français? Quelle a été votre impression?
4. D'après le texte pensez-vous que les Français mangent beaucoup plus que les Américains? Discutez.

Et maintenant...

1. Refaites le tableau de la distribution des repas pour des Américains. Donnez des détails.
2. Que pensez-vous de l'importance que les Français accordent à la gastronomie? Est-ce que « la table » joue un rôle aussi important dans votre vie? Pourquoi?

La Gastronomie

Exercices récapitulatifs

A. *Complétez avec l'article (défini, indéfini, partitif) qui convient.*

Un bon repas

Mme Smith : Tiens, il est neuf heures. Nous avons mangé _____ soupe, _____ poisson, _____ pommes de terre au lard, _____ salade anglaise. Les enfants ont bu _____ eau anglaise. Nous avons bien mangé ce soir... _____ pommes de terre sont très bonnes avec _____ lard, _____ huile, _____ salade n'était pas rance, _____ huile _____ épicier _____ coin est de bien meilleure qualité que _____ huile _____ épicier d'en face.

...Mary a bien cuit _____ pommes de terre cette fois-ci. La dernière fois elle ne les avait pas bien fait cuire. Je ne les aime que lorsqu'elles sont bien cuites...Cependant _____ soupe était peut-être trop salée. Elle avait plus _____ sel que toi. Ah, ah, ah. Elle avait aussi _____ poireaux et pas assez _____ oignons... Notre petit garçon aurait bien voulu boire _____ bière... Mais moi, j'ai versé dans son verre _____ eau.

B. *Donnez le genre des mots suivants.*

_____ rognon	_____ denrée	_____ écume
_____ chair	_____ épi de maïs	_____ os
_____ cornichon	_____ gibier	_____ mousseux
_____ noix	_____ tige	_____ grenade

C. *Mettez les mots en italique au pluriel dans les phrases suivantes.*
1. Maman met *le couteau* sur la table.
2. Il a commandé *un hors-d'oeuvre, un chou, un petit pois* et *un haricot vert*.
3. Voilà *un caillou* dans ma salade.
4. Il fait froid dans ce restaurant. Passez-*moi mon chandail*!
5. Il y a *un cheveu* sur la soupe!

D. *Employez les expressions suivantes dans des phrases complètes. Employez le vocabulaire du texte.*
1. beaucoup de
2. une assiette de
3. un peu de
4. trop de
5. assez de
6. combien de

E. *Répondez aux questions suivantes avec des phrases complètes.*
1. Y a-t-il un restaurant français dans votre ville? Décrivez-le.
2. Que pensez-vous de la cuisine chinoise ou japonaise?
3. Les Français prennent de la salade vers la fin du repas. Est-ce une bonne idée? Pourquoi ou pourquoi pas?
4. Comment prépare-t-on le pot-au-feu?
5. À quel moment de la journée boit-on du vin aux États-Unis?
6. Quelle est la différence entre une boucherie et une charcuterie?
7. En France on dîne généralement à 20 heures. En Amérique on dîne plus tôt. Que préférez-vous? Pourquoi?

8. Décrivez le « chocolate chip cookie », le « apple pie with cheese » ou le « marshmallow » à un Français.

F. *Ajoutez les articles pour faire des phrases complètes.*

   EXEMPLE : Il / prend / crudités / à / restaurant / de / coin.
   Il prend *des* crudités *au* restaurant *du* coin.

   1. Il / ne / mange / pas / viande. Il / préfère / légumes / oeufs / et / fromage.
   2. Elle / prépare / bons / plats / pour / fête. C'est / excellente / cuisinière.
   3. Dimanche / chef / prépare / avocats / poulet rôti / et / desserts / somptueux.
   4. Français / accordent / beaucoup trop / importance / à / gastronomie.
   5. Camembert / est / fromage / alléchant / connu / dans / monde entier.

G. *Employez* de, d' *ou* des *pour compléter les phrases suivantes.*
   1. Apportez-moi _____ petits pains.
   2. _____ autres jeunes gens sont arrivés à la cantine.
   3. La plupart _____ Français aiment la bonne chère.
   4. Il y a _____ bons petits gâteaux dans cette pâtisserie!
   5. Il n'y a plus _____ jus d'orange dans le réfrigérateur.
   6. Le chef a obtenu _____ bons résultats.
   7. _____ vins sucrés vont bien avec les desserts.
   8. Jean-Luc ne veut pas _____ épinards. Il les déteste.

I. *Questions de culture générale*
   1. Relevez dans les textes de ce chapitre ce qui prouve que les Français accordent beaucoup d'importance à la nourriture.
   2. Comment s'explique ce phénomène? (Si vous ne savez pas, inventez des raisons valables.)
   3. Faites quelques recherches sur le sujet suivant : « Les Français et le vin ».
   4. Pourquoi les Américains ne s'intéressent-ils pas autant à la gastronomie que les Français? Donnez autant de raisons que possible.

II. *Activités en groupes*
   A. Activités en petits groupes
      1. Donnez la recette d'un plat que vous aimez particulièrement.
      2. Choisissez un plat régional américain que vous considérez typique. Décrivez-le.
      3. La cuisine française traditionnelle est très riche. Quel est son effet sur la santé? Discutez en particulier le danger du cholestérol.
      4. Préparer le menu de « Thanksgiving » en français.
   B. Activités en groupes de deux
      Imaginez que vous dînez dans un restaurant de luxe en France. Vous demandez au garçon un « doggie bag » (notez que cela n'existe pas en France).

III. *Composition écrite*

« La table » est un des grands plaisirs de la vie. Discutez deux autres plaisirs aussi importants pour vous.

IV. *Situations*
1. Vous êtes dans un restaurant élégant, et vous trouvez une grosse mouche dans votre quiche lorraine. Vous protestez auprès du maître d'hôtel.
2. Vous avez invité cinq amis à dîner. Malheureusement le rôti a brûlé. Qu'est-ce que vous faites?
3. Vous avez préparé un dîner sensationnel pour vos invités. Votre amie Françoise et son ami Michel vous disent qu'ils suivent un régime.
4. Vous allez faire du camping dans des montagnes isolées du Canada pendant une ou deux semaines. Faites le menu.

V. *Débats*
1. Surgelés ou produits frais.
2. Le dîner familial devant la télévision ou autour de la table.

Quelque chose de curieux
1. On ne fait pas d'omelette sans casser d'oeufs.
2. L'appétit vient en mangeant.

Chapitre 3
La Provence

Vocabulaire

La Provence

le Mistral *cold wind that blows from the Alps to the Mediterranean—means "master" in Provençal*
l'endroit (m.) *place*
le mimosa *tree with yellow flowers found in southern France*
le Midi-Provence *southern region of France*
les Provençaux *inhabitants of Provence*
ensoleillé *sunny*
méridional *from the south of France*
la Camargue *region of Provence within the Rhone Delta*
le riz *rice*
le ruisseau *creek*
le sentier *path*
le verger *orchard*
la plage *beach*
passer son temps à faire quelque chose *to spend one's time doing something*

Les gitans

l'argot (m.) *slang*
l'avenir (m.) *future*
le bijou *jewelry*
la châsse *reliquary, shrine*
la ceinture *belt*
le copain *friend (familiar)*
le cou *neck*
la diseuse de bonne aventure *fortune-teller*
le foulard *scarf*
le gitan (la gitane) *gypsy (Spanish)*
le gardian *cowboy of the Camargue*
la jupe *skirt*

En plus...

la roulotte *caravan, trailer*
une couleur vive *bright color*
la légende *legend*
chaleureux (-euse) *warm*
accueillant *welcoming*
lumineux (-euse) *luminous*
haut en couleur *colorful*
le figuier *fig tree*
l'olivier (m.) *olive tree*
le vignoble *vineyard*
la vigne *grapevine*
le mas *provençal for large farmhouse in the south of France*
le malentendu *misunderstanding*
interdit *forbidden*
d'habitude *generally, usually*
l'église (f.) *church*
la bride *bridle*
la selle *saddle*
parcourir *to tour the country*
vendre à la sauvette *to sell illegally*
partir à l'aventure *to rove*
l'étable (f.) *stable*

Mise en train

I. *Donnez l'équivalent des mots en italique dans les phrases suivantes.*
   1. Ils ont beaucoup d'*amis*.
   2. Ce gitan avait *une caravane* magnifique.
   3. La Provence est une région *pleine de soleil*.
   4. *Les habitants de Provence* ont un accent charmant.
   5. Il est *défendu* aux gitans d'entrer dans les grandes villes.

II. *Complétez les phrases suivantes avec les mots qui conviennent.*
   1. _____ est une langue spéciale parlée par un certain groupe.
   2. Les Provençales portent de très beaux _____ autour du cou et sur les épaules.
   3. Les _____ des gitanes ont généralement des couleurs vives.
   4. Le vent qui souffle dans le Midi s'appelle _____.
   5. On monte plus facilement à cheval si on emploie une _____.
   6. Comme presque toutes les femmes, les gitanes aiment porter des _____ en or et en argent.
   7. En hiver les vaches et les taureaux sont mis dans des _____.
   8. Le _____, céréale d'Asie, pousse aussi en Camargue.

52 La Provence

III. *Questions sur la photo. Répondez aux questions suivantes avec des phrases complètes.*

Décrivez les éléments suivants :
1. la gitane
2. la jeune Provençale en habits régionaux
3. le gardian à cheval
4. la roulotte
5. toute la scène

Une boulangerie.

Une pâtisserie.

LES CHEVEUX ROUX BLONDS
LE VISAGE
LE CERF-VOLANT
LA SELLE
L'ÉPAULE
LES CHEVEUX NOIRS
LA JOUE
LA LÈVRE
LE CHIGNON
LA NUQUE
LE COU
LE BRAS
LA POITRINE
LE TORSE
LE SEIN
LA TAILLE
LA RAIE
LE TRICOT
LES GUIDES
LA CEINTURE
LE PANTALON
LE PIED

Un homme et une femme.
Le mari et la femme.
L'amant et la maîtresse.

La femme du boulanger

La femme du boulanger s'en alla avec le berger des Conches. Ce boulanger était venu d'une ville de la plaine pour remplacer le pendu.° C'était un petit homme grêle° et roux. Il avait trop longtemps gardé le feu du four devant lui à hauteur de poitrine et il s'était tordu° comme du bois vert. Il mettait toujours des maillots de marin, blancs à raies

le pendu *here, hanged man* / **grêle** *thin, puny*

se tordre *to twist oneself*

bleues. On ne devait jamais en trouver d'assez petits. Ils étaient tous faits pour des hommes avec un bombu° à la place de la poitrine. Lui, justement, il avait un creux° là et son maillot pendait comme une peau flasque° sous son cou. Ça lui avait donné l'habitude de tirer sur le bas de son tricot° et il s'allongeait devant lui jusqu'au-dessous de son ventre.

le bombu *bulge (regional)*
le creux *cavity*
flasque *limp*

le tricot *T-shirt*

—Tu es pitoyable,° lui disait sa femme.

pitoyable *pitiful*

Elle, elle était lisse et toujours bien frottée; avec des cheveux si noirs qu'ils faisaient un trou dans le ciel derrière sa tête. Elle les lissait serrés à l'huile et au plat de la main et elle les attachait sur sa nuque en un chignon sans aiguilles.° Elle avait beau° secouer la tête, ça ne se défaisait pas. Quand le soleil le touchait, le chignon avait des reflets violets comme une prune. Le matin, elle trempait ses doigts dans la farine et elle se frottait les joues. Elle se parfumait avec de la violette ou bien de la lavande. Assise devant la porte de la boutique elle baissait la tête sur son travail de dentelle,° et tout le temps elle se mordait les lèvres. Dès qu'elle entendait le pas d'un homme elle mouillait ses lèvres avec sa langue, elle les laissait un peu en repos pour qu'elles soient bien gonflées, rouges, luisantes° et, dès que l'homme passait devant elle, elle levait les yeux.

une aiguille *here, hairpin/***avoir beau faire quelque chose** *to do something in vain*

la dentelle *lace*

luisant *shiny*

C'était vite fait. Des yeux comme ça, on ne pouvait pas les laisser longtemps libres.
—Salut, César.
—Salut, Aurélie.
Sa voix touchait les hommes partout, depuis les cheveux jusqu'aux pieds.
Le berger, c'était un homme clair comme le jour. Plus enfant que tout. Je le connaissais bien. Il savait faire des sifflets° avec les noyaux° de tous les fruits. Une fois, il avait fait un cerf-volant avec un journal, de la glu et deux cannes. Il était venu à notre petit campement.

le sifflet *whistle/***le noyau** *pit*

—Montez avec moi, il avait dit, on va le lancer...°

lancer *here, to fly the first time*

Tous les dimanches matins il venait chercher le pain de la ferme. Il attachait son cheval à la porte de l'église. Il passait les guides dans la poignée° de la porte et, d'un seul tour de main, il faisait un nœud qu'on ne pouvait plus défaire.

la poignée *here, doorknob*

Il regardait sa selle. Il tapait sur le derrière du cheval.
—S'il vous gêne, poussez-le, disait-il aux femmes qui voulaient entrer à l'église.
Il se remontait les pantalons et il venait à la boulangerie.

Le pain, pour les Conches, c'était un sac de quarante kilos. Au début, il était toujours préparé d'avance, prêt à être chargé sur le cheval. Mais, Aurélie avait du temps toute la semaine pour calculer, se mordre les lèvres, s'aiguiser l'envie.° Maintenant, quand le berger arrivait, il fallait emplir° le sac.

—Tenez un côté, disait-elle.

Il soutenait° les bords du sac d'un côté. Aurélie tenait de l'autre côté d'une main, et de l'autre main elle plaçait les pains dans le sac. Elle ne les lançait pas; elle les posait au fond du sac; elle se baissait et elle se relevait à chaque pain, et comme ça, plus de cent fois elle faisait voir ses seins, plus de cent fois elle passait avec son visage offert près du visage du berger, et lui il était là, tout ébloui° de tout ça et de l'amère odeur de femme qui se balançait devant lui dans la pleine lumière du matin de dimanche.

—Je vais t'aider.

Elle lui disait « tu » brusquement après ça.

—Je me le charge seul.

C'était à lui, alors, de se faire voir. Pour venir à cheval, il mettait toujours un mince pantalon de coutil° blanc bien serré au ventre par sa ceinture de cuir; il avait une chemise de toile blanche un peu raide, en si gros fil qu'elle était comme empesée,° autour de lui. Il ne la boutonnait pas, ni du bas, ni du col; elle était ouverte comme une coque° d'amande mûre et, dans elle, on voyait tout le torse du berger, mince de taille, large d'épaule...

Il se baissait vers le sac, de face. Il le saisissait de ses bonnes mains bien solides; ses bras durcissaient. D'un coup, il enlevait le poids, sans se presser, avec la sûreté de ses épaules; il tournait doucement tout son buste d'huile, et voilà, le sac était chargé...

Puis il allait à son cheval. Il serrait le sac par son milieu, avec ses deux mains pour lui faire comme une taille,...il défaisait son nœud de guides et, pendant que le cheval tournait, sans étrier,° d'un petit saut toujours précis, il se mettait en selle.

Jean Giono, *Jean Le Bleu*

s'aiguiser l'envie *to heighten one's desire*
emplir *to fill*

soutenir *to hold up*

éblouir *to dazzle*

le coutil *material made of linen or cotton*

empesé *stiff*
la coque *shell*

l'étrier *stirrup*

Compréhension et discussion

1. Comment nous est présenté le boulanger? (Employez l'imparfait.)
2. Pourquoi l'auteur le décrit-il seulement en quelques lignes, sans même donner son nom?

3. Que pensait Aurélie, la boulangère, de l'aspect physique de son mari?
4. Que traduit la remarque qu'elle lui adresse : « tu es pitoyable »?
5. En quoi Aurélie semble-t-elle être différente de son mari?
6. Pourquoi le berger venait-il tous les dimanches matins à la boulangerie?
7. Pour quelle raison la boulangère ne préparait-elle plus le pain d'avance?
8. Qu'est-ce qui montre qu'Aurélie s'intéressait trop au berger?
9. Pourquoi le berger refusait-il l'aide qu'Aurélie voulait lui donner pour charger le pain sur le cheval?
10. Lequel de ces trois personnages vous paraît le plus sympathique? Pourquoi?

Discussion ou composition

1. En quoi le boulanger était-il vraiment pitoyable?
2. Que faisait Aurélie pour attirer l'attention des hommes?
3. Comment s'habillait le berger le dimanche matin?
4. Pour quelles raisons Aurélie était-elle attirée par le berger?
5. Comment Aurélie séduisait-elle le berger chaque dimanche?
6. Quelle est la signification du cerf-volant dans l'histoire?
7. Décrivez l'arrivée du berger à la boulangerie.
8. Racontez ce que faisait le berger après avoir mis le pain dans le sac.
9. Quel rôle l'amour joue-t-il dans cette histoire?
10. Comment voyez-vous le problème moral dans cette histoire?

Composition

1. Que pensez-vous de la culpabilité d'Aurélie? Discutez les arguments pour et contre.
2. Faites le portrait physique et moral d'un commerçant de votre ville que vous connaissez. (Employez l'imparfait quand c'est possible.)
3. Racontez ou inventez la fin de l'histoire.
4. Faites le portrait moral et physique de la personne que vous aimez le mieux au monde.

Et maintenant...

1. Étudiez le rôle de la sensualité dans cette histoire. Considérez tous les aspects que l'auteur nous propose.
2. Dessinez un corps humain et mettez en légende tous les noms des parties essentielles. Ajoutez ensuite deux adjectifs qui conviennent généralement.

   EXEMPLE : une taille mince *ou* épaisse

La Provence pittoresque.

La Provence

La Provence c'est avant tout un soleil éblouissant, de magnifiques plages aux vagues nonchalantes, de très riches cultures et un paysage enchanté où souffle souvent le Mistral. Les Provençaux, dit-on, chantent français au lieu de le parler. L'accent du Midi d'ailleurs évoque pour tous les Français une région ensoleillée, des fleurs aux parfums exotiques et un climat privilégié.

  La ville principale de Provence est Marseille, deuxième ville de France, avec son vieux port et son église de Notre-Dame-de-la-Garde au sommet d'une haute colline qui domine la ville. De là on peut distinguer l'île dans laquelle est situé le Château d'If, décrit dans *Le Comte de Monte Cristo* d'Alexandre Dumas. Les Marseillais sont renommés pour leur accent méridional, leur tempérament expansif et leur tendance à plaisanter. Là aussi est l'origine de la « bouillabaisse », une sorte de soupe de poissons typiquement provençale.

  On distingue la Haute-Provence dont le caractère essentiel est l'aridité, et la Basse-Provence où les hivers sont doux et les étés chauds et secs.° La région la plus pittoresque de cette partie de la Provence est la Camargue.

sec (sèche) *dry*

58   La Provence

La Provence pittoresque.

La Camargue est située entre les bras du Rhône que bordent de grands arbres entourés d'une végétation luxuriante. On y trouve aussi des marais salants,° et depuis la dernière guerre on y a introduit la culture du riz. Pendant de nombreuses années de vastes espaces vides ont vu se développer l'élevage des chevaux et des taureaux que surveillaient les « cowboys » français appelés gardians.

Coiffés° de chapeaux à larges bords et armés du trident traditionnel, les gardians circulent à cheval parmi les taureaux ou les chevaux groupés en « manades ». Il n'est pas rare qu'ils lèvent sur leur passage un vol de flamants° roses ou d'aigrettes.° Les chevaux des gardians appartiennent à une race très ancienne. Ils sont remarquables par leur aspect rustique, leur endurance, leur sûreté de pieds et leur maniabilité° qui en font une aide précieuse pour les gardians.

Le gouvernement français a mis à part une réserve d'environ 12.000 hectares où sont protégées la végétation de cette région, ainsi que de nombreuses espèces d'oiseaux. C'est la réserve zoologique et botanique de Camargue.

les marais salants salt marshes

coiffé head covered with

le flamant flamingo
l'aigrette typical bird of southern France noted for its head feathers

la maniabilité manageability

Compréhension et discussion

1. Quelle est votre première impression de la Provence?
2. Où se trouve la Provence?
3. Quel est le climat de la Provence?
4. Qu'est-ce que c'est que le Mistral?
5. Quelle est la ville la plus importante de la Provence?
6. Où se trouve Notre-Dame-de-la-Garde?
7. Que peut-on distinguer du sommet de la colline?
8. Qu'est-ce que c'est que la bouillabaisse?
9. Qu'est-ce que le gouvernement français a fait de la Camargue?
10. Quelles sortes d'animaux trouve-t-on dans cette région?

Discussion ou composition

1. Décrivez les gardians.
2. Quel rôle jouent-ils dans la région qui nous intéresse?
3. Décrivez les chevaux des gardians (consultez la photographie).
4. Décrivez ce qu'on peut voir en Camargue.
5. Parlez de la végétation de la Camargue.

6. Trouvez tous les mots décrivant « la joie de vivre » qui vous attend en Provence.
7. Quelle image vous faites-vous de la vie en Camargue?
8. Préférez-vous la vie à la campagne à celle de la ville? Quels en sont les avantages et les inconvénients?
9. Vous faites un voyage sur la Côte d'Azur. Que projetez-vous et combien de temps passerez-vous en chaque endroit? Consultez la carte.
10. Selon les renseignements donnés dans le texte, en quelle saison serait-il préférable de visiter la Camargue pour y faire un séjour agréable?

Composition

1. Décrivez en quelques phrases ce qu'on peut voir sur une plage ensoleillée du Midi pendant les vacances d'été.
2. Dans la Camargue on échappe à la pollution des grandes villes. Quels sont d'autres avantages de la vie à la campagne?
3. Quelles distractions la Provence offre-t-elle qu'on ne trouve pas dans une grande ville comme Paris ou Marseille?
4. Imaginez que vous êtes un gardian en Camargue. Décrivez une journée typique.

Et maintenant...

1. Vous êtes un guide touristique en Provence. Quel est votre itinéraire? Faites un projet de voyage pour un touriste américain pour lui montrer les sites intéressants de la Provence. Consultez la carte.
2. Racontez, au passé, ce que vous savez du Château d'If, d'après le roman d'Alexandre Dumas *Le Comte de Monte-Cristo*. Si vous ne connaissez pas ce roman, inventez une histoire.

L'Arlésienne.

L'Arlésienne°

Pour aller au village, en descendant de mon moulin,° on passe devant un mas bâti près de la route, au fond d'une grande cour plantée de micocouliers.° C'est la vraie maison du ménager° de Provence, avec ses tuiles rouges, sa large façade brune irrégulièrement percée, puis tout en haut la girouette° du grenier,° la poulie pour hisser les meules,° et quelques touffes° de foin° brun qui dépassent.

Pourquoi cette maison m'avait-elle frappé? Pourquoi ce portail fermé me serrait-il le cœur? Je n'aurais pas pu le dire, et pourtant ce logis° me faisait froid. Il y avait trop de silence autour. Quand on passait, les chiens n'aboyaient pas, les pintades° s'enfuyaient sans crier. À l'intérieur, pas une voix! Rien, pas même un grelot° de mule. Sans les rideaux blancs des fenêtres et la fumée qui montait des toits, on aurait cru l'endroit inhabité.

Hier, sur le coup de midi, je revenais du village, et, pour éviter le soleil, je longeais° les murs de la ferme, dans l'ombre des micocouliers. Sur la route, devant le mas, des valets silencieux achevaient de° charger une charrette° de foin. Le portail était resté ouvert. Je jetai un regard en passant, et je vis, au fond de la cour, accoudé°—la tête dans ses mains—sur une large table de pierre, un grand vieux tout blanc, avec une veste trop courte et des culottes en lambeaux.° Je m'arrêtai. Un des hommes me dit tout bas :

—Chut! c'est le maître! Il est comme ça depuis le malheur de son fils...

Il s'appelait Jan. C'était un admirable paysan de vingt ans, sage comme une fille, solide et le visage ouvert. Comme il était très beau, les femmes le regardaient; mais lui n'en avait qu'une en tête—une petite Arlésienne, toute en velours et en dentelles, qu'il avait rencontrée sur la Lice d'Arles,° une fois. Au mas, on ne vit pas d'abord cette liaison avec plaisir. La fille passait pour coquette, et ses parents n'étaient pas du pays. Mais Jan voulait son Arlésienne à toute force.° Il disait :

—Je mourrai si on ne me la donne pas...

On décida de les marier après la moisson.° Donc, un dimanche soir, dans la cour du mas, la famille achevait de dîner. C'était presque un repas de noces.° La fiancée n'y assistait pas, mais on avait bu en son honneur tout le temps. Un homme se présente à la porte, et d'une voix qui tremble, demande à parler à maître Estève, à lui seul. Estève se lève et sort sur la route.

---

l'Arlésienne *girl from Arles, a town 50 miles northwest of Marseilles*

le moulin *mill*

micocouliers *African lotus*
le ménager *here, rich farmer*
la girouette *weather vane*/le grenier *attic*/la meule *haystack*
la touffe *tuft*/le foin *hay*

le logis *dwelling*

la pintade *guinea fowl*
le grelot *harness bell*

longer *to walk along*

achever de *to finish*/la charrette *cart*

accoudé *resting on one's elbows*

en lambeaux *in rags*

Lice d'Arles *tree-shaded avenue in Arles*

à toute force *with all one's might*

la moisson *harvest*

la noce *wedding*

—Maître, lui dit l'homme, vous allez marier votre enfant à une coquine.° Ce que j'avance, je le prouve : voici des lettres! Les parents savent tout et me l'avaient promise; mais, depuis que votre fils la recherche, ni eux ni la belle ne veulent plus de moi. J'aurais cru pourtant qu'après ça elle ne pouvait pas être la femme d'un autre.

—C'est bien! dit maître Estève quand il eut regardé les lettres; entrez boire un verre de muscat.°

L'homme répond :

—Merci! j'ai plus de chagrin que de soif. Et il s'en va.

Le père rentre, impassible; il reprend sa place à table; et le repas s'achève gaiement.

Ce soir-là, maître Estève et son fils s'en allèrent ensemble dans les champs. Ils restèrent longtemps dehors; quand ils revinrent, la mère les attendait encore.

—Femme, dit le ménager, en lui amenant son fils, embrasse-le! Il est malheureux.

Jan ne parla plus de l'Arlésienne. Il l'aimait toujours cependant, et même plus que jamais, depuis qu'on la lui avait montrée dans les bras d'un autre. Seulement il était trop fier pour rien dire; c'est ce qui le tua, le pauvre enfant! Quelquefois il passait des journées entières seul dans un coin, sans bouger. D'autres jours, il se mettait à la terre avec rage et abattait° à lui seul le travail de dix journaliers.° Le soir venu, il prenait la route d'Arles et marchait devant lui jusqu'à ce qu'il vit monter dans le couchant les clochers grêles° de la ville. Alors il revenait. Jamais il n'alla plus loin.

De le voir ainsi, toujours triste et seul, les gens du mas ne savaient plus que faire. On redoutait un malheur. Une fois, à table, sa mère, en le regardant avec des yeux pleins de larmes, lui dit :

—Eh bien! écoute, Jan, si tu la veux tout de même, nous te la donnerons.

Le père, rouge de honte, bassait la tête...

Jan fit signe que non, et il sortit.

À partir de ce jour, il changea sa façon de vivre, affectant d'être toujours gai, pour rassurer ses parents. On le revit au bal, au cabaret, dans les ferrades.° À la vote° de Fontvieille, c'est lui qui mena la farandole.°

Le père disait : « Il est guéri° ». La mère, elle, avait toujours des craintes et plus que jamais surveillait son enfant...

Vint la fête de Saint Éloi, patron° des ménagers.

Grande joie au mas. Il y eut du châteauneuf pour tout le monde et du vin cuit comme s'il en pleuvait. Puis des pétards,° des feux sur l'aire,° des lanternes de couleur plein les micocouliers. Vive Saint Éloi!

À minuit, on alla se coucher. Tout le monde avait besoin de dormir. Jan ne dormit pas, lui. Cadet° a raconté depuis que toute la nuit il avait sangloté. Ah! je vous réponds qu'il était bien mordu,° celui-là...

Le lendemain, à l'aube, la mère entendit quelqu'un traverser sa chambre en courant. Elle eut comme un pressentiment :

—Jan, c'est toi?

Jan ne répond pas; il est déjà dans l'escalier. Vite, vite la mère se lève :

—Jan, où vas-tu?

Il monte au grenier; elle monte derrière lui :

—Mon fils, au nom du ciel!

Il ferme la porte et tire le verrou.°

—Jan, mon Janet, réponds-moi. Que vas-tu faire?

À tâtons,° de ses vieilles mains qui tremblent, elle cherche le loquet.° Une fenêtre qui s'ouvre, le bruit d'un corps sur les dalles de la cour, et c'est tout.

Il s'était dit, le pauvre enfant : « Je l'aime trop. Je m'en vais ». Ah! misérables cœurs que nous sommes! C'est un peu fort° pourtant que le mépris° ne puisse pas tuer l'amour!

Ce matin-là, les gens du village se demandèrent qui pouvait crier ainsi, là-bas, du côté du mas d'Estève.

C'était, dans la cour, devant la table de pierre couverte de rosée° et de sang, la mère toute nue qui se lamentait, avec son enfant mort sur ses bras.

Alphonse Daudet, *Les Lettres de mon moulin*

le pétard *firecracker*/**le feu sur l'aire** *fire on the fields*

Cadet *Jan's younger brother*

mordu *here, terribly in love (bitten)*

le verrou *bolt*

à tâtons *gropingly*
le loquet *latch*

C'est...fort *too much, too bad*/**le mépris** *scorn*

la rosée *dew*

Compréhension et discussion

1. Décrivez le mas provençal que Daudet nous présente.
2. En quoi l'aspect extérieur du mas paraissait-il étrange?
3. Qui l'auteur a-t-il vu par le portail entrouvert? Décrivez cette personne.
4. Faites le portrait de Jan.
5. Pourquoi est-ce que la famille de Jan n'aime pas trop l'Arlésienne?
6. Pendant la soirée de fiançailles que vient dire l'homme qui se présente à la porte?
7. Pourquoi le fils est-il malheureux?
8. Pourquoi le fils adopte-t-il bientôt une nouvelle attitude?
9. Qu'est-ce que le fils est allé faire dans le grenier?
10. Racontez la fin de l'histoire.

Discussion ou composition

1. Dans le début de l'histoire comment l'auteur crée-t-il une atmosphère triste?
2. Comment l'auteur nous présente-t-il l'Arlésienne? Nous la rend-il sympathique?
3. Pourquoi le mariage entre Jan et l'Arlésienne semble-t-il impossible aux personnages de l'histoire?
4. Imaginez la réaction de ces personnages à un tel mariage.
5. Décrivez la fête de Saint Éloi.
6. Qu'est-ce qui nous montre que Jan aime beaucoup ses parents?
7. Trouvez des détails qui prouvent leur amour pour Jan.
8. Que signifie la réflexion de l'auteur que le mépris ne peut pas tuer l'amour?
9. Pensez-vous qu'on puisse aimer quelqu'un qu'on méprise? Discutez.
10. Quel rôle l'honneur joue-t-il dans ce récit? Expliquez.

Composition

1. À votre avis, qu'est-ce que Jan aurait pu faire pour oublier l'Arlésienne?
2. Est-ce que l'histoire vous paraît possible aujourd'hui? Justifiez votre réponse.
3. Imaginez ce que l'Arlésienne pourrait dire à Jan et à ses parents.
4. Analysez l'amour que Jan éprouve pour l'Arlésienne. Est-ce vraiment de l'amour, à votre avis?

Les gitans (ou bohémiens).

Et maintenant...

1. Proposez une autre fin à l'histoire.
2. Étudiez le pour et le contre entre la situation de Jan et de l'Arlésienne et celle des jeunes gens d'aujourd'hui qui vivent ensemble avant de se marier.

Les gitans

On ne sait pas grand-chose sur l'origine des gitans. Ces nomades, qu'on appelle aussi « romanichels » ou « bohémiens » descendent peut-être des Atlantes, des Égyptiens, des Tartares ou de certaines tribus de l'Inde.

    Leurs traditions, très anciennes, sont uniques. Depuis plusieurs siècles les tribus, dispersées aux quatre coins du monde se réunissent au mois de mai vers la Camargue, dans le sud de la France, à Saintes-Maries-de-la-Mer. C'est une petite ville de deux ou trois mille habitants d'ordinaire qui, dans l'espace de quelques jours, se trouve envahie par des milliers de gitans. Ils viennent prier Sara, leur sainte, la servante des Saintes-Maries. Pendant cette vaste cérémonie les gardians, montés sur de blancs chevaux, escortent la lourde châsse contenant les précieuses reliques, que les gitans portent à bras et trempent trois fois dans l'eau. Le spectacle est inoubliable. Toutes les femmes, jeunes ou vieilles, sont couvertes de bijoux et de perles. La foule resplendit d'un luxe de riches couleurs. Tous chantent et dansent pour exprimer la passion et l'exubérance de tout un peuple fier et libre.

    De nos jours, il existe entre 50.000 et 100.000 gitans dans le monde. Leurs roulottes aux couleurs vives, de plus en plus rares, sont remplacées par des voitures de toutes les tailles et de tous les âges.

Mon pot' le gitan

Mon pot'° le gitan, c'est un gars° curieux
Une gueule° toute noire, des carreaux° tout bleus.
Y reste des heures, sans dire un seul mot
Assis près du poêle au fond du bistrot.°
C'gars-là une roulotte s'promène dans sa tête
Et quand elle voyage jamais ne s'arrête
Des tas d'paysages sortent de ses yeux
Mon pot' le gitan c'est un gars curieux.

Mon pot' le gitan, c'est pas un marrant°
Et dans not' bistrot personne n'l'comprend
Comme tous ces gars-là, il a sa guitare
Une guitare crasseuse° qui vous colle le noir.°
Quand y s'met à jouer, la vieille roulotte
Galope dans sa tête, les joueurs de belote

le pote *friend (slang)*/**le gars** *young man*
la gueule *face (slang)*/**les carreaux** *eyes (slang)*
le bistrot *café (slang)*

un marrant *funny man*

crasseuse *filthy*/**coller le noir** *to cause someone to be depressed*

66 La Provence

S'arrêtent et plus rien, on a mal en d'dans,°   **en d'dans** *inside*
Mon pot' le gitan, c'est pas un marrant.

Mon pot' le gitan un jour est parti
Et Dieu seul sait où il balade° sa vie.   **balader** *to stroll*
Ce type°-là était un grand musicien   **un type** *guy (familiar)*
Ça j'en étais sûr, moi je l'sentais bien.
Le tôlier° m'a dit qu'on est v'nu l'chercher.   **le tôlier** *usually, prison guard; here, tavern owner (slang)*
Un grand music-hall voulait l'acheter
Mon pot' le gitan, il a refusé
Un haussement d'épaules° et y s'est taillé.°   **un haussement d'é- paules** *shrug/* **se tail- ler** *to leave (slang)*

J'ai eu l'impression de perdre un ami,
Et pourtant c'gars-là m'a jamais rien dit.
Mais il m'a laissé un coin d'sa roulotte
Et dans ma p'tite tête j'ai du rêve qui trotte.
Sa drôle° de musique en moi est restée   **drôle** *strange*
Quand je pense à lui m'arrive de chanter.
Toi, sacré gitan, qui sentait l'cafard°   **avoir le cafard** *to be in the dumps*
Au fond ta musique était pleine d'espoir.

J. Verrières et M. Heyral, chanté par Yves Montand

Compréhension et discussion

1. Vous décrivez le gitan de la chanson comme vous vous l'imaginez.
2. Pourquoi les spectateurs ont-ils « mal en d'dans » quand le gitan joue de la guitare?
3. Qu'est-ce qui prouve que le gitan joue très bien de la guitare?
4. Pourquoi le gitan a-t-il refusé d'accepter l'offre du music-hall?
5. Que cache le haussement d'épaules du gitan?
6. Pourquoi le narrateur de l'histoire a-t-il eu l'impression de perdre un ami?
7. Que pensez-vous des gens qui, comme le gitan, ne disent pas grand-chose?
8. Quand on a le cafard, que peut-on faire pour se changer les idées?
9. Quelle a été l'influence du gitan sur le narrateur?
10. Relevez dans la chanson tous les détails qui montrent que le gitan est différent des autres personnages dans le bistrot.

Discussion ou composition

1. Décrivez la scène dans le bistrot.
2. Imaginez et décrivez deux paysages très différents qui pouvaient « sortir » des yeux du gitan de la chanson.

3. Faites le portrait moral et physique d'un « gars curieux » ou d'une « fille curieuse ».
4. Vous imaginez le rêve qui « trotte » dans la tête du narrateur.
5. Aimeriez-vous vivre dans une roulotte? Pourquoi?
6. Généralement l'accès de certaines grandes villes en France est interdit aux gitans. Pourquoi et qu'en pensez-vous?
7. Discutez ce qui vous plairait et ce qui vous déplairait dans la vie des gitans.
8. Vous discutez les arguments en faveur d'une roulotte traditionnelle par rapport à une roulotte ultra-moderne.
9. Présentez en débat, le pour et le contre, le sujet suivant : les gitans n'apportent rien à la société.
10. À votre avis, est-il nécessaire de connaître l'argot, dans votre propre langue, dans une langue étrangère? Pourquoi?

Composition

1. Racontez la chanson au style indirect. Yves Montand, dans la chanson a dit que...
2. Le gitan raconte à ses amis comment il passait son temps dans le bistrot l'année précédente.
3. Vous écrivez une courte lettre au directeur du music-hall qui veut vous engager. (a) Vous refusez son offre. (b) Vous acceptez son offre.
4. Faites quelques recherches sur les gitans. Quelles sont quelques-unes de leurs coutumes les plus curieuses?

Et maintenant...

1. Apprenez la chanson par cœur.
2. À la manière d'un architecte, dessinez le plan d'une roulotte, caravane, et mettez-y tout ce que vous voudriez y voir pour y vivre confortablement, avec les légendes en français, bien entendu.

Exercices récapitulatifs

A. *Employez le passé composé, l'imparfait ou le plus-que-parfait du verbe entre parenthèses pour compléter les phrases suivantes.*
   1. Voici une photo de Provence que vous _____ (*prendre*) l'été dernier.
   2. Ils _____ (*danser*) sur la place quand la pluie _____ (*cesser*) de tomber.
   3. Pendant que nous _____ (*visiter*) Marseille nous _____ (*aller*) plusieurs fois sur le Vieux-Port.

68   La Provence

 4. Tout à coup je _____ (comprendre) qu'elle ne _____ (savoir) pas un mot de provençal.
 5. Hier, nous _____ (rendre) l'argent qu'il nous _____ (prêter).
 6. Avant-hier soir je _____ (manger) la soupe qu'Andrée _____ (préparer) la veille.
 7. Après que tu _____ (rentrer) à la maison, nous commencions à déjeuner.
 8. Aussitôt que je _____ (sentir) le parfum de Grasse, j'ai aimé le Midi.
 9. Généralement quand il _____ (chanter) le gitan _____ (jouer) de la guitare qu'il _____ (acheter) à Madrid.
 10. Elle _____ (retourner) au Midi. Elle _____ (rêver) de cela pendant plusieurs années.

B. *Mettez le texte suivant au passé, aux temps qui conviennent.*

Un cheval pas comme les autres

Au premier abord, Langlois paraît austère. Il est cassant comme ceux qui ne sont pas obligés de vous expliquer le pourquoi et le comment des choses. On ne sait pas qu'il a été commandant et tout de suite on n'éprouve pas beaucoup de sympathie pour lui au village.

Comme on n'a pas l'occasion de manifester cette sympathie pour lui, on la manifeste au cheval. D'autant plus que c'est un cheval qui fait tout pour faciliter les choses.

C'est un cheval noir et qui sait rire. D'habitude les chevaux ne savent pas rire, et on a toujours l'impression qu'ils vont vous mordre. Celui-là prévient d'abord d'un clin d'oeil et son rire se forme d'abord dans son oeil de façon très incontestable. Si bien que lorsque le rire gagne les dents, il n'y a pas de malentendu. La porte de son écurie est toujours ouverte. Il n'est jamais attaché. Quand il a envie de sortir, ou de voir le monde, il pousse sa porte et apparaît sur le seuil d'où il fait avec son regard le tour de l'honorable société qui prend le frais sous les arbres... Il semble aimer tout le monde et il a des attentions pour tous. On peut lui demander un service. Au début, bien sûr, on n'ose pas. On se contente de profiter de sa gentillesse. On se méfie de l'humeur de Langlois, son maître. Mais, à la longue, on se rend compte qu'il le laisse libre, qu'il comprend fort bien sa façon d'être.

D'après Giono

C. *Donnez le passé composé et l'imparfait des verbes suivants.*
 1. on entend
 2. elles parcourent
 3. nous nous promenons
 4. je choisis
 5. ils se rendent compte
 6. il devine
 7. vous voyez
 8. je bois
 9. on cuit
 10. elle joue

D. *Faites l'accord des participes passés entre parenthèses si nécessaire pour compléter les phrases suivantes.*
 1. Le vieux gitan s'est _____ (adapté) à la vie moderne.
 2. Au mois de mai, les gitans se sont _____ (retrouvé) à Saintes-Maries.

3. Les chevaux que nous avons _____ (*vu*) étaient magnifiques.
4. Les flamants de Camargue ont _____ (*volé*) vers la mer.
5. L'arrivée des gitans a _____ (*animé*) la ville.
6. Voilà tous les personnages que Pagnol a _____ (*décrit*) dans son roman.
7. Les gardians ont _____ (*descendu*) leur trident de leur selle.
8. Toute la ville s'est _____ (*transformé*) après leur départ.
9. Tous ces jeunes gens se sont _____ (*amusé*) à la fête.
10. Voici les fleurs qu'on a _____ (*planté*) dans les champs.

I. *Questions de culture générale*
   1. Chaque pays a des régions uniques. Comment la Provence se distingue-t-elle du reste de la France? Comment est-ce reflété dans les textes de Giono, de Daudet ou la chanson « Mon pot' le gitan »?
   2. Existe-t-il dans votre culture une région semblable à la Provence? Laquelle?
   3. À votre avis, comment est-ce que le climat influence la vie et la culture des gens de Provence? Comment est-ce différent du nord par exemple?
   4. Que doit-on faire pour protéger et cultiver la langue, la culture et les coutumes—sans oublier les traditions—d'une région?

II. *Activités en groupes*
   A. Activités en petits groupes
      1. Trouvez-vous la vie des « cowboys » américains ou des gardians français romantique? Discutez.
      2. À votre avis, pourquoi est-il important d'établir des réserves en France et aux États-Unis?
      3. Le tourisme va-t-il détruire ou a-t-il déjà détruit le naturalisme et la beauté de ces régions?
      4. Le tourisme est-il indispensable à l'économie d'une région comme la Provence?
   B. Activité en groupes de deux
      Imaginez que vous êtes gitan(e). Vous avez une roulotte, un cheval et quelques amis avec lesquels vous voyagez. Comment allez-vous occuper votre temps? Choisissez les activités que vous aimeriez.

III. *Composition écrite*
   Vous travaillez pour une agence de voyage, et on vous a demandé d'écrire un article de publicité pour la Provence. Qu'est-ce que vous écrivez?

IV. *Situations*
   1. Vous êtes gitan(e). Vous êtes entré en ville sans permission, et vous n'avez que cinq minutes pour vendre à la sauvette une potion à un vieux monsieur chauve pour lui faire pousser les cheveux.
   2. Après un an d'absence vous revenez dans la même ville, et vous proposez (sans vous en rendre compte) une montre à une dame à qui vous en avez déjà vendu une l'année précédente.

3. Vous essayez de vendre une caravane neuve à un gitan et une gitane installés depuis très longtemps dans leur vieille roulotte.
4. Vous lisez les lignes de la main à une femme riche très élégante.

V. *Débats*
1. Les avantages et les inconvénients de la vie à la campagne ou dans une grande ville.
2. La vie des gitans : avantages et inconvénients pour la vie familiale.

Quelque chose de curieux
1. Avoir du pain sur la planche.
2. À cheval donné, on ne regarde pas les dents (ou la bride).
3. Le cœur a ses raisons que la raison ne connaît pas.

Chapitre 4
Les jeunes

Vocabulaire

Les jeunes et la famille

une indépendance *independence*
s'entendre bien ou mal avec quelqu'un *to get along well or badly with someone*
la compréhension *understanding*
se comprendre *to understand each other*
être compréhensif(-ve) *to be understanding*
cacher ses vrais sentiments *to hide one's feelings*
se révolter contre *to rebel against*
s'ennuyer *to be bored*
agir sans réfléchir *to act without thinking*
la mensualité *monthly allowance*
la méfiance *distrust*
être méfiant(e) *to be distrustful*
se méfier de *to distrust*
participer à *to participate*
être sur la défensive *to be defensive*
le devoir *duty, homework*
une inquiétude *restlessness*
être gâté(e) *to be spoiled*

Les jeunes et l'argent

le salaire *salary*
un emploi à plein temps *full-time work*
un emploi à mi-temps *part-time work*
sans emploi *out of work*
trouver un emploi *to find a job*
dépenser *to spend*
le boulot *job (familiar)*
un achat *purchase*
se faire engager *to get hired*
un argent de poche *pocket money*
gagner de l'argent *to earn money*

La vie de tous les jours

les pressions (f.) *pressures*
les frustrations (f.) *frustrations*
rêver (de) *to dream (of)*
s'échapper *to escape*
être inquiet *to be worried*
les loisirs (m.) *leisure time*
faire du sport *to engage in sports*
pratiquer un sport *to participate in a sport*
le chômage *unemployment*
gaspiller son temps *to waste one's time*
avoir du mal *to have a hard time*
s'instruire *to educate oneself*

La vie sociale

se cultiver *to acquire culture*
le (la) petit(e) ami(e) *boy- (girl-) friend*
nouer des contacts *to strike up acquaintances*
se conformer à *to conform*
se faire accepter par *to be accepted by*
faire partie de *to belong to*
la bande *group of friends*
s'amuser *to have fun*

Mise en train

I. *Donnez l'équivalent de chaque expression.*
   1. travail, occupation
   2. période d'inactivité pour un travailleur
   3. camarade ou ami(e) préféré(e)
   4. plusieurs personnes qui vont en groupe
   5. objet acheté

II. *Complétez les phrases suivantes avec les mots qui conviennent.*
   1. Une personne impulsive agit souvent sans _____.
   2. Après une longue journée, à l'école les jeunes aiment bien _____.
   3. En France, le café est un bon endroit pour _____ d'autres jeunes gens.
   4. Beaucoup de jeunes pensent que leurs parents ne les _____ pas.
   5. Les adolescents veulent leur _____.
   6. Ce jeune homme _____ contre les valeurs de la génération de ses parents.
   7. Les sports occupent une grande place dans les _____ des étudiants.

74 Les jeunes

III. *Questions sur les photos. Répondez aux questions suivantes avec des phrases complètes.*
1. Décrivez rapidement chaque photo en employant des pronoms personnels.
2. Choisissez une photo et imaginez le dialogue entre deux jeunes gens assis autour d'une table.
3. Sur la photo qui représente la Sorbonne, que font les jeunes gens et que regardent-ils?
4. Reconstituez la scène où deux amies se rencontrent et donnez une intrigue à l'histoire.
5. Imaginez que vous êtes une des étudiantes assises au bord de la fontaine (ou bien l'homme aux lunettes). Que faites-vous? Dans quelle ville êtes-vous? Pourquoi? etc....

Ces jeunes, que discutent-ils entre eux? Proposez trois sujets de discussion.

Famille, je vous aime!

Une piaule?° Pouah! Un appart?° Brrr! Les jeunes, aujourd'hui, ne veulent plus quitter papa-maman!
 « Vous habitez chez vos parents? » Ils ne demandent même pas si elle est tendre ou mordante,° l'ironie de ma question. Oui, ils ont beau° être majeurs depuis six mois ou six ans, n'être ni attardés° ni demeurés,° ni Enfants de Marie,° ni fils à papa, s'afficher° en jeunes gens modernes, tout à fait nouveaux et intéressants, Bob, Jacques, Gilles, Marc, Eva, Vincent, Emilie vivent toujours chez papa-maman. Posée il y a dix ou quinze ans, à la même tranche d'âge,° la question aurait été reçue comme une provocation. Et comme telle rejetée par un « Oui, et alors? » offusqué, ou un « Tu m'as pas regardé° » offensé. C'était du

la piaule *pad, place (familiar)/***appart** *short for apartment*

mordante *biting, sharp*
avoir beau *here, in spite of (being of legal age)/***attardé** *mentally retarded/***demeuré** *half-witted*
Enfants de Marie *naive/***s'afficher** *to pretend to be*
la tranche d'âge *age-group*
tu...regardé *what do you take me for, a fool?*

Pourquoi quitter ses parents quand on est si bien chez eux?

temps où on n'avait qu'une idée en tête : se barrer.° Couper tous les cordons.° De l'air, de l'espace. Pour gagner sa guerre d'indépendance, une seule stratégie : l'évasion.

Jacques, dix-huit ans, aide-cuisinier au George V : « Jamais il m'est venu l'idée de partir. Ça se fera peut-être un jour. Pas d'un seul coup. Petit à petit ». Bob, dix-neuf ans, bassiste dans un group rock : « Y a pas d'âge pour se tirer.° J'suis pas pressé,° moi. J'en connais qui ont trente ans et qui sont toujours là ». Gilles, vingt-trois ans, imprimeur : « J'ai aucune raison de m'en aller ».

Aucune raison de rester, non plus, à première vue, ces grands jeunes gens... Adolescents, ils ne le sont plus. Leurs études, ils les ont terminées, ou abandonnées. Du travail, ils sont en âge d'en trouver ou d'en chercher. Alors, qu'est-ce qu'ils attendent? Rien. Ils y sont. Ils y restent. Bob : « Une fois passé le bac,° j'ai voulu me reposer un an. Après quinze années scolaires, il me fallait bien ça. Une période pour faire le point.° Les parents pouvaient rien me dire. J'ai eu mon bac à dix-sept ans, et avec mention encore. Ils étaient assez contents comme ça. Quand je leur ai dit : « Je m'arrête un moment », ils ont pas trop fait la gueule°. Pourquoi zoner° ailleurs quand on peut zoner chez soi? Son année sabbatique passée, Bob ne sait toujours pas ce qu'il veut. Il sait en revanche° ce qu'il ne veut pas : se prendre en charge.° « Faudrait aller bosser.° D'avoir vu mon père, tailleur,° courbé sept jours sur sept sur sa machine, se lever à six heures et le soir se coucher à dix, et ma mère, vendeuse en confiserie, travailler quarante-six heures par semaine pour toucher deux mille cinq cents balles,° ça m'a traumatisé. Pas envie de finir comme eux ».

se barrer *to buzz off (familiar)*
couper les cordons *to break away (familiar)*

se tirer *to be off, to make tracks (familiar)/* **être pressé** *to be in a hurry*

le bac *baccalauréat*

faire le point *to take stock of the situation*

faire la gueule *to brood, to hold a grudge (familiar)/* **zoner** *to live, to stay*
en revanche *on the other hand*
se prendre en charge *to become financially responsible for oneself/* **bosser** *to work hard (familiar)*
le tailleur *tailor*
la balle *franc (familiar)*

Participation aux frais

Car Bob caresse d'autres ambitions. Artistiques. Depuis son premier concert au lycée, il ne se voit plus ailleurs que sur une scène : « Une fois que t'as connu ça, être plus haut que les autres et les voir applaudir, tu peux plus rester derrière une machine, un comptoir, un bureau ». Il vit, chez ses parents, pour la musique. En attendant, il prend, sans conviction, tous les boulots-dépannages° qui se présentent. Les chantiers,° les assurances, les fleurs, la manutention,° les disques, la moquette.° Il travaille un mois, s'arrête jusqu'à épuisement des réserves—chez les parents, ça disparaît moins vite—reprend sans se presser.

Comme Vincent, vingt-quatre ans, fils d'écrivain, tour à tour coursier de presse,° motard d'agence,° assistant photographe. Vincent, qui bosse sans bosser et dort sans rêver dans son lit de garçon jusqu'à midi. Plus installés dans la vie active, tout en gardant un pied à la maison, Gilles, notre imprimeur, Jacques, notre cuisinier, et Marc, vingt-six ans, photographe. Les trois travaillent depuis l'âge de seize ans sans jamais avoir songé à quitter le domicile maternel.

Leur participation aux frais du ménage va de soi.° Ils versent mensuellement un pécule° à leurs mères, comme ils régleraient leur note° dans une pension de famille. Ce n'est le cas ni de Vincent : « Et puis quoi encore! J'ai un père qui gagne deux bâtons° par mois. S'il y tient,° je lui verse un franc symbolique! » Ni celui de Bob : « Depuis qu'ils ont cessé de me filer° de l'argent de poche, ça m'arrive de leur emprunter de l'argent. Ma mère, qui est une femme très gentille, ne me les réclame jamais. Mon père, par contre, note tout sur un petit carnet ».

Pas trop lourde à porter, cette dépendance? L'indépendance, à les entendre, leur pèserait davantage. Une piaule? Inconfortable. Personne n'en veut. Un appartement? Inabordable.° Aucun ne peut. Même s'il le lui est offert sur un plateau. « Mes vieux m'avaient acheté un bel appart, dit Vincent, le plus gâté de tous. J'y ai jamais foutu les pieds.° Je gagne pas assez de blé.° Y a toujours des factures à régler. Faut être millionnaire ». Chauffage, électricité, téléphone, ménage, marché : la maison familiale roule pour eux. Espace, confort, sécurité. « J'y vais surtout pour manger, dit Bob. C'est bon et c'est gratuit° ».

Un réfrigérateur toujours plein et une maison la plupart du temps vide. Les horaires souvent inversés font que les deux générations cohabitent sans jamais se rencontrer. « Des fois, je vois pas ma mère pendant une semaine, dit Jacques. Je lui passe juste un coup de fil° pour lui dire que

---

le boulot-dépannage *part-time job (familiar)*
le chantier *yard*/**la manutention** *handling of goods*/**la moquette** *carpet*

le coursier de presse *newspaper messenger*/**le motard d'agence** *errand boy on motorbike*

aller de soi *to go without saying*
le pécule *part of salary*
règler sa note *to pay one's bill*
le bâton *about a thousand dollars (familiar)*/**tenir à quelque chose** *to insist on something*
filer *to give (familiar)*

inabordable *unaffordable*

foutre les pieds *to set one's foot in (familiar)*/**le blé** *bread, cash (familiar)*

gratuit *for nothing, free*

le coup de fil *telephone call (familiar)*

je suis encore en vie ». « Je sais qu'ils sont là, dit Bob. Je sens leur présence. Et en même temps c'est comme si je vivais seul ».

Maison toujours ouverte

Ils vont et ils viennent, ces jeunes, à toute heure du jour et de la nuit. Gilles : « Je sors et je rentre quand je veux. J'ai pas à dire où je vais. On m'attend pas. On s'inquiète pas. Je peux ne pas rentrer du tout ». Ils peuvent ramener° qui ils veulent. La maison est grande ouverte aux amis. « Quatre ou cinq copains dans la chambre étendus comme des sardines dans des sacs de couchage, raconte la mère d'Eva, dix-huit ans, styliste. Ou le petit jules,° le week-end, dans la pièce du fond. À partir du moment où on accepte que sa fille ait un amant à seize ans, mieux vaut que ça se passe à la maison. On peut mieux contrôler ses fréquentations. Quant à elle, elle filtre davantage. Elle ne fait pas venir n'importe qui ». Même accueil chez les mères des garçons. Marc : « Quand j'amène des filles à la maison, maman est ravie. Ça lui fait des copines ». Gilles : « Elle les voit une fois, après elle les voit plus. Elle est malheureuse quand elles s'en vont. Elle aurait tendance à prendre ça au sérieux.

« Je peux parler de tout avec ma mère », dit Jacques. Et Marc : « C'est plus une amie qu'une mère ». « Pour mes frères aînés, c'était pas pareil, constate Gilles. Maintenant ils admettent beaucoup plus de choses. En dix ans, il y a eu de gros changements dans la maison. Avec le temps... » Temps record en tout cas pour colmater° ce qu'on appelait encore en 1968 le « fossé des générations° ».

Les départs sont rares. Et les retours fréquents. Emilie, vingt-deux ans, vendeuse, est partie à dix-neuf ans s'installer avec un garçon. Quand, au bout d'un an, ça a craqué,° elle est revenue habiter chez sa grand-mère. Gilles avait pris une chambre de bonne dans l'immeuble à dix-huit ans. Lorsque son père est tombé malade, il a redescendu les étages. Vincent part en voyage six mois, revient, repart trois mois, rapplique.° Ça fait des années qu'il fait le coup du faux départ. Là, il vient de partir pour de bon. Vivre chez une copine. Ça y est. Il est bien accroché.° Sa mère est soulagée° : « Ce n'est pas sain de s'éterniser chez les parents. C'est la facilité. Il faut qu'il s'assume ». « Je ne suis pas parti, proteste le fils. Dans ma tête c'est pas définitif. C'est pas que j'ai envie de rentrer. Mais ça peut

ramener *to bring home*

le petit jules *boyfriend (familiar)*

colmater *to fill*
le...générations *generation gap*

craquer *to fall apart (familiar)*

rappliquer *to come back (familiar)*
accroché *held, caught (familiar)*
soulagé *relieved*

arriver. Ça les turlupine,° mes vieux. Ils aimeraient bien que je devienne grand ».

« Le seul truc° pour partir vraiment, dit Bob, c'est de se faire foutre à la porte° ».

Mariella Righini, extrait du *Nouvel Observateur*

turlupiner *to bother, to worry (familiar)*
le truc *way (familiar)*
se...porte *to be thrown out (familiar)*

Compréhension et discussion

1. Qu'est-ce que tous les jeunes gens de ce texte ont en commun?
2. Si on avait demandé à des jeunes quinze ans plus tôt, « vous habitez chez vos parents? », comment auraient-ils réagi?
3. Pourquoi Bob a-t-il voulu s'arrêter pendant un an après son bac?
4. Pourquoi les parents de Bob n'ont-ils pas « fait la gueule »?
5. Quel genre de boulots-dépannages Bob a-t-il pris?
6. Comment ces jeunes gens participent-ils aux frais du ménage?
7. Pourquoi Jacques semble-t-il ne jamais voir ses parents?
8. Qu'est-ce que le fossé des générations?
9. Pourquoi Emilie est-elle revenue vivre chez sa grand-mère?
10. Que pense la mère de Vincent du départ de son fils?

Discussion ou composition

1. Pourquoi ces jeunes gens restent-ils chez leurs parents?
2. Quelles sont les idées de Bob sur le travail de ses parents? Qu'en pensez-vous?
3. Pourquoi ces jeunes gens ne veulent-ils ni « piaule » ni appartement?
4. Qu'est-ce qui prouve que les parents donnent beaucoup de liberté aux jeunes gens du texte?
5. En quoi consistent les quatre boulots-dépannages suivants : aide-cuisinier, la moquette, motard d'agence et manutention?
6. Quelles sont les ambitions artistiques de Bob? Qu'en pensez-vous?
7. Donnez les raisons pour lesquelles Vincent ne participe pas aux frais du ménage. Est-ce juste?
8. À votre avis, est-il sage de la part des parents de donner tant de liberté aux enfants de seize ans? Pourquoi ou pourquoi pas?
9. À votre avis, est-il important pour une mère d'être l'amie de ses enfants?
10. Pourquoi est-ce que « ce n'est pas sain de s'éterniser chez ses parents » comme dit la mère de Vincent?

Composition

1. Inventez un « truc » pour vous faire mettre à la porte de chez vous, comme le propose Bob.
2. Relevez dix mots d'argot du texte, et employez-les dans des phrases complètes.
3. Les jeunes gens qui assument beaucoup plus d'indépendance que ceux du texte ont-ils des chances d'être plus heureux et de mieux réussir dans la vie? Pourquoi ou pourquoi pas?
4. Comparez les opinions des jeunes gens américains avec celles des jeunes Français du texte.

Et maintenant...

1. Imaginez un dialogue de 125 mots avec vos parents. Vous voulez retourner chez eux et ils ne veulent pas de vous.
2. Faites une liste des avantages et des inconvénients d'habiter chez vos parents.

Souvenirs d'enfance

Le jeudi était un jour de grande toilette,° et ma mère prenait ces choses-là très au sérieux.° Je commençai par m'habiller des pieds à la tête, puis je fis semblant° de me laver à grande eau : c'est-à-dire que vingt ans avant les bruiteurs de la radio-diffusion,° je composai la symphonie des bruits qui suggèrent une toilette.

    J'ouvris d'abord le robinet du lavabo,° et je le mis adroitement° dans une certaine position qui faisait ronfler les tuyaux° : ainsi mes parents seraient informés du début de l'opération.

    Pendant que le jet° d'eau bouillonnait bruyamment° dans la cuvette,° je regardais, à bonne distance.

    Au bout de quatre ou cinq minutes, je tournai brusquement le robinet, qui publia° sa fermeture en faisant, d'un coup de bélier,° trembler la cloison.°

    J'attendis un moment, que j'employai à me coiffer. Alors je fis sonner sur le carreau° le petit tub de tôle,° et je rouvris le robinet—mais lentement, à très petits coups. Il siffla, miaula° et reprit le ronflement saccadé°... Je le refermai brusquement.

    Mon succès fut complet, car j'obtins une double détonation,° qui fit onduler le tuyau.

toilette *washing*
au sérieux *seriously*
fis semblant *pretended*
les...radio-diffusion *the sound-effect specialists of broadcasting studios*
le...lavabo *the faucet of the washstand*
adroitement *deftly*
faisait...tuyaux *made the pipes rumble*
le jet *stream*/**bouillonnait bruyamment** *gurgled noisily*
cuvette *here, bathroom sink*
publier *to announce*
d'un...bélier *with a knock like that from a battering ram*/**la cloison** *partition*
le carreau *tiled floor*/**petit...tôle** *sheet-metal bowl*
miaula *mewed*/**saccadé** *jerky*
détonation *bang*

80 Les jeunes

Je vous présente Eric et Guillaume, deux frères très sympathiques. Est-ce qu'ils aiment partager la même chambre et porter les mêmes vêtements? Posez-leur la question. Posez-la-leur par écrit, ne la leur posez pas oralement.

Encore un choc sur la tôle du tub et j'eus terminé, dans le délai prescrit,° une toilette plausible, sans avoir touché une goutte° d'eau.

Je trouvai mon père assis devant la table de la salle à manger. Il était en train de compter de l'argent; en face de lui, ma mère buvait son café. Ses nattes° noires, qui avaient des reflets bleus,° pendaient jusqu'à terre derrière sa chaise. Mon café au lait était servi. Elle me demanda :

—Tu t'es lavé les pieds?

Comme je savais qu'elle attachait une importance particulière à cette opération futile, et dont la nécessité me paraissait inexplicable (puisque les pieds, ça ne se voit pas), je répondis avec assurance :

—Tous les deux.

—Tu t'es coupé les ongles?°

Il me sembla que l'aveu° d'un oubli° confirmerait la réalité du reste.

—Non, dis-je, je n'y ai pas pensé. Mais je les ai taillés dimanche.

—Bien, dit-elle.

délai prescrit *prescribed time*
une goutte *drop*

nattes *braids*
des reflets bleus *shimmer of blue*

les ongles (m.) *nails*
l'aveu *admission*/**d'un oubli** *omission*

Elle parut satisfaite. Je le fus aussi.

Pendant que je croquais° mes tartines, mon père dit :

—Tu ne sais pas où nous allons? Eh bien, voilà. Ta mère a besoin d'un peu de campagne. J'ai donc loué, de moitié° avec l'oncle Jules, une villa° dans la colline, et nous y passerons les grandes vacances.

Je fus émerveillé.

—Et où est-elle, cette villa?

—Loin de la ville, au milieu des pins.°

—C'est très loin?

—Oh oui, dit ma mère. Il faut prendre le tramway, et marcher ensuite pendant des heures.

—Alors, c'est sauvage?

—Assez, dit mon père... Un vrai désert!

Paul arrivait, pieds nus, pour savoir ce qui se passait et il demanda :

—Est-ce qu'il y a des chameaux?°

—Non, dit mon père. Il n'y a pas de chameaux.

—Et des rhinocéros?

—Je n'en ai pas vu.

J'allais poser mille questions, lorsque ma mère me dit :

—Mange!

Et comme j'oubliais ma tartine, elle poussa ma main vers ma bouche.

Puis, elle se tourna vers Paul :

—Toi, va d'abord mettre tes pantoufles, sinon tu vas nous faire encore une angine.° Allez, file!°

Il fila.

Je demandais :

—Alors, tu m'emmènes dans la colline, ce matin?

—Non! dit-il. Pas encore! Cette villa est toute vide, et il va falloir la meubler.° Seulement, les meubles neufs coûtent très cher : alors, nous allons ce matin chez le brocanteur° des Quatre-Chemins.

Marcel Pagnol, *Souvenirs d'enfance*

croquer *to crunch*

de moitié *half and half/*
une villa *countryhouse*

des pins (m.) *pine trees*

des chameaux (m.)
camels

une angine *pharyngitis/*
file! *scram!*

meubler *to furnish*

brocanteur *secondhand dealer*

Compréhension et discussion

1. Qu'est-ce que l'auteur décrit dans les premiers paragraphes?
2. Comment Pagnol faisait-il sa toilette le jeudi?
3. Décrivez les bruits de sa toilette.
4. Que faisait-il pendant que l'eau coulait?
5. Comment pouvait-il faire sa toilette sans toucher une goutte d'eau?
6. Décrivez la scène devant la table de la salle à manger.
7. Pourquoi le lavage des pieds est-il une opération futile d'après l'auteur?
8. Où la famille va-t-elle passer ses vacances?
9. Comment y va-t-on?
10. Quelles sortes de questions le petit frère pose-t-il?

Discussion ou composition

1. Quelle est l'attitude du jeune Pagnol devant sa toilette du jeudi? Y attache-t-il beaucoup d'importance? Pourquoi ou pourquoi pas?
2. Qu'est-ce qui prouve que la mère de Pagnol croit que son fils a bien fait sa toilette?
3. À votre avis, est-ce que la toilette joue un rôle important dans la vie des jeunes gens? Pourquoi ou pourquoi pas?
4. Pourquoi est-ce que le jeune Pagnol fait semblant de se laver?
5. Décrivez les scènes où se manifeste le sens d'humour de Pagnol.
6. Quelles sont les intentions du père pour louer la villa?
7. Quelle est la réaction des garçons vis-à-vis de ces projets de vacances? Qu'est-ce qui prouve dans les questions de Paul qu'il est le plus jeune?
8. Comment Pagnol a-t-il décrit les réactions de la famille à l'annonce des vacances?
9. Par quels détails l'auteur nous montre-t-il l'importance que le père attache au prix des choses?
10. Relevez les parties du récit qui expriment l'enthousiasme des jeunes et le sens pratique des parents.

Composition

1. Comment les événements racontés ici sont-ils typiques de la vie des jeunes? Est-ce que tous les petits n'aiment pas se laver à grande eau? Expliquez.
2. Quelles images l'expression « grande toilette » suggère-t-elle aux Américains? aux Français?
3. Beaucoup de Français préfèrent voyager en un endroit différent chaque été. Par contre, d'autres attachent une grande importance à la « maison de campagne » où ils passent toutes les vacances. Quels sont les avantages et les inconvénients de chaque choix?
4. La description de la grande toilette peut être considérée comme un acte habituel de la vie du jeune Pagnol. Expliquez pourquoi.

Et maintenant...

1. Pagnol trompe sa mère en faisant semblant de faire sa toilette. Décrivez une situation dans votre jeunesse où vous avez menti à votre mère. Comment et pourquoi l'avez-vous fait?
2. Faites la description d'un de vos souvenirs d'enfance préférés.

Je fume

J'étais dans le jardin et je ne faisais rien, quand est venu Alceste et il m'a demandé ce que je faisais et je lui ai répondu : « Rien ».

Alors, Alceste m'a dit : « Viens avec moi, j'ai quelque chose à te montrer, on va rigoler° ». Moi, j'ai tout de suite suivi Alceste, on s'amuse bien tous les deux. Alceste, je ne sais pas si je vous l'ai dit, c'est un copain qui est très gros et qui mange tout le temps. Mais là, il ne mangeait pas, il avait la main dans la poche et, pendant que nous marchions dans la rue, il regardait derrière lui comme pour voir si on ne nous suivait pas. « Qu'est-ce que tu veux me montrer, Alceste? » j'ai demandé. « Pas encore », il m'a dit.

rigoler *to laugh, to have a good time (familiar)*

Enfin, quand on a tourné le coin de la rue, Alceste a sorti de sa poche un gros cigare. « Regarde, il m'a dit, et c'est un vrai, pas en chocolat! » Ça, qu'il n'était pas en chocolat, il n'avait pas besoin de me le dire, si le cigare avait été en chocolat, Alceste ne me l'aurait pas montré, il l'aurait mangé.

Moi, j'étais un peu déçu,° Alceste m'avait dit qu'on allait rigoler. « Et qu'est-ce qu'on va faire avec ce cigare? » j'ai demandé. « Cette question! m'a répondu Alceste, on va

déçu *disappointed*

« Je fume » et je vais le regretter.

le fumer, pardi!° » Je n'étais pas tellement sûr que ce soit une bonne idée de fumer le cigare, et puis, j'avais bien l'impression que ça ne plairait pas à maman et à papa, mais Alceste m'a demandé si mon papa et ma maman m'avaient défendu° de fumer le cigare. J'ai réfléchi, et là, je dois dire que papa et maman m'ont défendu de faire des dessins sur les murs de ma chambre, de parler à table quand il y a des invités° sans que je sois interrogé, de remplir la baignoire° pour jouer avec mon bateau, de manger des gâteaux avant le dîner, de claquer° les portes, de me mettre les doigts dans le nez et de dire des gros mots,° mais, de fumer le cigare, ça, papa et maman ne me l'ont jamais défendu.

« Tu vois, m'a dit Alceste. De toute façon, pour qu'on n'ait pas d'histoires, nous allons nous cacher quelque part où nous pourrons fumer tranquillement ». Moi, j'ai proposé qu'on aille dans le terrain vague° qui n'est pas loin de la maison. Papa, il n'y va jamais. Alceste a dit que c'était une bonne idée et nous allions déjà passer la palissade° pour entrer dans le terrain vague, quand Alceste s'est frappé le front. « Tu as du feu?° » il m'a demandé, je lui ai répondu que non. « Ben° alors, a dit Alceste, comment on va faire pour le fumer, ce cigare? » J'ai proposé qu'on demande du feu à un monsieur dans la rue, je l'ai déjà vu faire à mon papa et c'est très amusant, parce que l'autre monsieur essaie toujours d'allumer son briquet° et avec le vent il ne peut pas, alors il donne sa cigarette à papa et papa appuie sa cigarette contre celle du monsieur et la cigarette du monsieur est toute chiffonnée° et le monsieur n'est pas tellement content. Mais Alceste m'a dit que j'étais tombé sur la tête° et que jamais un monsieur ne voudrait nous donner du feu parce qu'on était trop petits. Dommage, ça m'aurait amusé de chiffonner la cigarette d'un monsieur avec notre gros cigare. « Et si on allait acheter des allumettes chez un marchand de tabac? » j'ai dit. « T'as des sous?° » m'a demandé Alceste. Moi j'ai dit qu'on pourrait se cotiser° comme à la fin de l'année, à l'école, pour acheter un cadeau à la maîtresse. Alceste s'est fâché, il a dit que lui il mettait le cigare, qu'il était juste que je paie les allumettes. « Tu l'as payé, le cigare? » j'ai demandé. « Non, m'a dit Alceste, je l'ai trouvé dans le tiroir° de bureau de mon papa, et, comme mon papa ne fume pas le cigare, ça ne va pas le priver° et il ne verra jamais que le cigare n'est plus là ».—Si t'as pas payé le cigare, il n'y a pas de raison que je paie les allumettes », j'ai dit. Finalement, j'ai accepté d'acheter les allumettes, à condition qu'Alceste vienne avec moi dans le bureau de tabac. J'avais un peu peur d'y aller seul.

---

pardi! *of course! naturally! (familiar)*

défendu *forbidden*

un(e) invité(e) *guest*/**la baignoire** *bathtub*

claquer *to slam*
des gros mots *swear words*

le terrain vague *vacant lot*

la palissade *fence*

du feu *match, light*
Ben (eh bien) *well (familiar)*

le briquet *lighter*

chiffonnée *rumpled*

tomber...tête *to be off one's rocker*

le sou *penny, money*
se cotiser *to club together, to pitch in*

le tiroir *drawer*

priver *to deprive*

Je fume

Nous sommes entrés dans le bureau de tabac et la dame nous a demandé : « Qu'est-ce que vous voulez, mes lapins? »—Des allumettes », j'ai dit. « C'est pour nos papas », a dit Alceste, mais ça, ce n'était pas malin,° parce que la dame s'est méfiée et elle a dit que nous ne devions pas jouer avec des allumettes, qu'elle ne voulait pas nous en vendre et que nous étions des petits garnements.° Moi, j'aimais mieux avant, quand Alceste et moi on était des lapins.

Nous sommes sortis du bureau de tabac et nous étions bien embêtés.° C'est difficile de fumer le cigare, quand on est petit! « Moi j'ai un cousin qui est boy-scout, m'a dit Alceste. Il paraît qu'on lui a appris à faire du feu en frottant° des bouts de bois.° Si on était boy-scouts, on saurait comment faire pour fumer le cigare ». Je ne savais pas qu'on apprenait ces choses-là, chez les boy-scouts, mais il ne faut pas croire tout ce que raconte Alceste. Moi, je n'ai jamais vu de boy-scout fumer le cigare.

« J'en ai assez de ton cigare, j'ai dit à Alceste, je rentre chez moi ».—Oui, a dit Alceste, d'ailleurs je commence à avoir faim et je ne veux pas être en retard pour le goûter,° il y a du baba° ». Et, tout d'un coup, on a vu par terre, sur le trottoir, une boîte d'allumettes! Vite, on l'a ramassée et on a vu qu'il restait une allumette dedans. Alceste était tellement nerveux qu'il en a oublié son baba. Et pour qu'Alceste oublie un baba, il faut qu'il soit drôlement° nerveux! « Allons vite dans le terrain vague! » a crié Alceste.

Nous avons couru et nous avons passé la palissade, là où il manque une planche.° Il est chouette° le terrain vague, nous y allons souvent, pour jouer. Il y a de tout, là-bas : de l'herbe, de la boue,° des pavés,° des vieilles caisses,° des boîtes de conserve,° des chats et surtout, surtout, une auto! C'est une vieille auto, bien sûr, elle n'a plus de roues,° ni de moteur, ni de portes, mais nous, on s'amuse bien là-dedans, on fait vrom, vrom et on joue aussi à l'autobus, ding, ding, fin de section, complet. C'est terrible!° « Nous allons fumer dans l'auto », a dit Alceste. Nous y sommes entrés et, quand nous nous sommes assis, les ressorts° dans les fauteuils ont fait un drôle de bruit, comme le fauteuil de pépé,° chez mémé,° que mémé ne veut pas faire arranger parce qu'il lui rappelle pépé.

Alceste a mordu° le bout du cigare et il l'a craché.° Il m'a dit qu'il avait vu faire ça dans un film de bandits. Et puis, on a fait bien attention de ne pas gâcher° l'allumette et tout s'est bien passé. Alceste, comme le cigare était à lui, c'était lui qui commençait, aspirait en faisant des tas de°

---

malin *clever, cunning*

le garnement *good-for-nothing, scamp*

embêté *bothered, annoyed*

frotter *to rub/***des... bois** *pieces of wood*

le goûter *snack*
le baba *French pastry made with rum*

drôlement *terribly, really*

la planche *board/* **chouette** *swell, great (familiar)*
la boue *mud/***le pavé** *cobblestone*
la caisse *crate/***la boîte de conserve** *can*
la roue *wheel*

terrible *terrific (familiar)*

le ressort *spring*
pépé *grandpa/***mémé** *grandma*

mordre *to bite/***cracher** *to spit (out)*

gâcher *to ruin*

le tas de *lot of*

bruit et il y avait beaucoup de fumée. Le premier coup, ça l'a surpris, Alceste, ça l'a fait tousser° et il m'a passé le cigare. J'ai aspiré, moi aussi, et, je dois dire que je n'ai pas trouvé ça tellement bon et ça m'a fait tousser, aussi. « Tu ne sais pas, m'a dit Alceste, regarde! La fumée par le nez! » Et Alceste a pris le cigare et il a essayé de faire passer la fumée par son nez, et ça, ça l'a rudement° fait tousser. Moi, j'ai essayé à mon tour° et j'ai mieux réussi, mais la fumée m'a fait piquer° les yeux. On rigolait bien.

    On était là à se passer le cigare, quand Alceste m'a dit : « Ça me fait tout chose,° je n'ai plus faim ». Il était vert, Alceste, et puis, tout d'un coup, il a été drôlement malade. Le cigare, on l'a jeté, moi, j'avais la tête qui me tournait et j'avais un peu envie de pleurer. « Je rentre chez ma maman », a dit Alceste et il est parti en se tenant le ventre.° Je crois qu'il ne mangera pas de baba ce soir.

    Je suis rentré à la maison, aussi. Ça n'allait pas très fort.° Papa était assis dans le salon en fumant sa pipe, maman tricotait° et moi j'ai été malade. Maman était très inquiète, elle m'a demandé ce que j'avais, je lui ai dit que c'était la fumée, mais je n'ai pas pu continuer à lui expliquer le coup du cigare, parce que j'ai encore été malade. « Tu vois, a dit maman à papa, je t'ai toujours dit que cette pipe empestait!° » Et, à la maison, depuis que j'ai fumé le cigare, papa n'a plus le droit° de fumer la pipe.

Sempé, Goscinny, *Le Petit Nicolas*

tousser *to cough*

rudement *really*
mon tour *my turn*
piquer *to sting*

Ça...chose *it makes me feel out of sorts*

le ventre *stomach*

aller fort *to go well*
tricoter *to knit*

empester *to stink*
le droit *right*

Compréhension et discussion

1. Qui est Alceste? Décrivez-le.
2. Que voulait-il montrer à Nicolas? Pourquoi faire?
3. Qu'est-ce que les parents de Nicolas lui ont défendu de faire?
4. Pourquoi allaient-ils se cacher?
5. Qu'est-ce qui empêchait les deux garçons de fumer le cigare tout de suite?
6. Que faisait le papa de Nicolas quand il n'avait pas de feu?
7. Est-ce que c'était une bonne idée d'aller acheter des allumettes au tabac? Pourquoi pas? Quelle est la réaction de la dame du tabac?
8. Comment les garçons ont-ils finalement eu des allumettes?
9. Où ont-ils fumé et quels en étaient les résultats?
10. Comment la maman de Nicolas a-t-elle réagi devant la maladie de Nicolas?

Discussion ou composition

1. En quoi consiste l'humour de ce récit? Donnez des exemples.
2. Par quels mots, par quelles phrases l'auteur nous montre-t-il que ces personnages sont des enfants?
3. Comment le petit Nicolas rationalise-t-il l'action de fumer un cigare? Donnez des détails.
4. Analysez les deux personnages d'après les renseignements donnés par l'auteur—nom, aspect physique, etc.
5. Pourquoi Nicolas voulait-il demander du feu à un monsieur dans la rue?
6. Pourquoi ne voulait-il pas payer les allumettes? Expliquez sa logique.
7. Donnez la raison pour laquelle Alceste et Nicolas étaient embêtés en sortant du tabac.
8. Décrivez l'expérience de fumer le cigare pour chaque garçon.
9. À votre avis, est-ce que les deux garçons ont appris une leçon à la fin du récit? Expliquez votre réponse.
10. En quoi la fin de l'histoire est-elle amusante?

Composition

1. À votre avis, est-ce que c'est une bonne idée de laisser les enfants apprendre par expérience ou devrait-on les protéger de cela? Expliquez votre réponse et donnez des exemples.
2. Avez-vous eu une expérience semblable dans votre jeunesse où vous avez fait en cachette quelque chose qui vous était interdit? Décrivez-la.
3. Imaginez que vous êtes le père ou la mère de Nicolas et que vous avez trouvé les deux garçons fumant leur cigare. Quelle est votre réaction? Qu'est-ce qui se passe? Que leur dites-vous?
4. En quoi consiste, selon vous, l'art de bien s'amuser avec vos amis?

Et maintenant...

1. Imaginez que vous êtes petit(e) et que vous allez boire votre premier verre de vin avec un(e) ami(e). Racontez l'incident.
2. Imaginez la conversation entre Alceste et ses parents quand il rentre chez lui.

Les jeunes Français d'aujourd'hui se méfient de la politique. Ont-ils raison?

Lycéens et politique

Que pensent les quatorze/vingt ans de la politique? Intéressante question au moment où la France vit à l'heure du changement. Ils s'en méfient, sentant bien que cette chose compliquée, inquiétante,° leur échappe en partie. 22% seulement d'entre eux s'y intéressent et 37% pas du tout, révèle un sondage de l'Institut Louis Harris, réalisé en janvier 1982 pour le journal de lycéens° *Phosphore*. 40% des 791 jeunes interrogés ont le cœur à gauche. 20% à droite. Mais 1968 est loin. Signe des temps : 88% des adolescents ne comprennent pas que l'on casse les vitrines et 61% aiment l'écologie. L'emploi et la faim dans le monde sont les deux problèmes en tête de leurs préoccupations.

      Comment s'informent-ils? Pourquoi font-ils certains choix? C'est ce que nous avons essayé de savoir en bavardant avec des lycéens.

Le rêve d'une société plus juste

La politique? Autour de la grande table du « Petit Nègre », le bistrot préféré des lycéens de Champigny, le mot fait *tilt* Frédérique, dix-huit ans, d'extrême gauche; Gaëtan, vingt ans, de droite; Pascal, dix-neuf ans, socialiste, ne se font

inquiétant *disturbing*

un lycéen, une lycéenne *student of lycée*

pas prier° pour donner leur avis sur les grands problèmes de l'heure : le chômage, le conflit palestinien, la Pologne, la peine de mort.° Ils ont des idées, des arguments. Ils connaissent bien la ligne politique de leurs partis respectifs. Ils sont passionnés, mais tolérants. Chacun écoute les opinions de l'autre. Tous poursuivent° le même rêve d'une société plus juste.

prier *to ask, to beg*

la...mort *death penalty*

poursuivre *to pursue*

Qu'est-ce que les jeunes ont répondu?

À la question : « Quelle est la chose la plus importante pour se sentir adulte? » Les jeunes ont répondu :

41%	avoir un emploi
28%	être indépendant financièrement
6%	pouvoir voter
6%	ne plus habiter avec ses parents
8%	être marié
8%	autre
3%	sans opinion

Les problèmes les plus importants dans le monde

L'emploi	28%
La faim dans le monde	26%
La crise économique	12%
Les Droits de l'Homme	12%
La violence	7%
Le désarmement	5%
Le racisme	3%
La drogue	3%
La pollution	3%
Sans opinion	3%

Au « Café de la place » d'un petit bourg° du Sud-Ouest, autre scénario. Le mot « politique » ne recueille° que regards surpris et bouches cousues.° Ces garçons et filles...de milieu rural, n'en pensent manifestement pas grand-chose. Corinne, seize ans, reconnaît° : « Je ne m'y intéresse pas du tout. Je ne cherche pas à m'informer, mes camarades non plus ». Elle sait quand même...qu'il existe en France une droite et une gauche, mais ignore tout de la vie politique à l'échelle° de sa commune.° Une étonnante

le bourg *town*
recueillir *to collect, to obtain*
cousu *sewn*
reconnaître *to confess, to recognize*

à l'échelle *on the scale; here, at the level/***la commune** *district under administration of a mayor*

indifférence. Ils sont quand même au courant° d'un problème international—la faim dans le monde. Un professeur leur a fait une conférence sur le sujet.

L'indifférence se rencontre aussi dans des milieux culturels favorisés. Les adolescents connaissent les problèmes politiques, mais refusent d'en parler. Mathieu, quinze ans et demi, élève dans un grand lycée parisien, déplore la dépolitisation de ses camarades de classe : « Ils se moquent de° moi parce que je porte le badge « solidarité ». Il n'y a pas moyen° de discuter avec eux ». Olivier, dix-sept ans, élève de terminale° du même établissement ajoute : « On ne discute pas souvent entre nous au bahut,° mais plutôt à la sortie. Au ciné-club, quand on passe des films sur le Salvador, la Pologne, les débats permettent de parler politique ».

Comment s'informent les 22% de jeunes motivés, dont 4% disent s'intéresser énormément à la politique?

Par la télévision d'abord, première source d'information, pour les plus jeunes. La radio a peu d'oreilles. La presse est lue, en particulier par les plus âgés : après seize ans, les journaux prennent la tête° des moyens d'information. Pascal et Frédérique, des passionnés, déclarent : « Nous lisons tous les quotidiens° que nous trouvons, certains hebdomadaires° et des livres politiques, de droite comme de gauche ». La plupart avouent° se contenter de la lecture superficielle de leur quotidien favori, *le Monde*, en général, écouter aussi les informations° et quand ils ont le temps, les débats télévisés. 90% de jeunes interrogés par le quotidien *les Dernières Nouvelles d'Alsace* voient dans le journal « un complément souhaitable,° voire indispensable d'information »; les plus âgés s'intéressent en priorité aux grands événements économiques et politiques.

Les lycéens lisent la presse. Mais comment reçoivent-ils les messages? Des expériences d'introduction de journaux à l'école laissent perplexes. Un professeur du premier cycle a ainsi découvert que plusieurs de ses élèves décrivaient *France-Soir* comme un journal de gauche, *le Monde* comme étant de droite... « Les garçons et filles de quinze, seize ans de gauche...étaient tous d'accord pour lire les journaux d'extrême gauche mais il a vraiment fallu que je me batte pour expliquer l'intérêt des comparaisons, la nécessité de s'informer à des sources différentes et contradictoires », témoigne le professeur... Expérience utile. Les enfants ont compris que les journaux ne disaient pas tous la même chose et s'y sont intéressés de plus en plus...

Apprendre à lire et à analyser la presse ne sera plus désormais le fait de quelques expériences isolées. Le

être au courant to be up-to-date

se moquer de to make fun of
il...moyen there is no way
la terminale last year of high school
le bahut school (familiar)

prendre la tête to take the lead

le quotidien daily paper
l'hebdomadaire weekly paper
avouer to admit, to confess
les informations (f.) news

souhaitable desirable

gouvernement a donné le feu vert à l'introduction des journaux en classe.

Les parents et les copains contribuent aussi beaucoup à la formation politique des jeunes. Selon le sondage, le rôle de l'entourage, important à quatorze, quinze ans, décroît° avec l'âge... Nous avons rencontré les attitudes les plus diverses. Florence, vingt et un ans, étudiante, fille d'enseignants,° suit la ligne de ses parents. « Je parle politique avec eux, j'aime leurs idées et j'ai voté comme eux, pour l'ex-majorité ». Pascal, dix-neuf ans, socialiste, milieu bourgeois, discute beaucoup avec ses parents : « Je suis d'accord avec eux, mais moins à gauche ». Quelques-uns sont radicalement opposés à la ligne politique familiale. Gaëtan, vingt ans, de droite, a des parents marxistes. « Aucune discussion n'est possible avec eux ». Sophie, seize ans, avoue : « Je ne suis jamais d'accord avec mes parents, sur rien. Ils aiment la droite, je suis à gauche ». Les plus nombreux cependant s'inspirent des idées des parents...

décroître to diminish

un enseignant teacher

Leur idéal politique : fraternité et liberté

Les adolescents, eux, s'approprient certains mots, selon leur appartenance politique. Le mot « liberté » est revendiqué par les jeunes de gauche et de droite, plus timidement cependant par ces derniers.° Les jeunes de gauche associent plutôt l'idée de conflit à la droite, mais ces derniers la lient à la gauche. En revanche, tout le monde s'accorde pour considérer la manifestation comme un moyen d'action de la gauche.

ce dernier the latter

Pourquoi ces choix? Olivier, dix-sept ans, explique : « Je suis de gauche, parce que je considère qu'il y a un ordre établi, complètement injuste, qu'il faudrait changer ». Le modèle de Frédérique, dix-huit ans : « Contrat social de J.-J Rousseau. En économie, je suis pour la théorie marxiste, mais en France, il faut en soustraire° la lutte des classes et la dictature du prolétariat ». Gaëtan croit que « la droite apportera une société juste et de liberté ». Isabelle, quatorze ans et demi : « Mon idéal politique : une société de droite, libérale où tout le monde aurait du travail, où les partis et les gens cesseraient de s'affronter° ». Frédo, dix-huit ans : « Je suis contre le capitalisme comme système économique, cause d'injustices sociales ». Florence, vingt et un ans : « Je vote et milite à droite. J'ai passé une semaine en Pologne, ce que j'y ai vu, les atteintes à la liberté m'ont laissé une peur irréversible du communisme... »

soustraire to remove, to omit

s'affronter to confront each other

Sondage Louis Harris pour *Phosphore*, extrait de *Marie-France*

Compréhension et discussion

1. Pour quelles raisons les quatorze/vingt ans se méfient-ils de la politique?
2. Quels sont les deux problèmes en tête de leurs préoccupations?
3. Quels sont les grands problèmes de l'heure?
4. Quel est le rêve que tous poursuivent?
5. Quelle est la première source d'information des jeunes?
6. Par qui la presse est-elle lue?
7. Qui contribue à la formation politique des jeunes?
8. Comment est-ce que tout le monde considère la manifestation?
9. Quels sont les problèmes les plus importants dans le monde pour les jeunes?
10. Quelle est la chose la plus importante pour se sentir adulte?

Discussion ou composition

1. Quel est le pourcentage des jeunes gens qui s'intéressent à la politique? Est-ce étonnant? Expliquez votre réponse.
2. Donnez les opinions de Frédérique, de Gaëtan et de Pascal.
3. À votre avis, y a-t-il une différence d'attitude envers la politique entre les jeunes qui habitent les grandes villes et ceux des petits bourgs? Pourquoi?
4. Décrivez l'attitude de Mathieu.
5. Discutez les sources d'information des jeunes.
6. Expliquez comment les parents et les copains contribuent à la formation politique des jeunes. Donnez des exemples.
7. Montrez comment les jeunes s'approprient certains mots selon leur appartenance politique.
8. Pourquoi Olivier est-il de gauche? Discutez.
9. Quel changement Frédérique propose-t-elle pour la théorie marxiste en France?
10. Expliquez la raison pour laquelle Florence vote et milite à droite.

Composition

1. À votre avis, les jeunes Français, s'intéressent-ils plus à la politique que les jeunes Américains? Pourquoi ou pourquoi pas?
2. Est-ce que les jeunes doivent participer à la vie politique de leur ville? de leur état? Comment?
3. Qu'est-ce que les jeunes peuvent faire pour se faire entendre par le gouvernement? Ont-ils une influence importante dans la vie politique?
4. Choisissez un des problèmes les plus importants dans le monde d'après le sondage (emploi, faim, violence, etc.) et suggérez comment le résoudre.

Et maintenant...

1. Faites un sondage dans votre classe comme celui du texte. Posez les deux questions : (a) Quels sont les problèmes les plus importants dans le monde? et (b) Quelle est la chose la plus importante pour se sentir adulte? Comparez vos réponses à celles du texte.
2. Supposons que vous soyez candidat(e) à la présidence des États-Unis et que vous proposiez des changements de vie pour les jeunes. Préparez votre programme.

Exercices récapitulatifs

A. *Dans les phrases suivantes substituez les pronoms objets entre parenthèses aux pronoms objets en italique. Ensuite, refaites l'exercice avec les verbes au passé composé.*
   1. Les jeunes ne *la* comprennent pas. (te, les, vous)
   2. Ces adolescents *leur* écrivent. (me, lui, nous)
   3. Son petit ami *la* voit venir. (le, les me)
   4. Sa copine *lui* donne de l'argent. (nous, te, leur)
   5. Cette jeune fille *les* attend. (vous, me, la)

B. *Vous avez 15 ans et vous organisez une soirée pour vos amis. Répondez aux questions suivantes en substituant le pronom objet direct aux mots en italique.*

   EXEMPLE : Avons-nous *les disques*? (oui)
   Oui, nous les avons.

   1. Faites-vous *la liste des invités*? (non)
   2. Est-ce que mes parents donnent *leur permission*? (oui)
   3. Monique apporte-t-elle *les boissons*? (oui)
   4. Marc prépare-t-il *les hors-d'oeuvre*? (non)
   5. Achetez-vous *la glace*? (oui)
   6. Servons-nous *le vin*? (non)
   7. Mettez-vous *la musique* tout de suite? (oui)

C. *Répondez aux questions suivantes en remplaçant les mots en italique par un pronom.*
   1. Connaissez-vous *les parents de cette jeune fille*?
   2. Condamnez-vous *la drogue et l'alcool*?
   3. Vos parents *vous* comprennent-ils?
   4. Connaissez-vous *les copains de Sophie*?
   5. Avez-vous parlé *à votre ami d'enfance*?
   6. À votre avis, est-ce que les jeunes comprennent *les adultes*?
   7. Est-ce que le temps et la distance changent *les souvenirs*?

Les jeunes

D. *Employez* y *ou un pronom disjoint avec* à *dans les phrases suivantes.*
 1. Les jeunes gens tiennent à leur indépendance.
 2. Elle pense à son petit ami.
 3. Jacques ne se fie pas à son père.
 4. Pensez-vous à vos vacances?
 5. Cette dame ne peut pas s'habituer à ce garçon.
 6. Je ne m'intéresse pas à vos problèmes.
 7. Anne s'adresse à ses parents.

E. *Employez* en *ou un pronom disjoint avec* de *dans les phrases suivantes.*
 1. Ils ont beaucoup d'enthousiasme.
 2. Ce jeune homme a besoin de patience.
 3. Marie-Claire a honte de sa mère.
 4. Nous avons envie de danser ce soir.
 5. Il me faut de la tolérance.
 6. Nous n'avons pas besoin de nos parents.
 7. Elle manque d'argent.

F. *Dans les phrases suivantes remplacez les mots en italique par les pronoms qui conviennent. Attention à l'accord du participe passé.*
 1. *Anne* s'est confiée à *ses meilleurs amis.*
 2. *Jacques* va présenter *Jeanne à ses parents.*
 3. Je m'adresse à *Marie et ses copains.*
 4. Ariane a beaucoup aimé *cette soirée.*
 5. *Marie-France* s'intéresse à *Paul.*
 6. *Nicolas* est plus petit qu'*Alceste.*
 7. Henri a vu *sa petite amie* hier soir.
 8. C'est *Lucienne* qui a *les clés.*
 9. Faites attention *aux grandes personnes.*
 10. Nous voulons sauver *la victime.*
 11. Allez-vous *en Espagne* l'année prochaine?
 12. J'ai *de la famille* en France.
 13. Il a aimé *les vacances.*
 14. *Odette* a un rendez-vous avec *ce jeune homme.*
 15. On a mangé *les légumes.*

I. *Questions de culture générale*
 1. Les jeunes Français et les jeunes Américains jouissent depuis une dizaine d'années d'une très grande liberté, comme le montrent les textes de ce chapitre. Comment s'explique ce phénomène? Donnez le plus de raisons possibles en considérant chacun des domaines où cette liberté se manifeste.
 2. Les États-Unis sont considérés comme le pays où il est d'une extrême importance d'être jeune et de le rester. Qu'est-ce qui vous permet de dire que c'est vrai? Donnez de nombreux exemples pour justifier cette opinion.
 3. D'après les textes de ce chapitre, un grand pourcentage de jeunes Français semble appartenir aux partis de gauche : socialistes et communistes. Pourquoi?

4. Quelles sont les sources d'information que vous avez à votre disposition dans votre région pour vous mettre au courant des événements qui se passent dans le monde? Discutez ces différentes sources et leur valeur.

II. *Activités en groupes*
   A. Activités en petits groupes
      Faites une liste de différents degrés d'indiscipline chez un enfant. Donnez les punitions d'autrefois et comparez-les avec celles d'aujourd'hui. Quelle est votre opinion sur ce sujet?
   B. Activités en groupes de deux
      Trouvez différentes méthodes modernes d'éducation. Donnez des situations spécifiques où ces méthodes peuvent être appliquées pour bien élever les enfants.

III. *Composition écrite*
   Quels parallèles voyez-vous entre les problèmes des jeunes Français (quête d'un emploi, famille, rejet des valeurs de la société, etc.) et les expériences que vous avez eues vous-mêmes? La situation est-elle la même aux États-Unis? Est-ce que les problèmes de votre génération sont les mêmes que ceux de la génération de vos parents? Expliquez.

IV. *Situations*
   1. Vous êtes un reporter et vous avez interviewé des jeunes Français pour avoir une idée de leur vie. Reconstituez les questions posées et les réponses qu'ils ont données.
   2. Vous êtes adolescent. Vos camarades ont joué une farce à un garçon assez naïf. Vous trouvez cela méchant mais vous voulez faire partie de la bande. Que faites-vous?
   3. Vous êtes un jeune homme (une jeune fille) qui quitte la maison. Écrivez une lettre à vos parents qui explique les raisons pour lesquelles il faut partir.
   4. Vous êtes une mère (un père) qui veut que ses enfants de 18 ans quittent la maison. Vous ne voulez pas blesser vos enfants. Inventez le dialogue entre parents et enfants.

V. *Débats*
   1. Les boissons alcoolisées pour les jeunes.
   2. Les mariages jeunes.

Quelque chose de curieux
1. Dis-moi qui tu hantes, je te dirai qui tu es.
2. Plus on est de fous, plus on rit.

Chapitre 5

Les études

Vocabulaire

Les écoles françaises

la crèche *day nursery for infants*
la maternelle *nursery school*
la garderie *day care for toddlers*
une école primaire *elementary school*
C.E.S. *Collège d'Enseignement Secondaire (11 à 14 ans)*
C.E.T. *Collège d'Enseignement Technique*
le lycée *high school*
une université *university*
les grandes écoles *specialized schools, such as Polytechnique, Sciences Politiques, H.E.C. (Hautes Études Commerciales)*

Le personnel

un enseignant *teacher*
le maître, la maîtresse *teacher at day-care level or elementary school*
un instituteur, une institutrice *teacher in elementary school*
le directeur, la directrice *principal of a school*
le proviseur *principal of a secondary school*
le professeur *teacher in a secondary school or university*
enseigner une matière aux étudiants *teach a subject to students*
donner des cours *to give classes*
apprendre quelque chose aux étudiants *teach something to students*
un, une élève *pupil in elementary or high school*
un(e) étudiant(e) *student in a university*

Les étudiants

un emploi du temps *schedule*
être étudiant en lettres (littérature, histoire, sciences humaines, sociologie, sciences économiques, biologie, etc.) *to be a student in literature, history, natural sciences, sociology, economics, biology, etc.*
faire son droit *to be a law student*
faire sa médecine *to be a medical student*

97

être fort (en) *to be an A student in (a subject)*
être faible (en) *to be a poor student in (a subject)*
tricher *to cheat*
le cancre *bad student*
un(e) camarade de chambre *roommate*
le dortoir *dormitory*
la résidence *dorm*
s'intéresser à quelque chose *to be interested in something*
la bibliothèque *library*

Les cours

passer un examen *to take an exam*
réussir à (être reçu à) un examen *to pass an exam*
échouer à un examen, rater un examen *to fail an exam*
préparer un examen *to study for an exam*
la rédaction *composition*
suivre un cours *to take a class*
les travaux dirigés *supervised practical work*
les travaux pratiques *practical work*
les devoirs *homework*

Mise en train

I. *Donnez le contraire de chaque expression.*
   1. rater un examen
   2. être faible en
   3. donner des cours
   4. un étudiant
   5. l'ignorance

II. *Complétez la colonne à gauche avec les expressions à droite.*
   1. Un élève...
   2. Un emploi du temps...
   3. Le cancre...
   4. À la fin de chaque semestre...
   5. Un enfant de quatre ans...
   6. Les mauvais élèves...
   7. À l'école primaire...
   8. En général aux États-Unis, on passe quatre ans...
   9. On obtient un diplôme...
   10. Si vous avez bien travaillé...

   a. va à la maternelle.
   b. l'enseignement est fait par des instituteurs et des institutrices.
   c. vous êtes reçu à l'examen.
   d. échouent à l'examen.
   e. va dans une école élémentaire ou secondaire.
   f. à faire des études universitaires.
   g. on passe un examen.
   h. organise vos heures de classe.
   i. à la fin des études.
   j. est un élève paresseux.

Le proverbe 99

III. *Questions sur les photos. Répondez aux questions suivantes avec des phrases complètes.*
   1. Composez une légende pour chaque photo accompagnée d'une brève description.
   2. Décrivez en détail la photo sur laquelle il y a trois jeunes femmes. Est-ce qu'on pourrait les prendre pour de jeunes étudiantes américaines? Pourquoi ou pourquoi pas?
   3. Aimeriez-vous assister à un cours dans l'amphithéâtre de la photo en bas? (a) Répondez « oui » et donnez des raisons. (b) Répondez « non » et donnez des raisons.
   4. Faites le portrait des trois jeunes gens qui se parlent et écrivez ce qu'ils sont probablement en train de se dire.
   5. Divisez les photos en trois groupes : (a) les élèves d'école primaire, (b) les étudiants de lycée et (c) les étudiants universitaires. Dites en quoi diffèrent leurs journées d'études. Décrivez une journée typique pour chaque groupe.

Des étudiants dans un amphithéâtre.

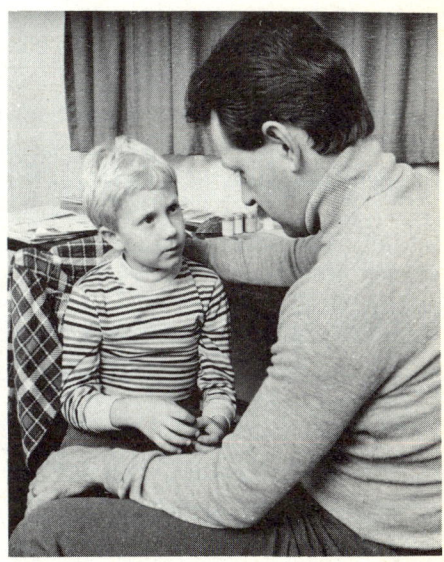

Lucien et son père peut-être? Lisez « Le proverbe » et décidez.

Le proverbe

...Veux-tu me dire ce que tu as fait cet après midi?
    —Cet après-midi, j'étais avec Pichon. Il m'avait dit qu'il passerait me prendre à deux heures. En sortant d'ici, on a rencontré Chapusot qui allait faire des commissions.°   **la commission** *errand*
D'abord, on a été chez le médecin pour son oncle qui est

malade. Depuis avant-hier, il se sentait des douleurs° du côté du foie°...

Mais le père comprit qu'on voulait l'égarer° sur de l'anecdote° et coupa :

—Ne te mêle donc pas du foie des autres. On n'en fait pas° tant° quand c'est moi qui souffre. Dis-moi plutôt où tu étais ce matin.

—J'ai été voir avec Fourmont la maison qui a brûlé l'autre nuit dans l'avenue Poincaré.

—Comme ça, tu as été dehors toute la journée? Du matin jusqu'au soir? Bien entendu, puisque tu as passé ton jeudi à t'amuser, j'imagine que tu as fait tes devoirs?

Le père avait prononcé ces dernières paroles sur un ton doucereux° qui suspendait tous les souffles.°

—Mes devoirs? murmura Lucien.

—Oui, tes devoirs.

—J'ai travaillé hier soir en rentrant de classe.

—Je ne te demande pas si tu as travaillé hier soir. Je te demande si tu as fait tes devoirs pour demain.

Chacun sentait mûrir° le drame et aurait voulu l'écarter,° mais l'expérience avait appris que toute intervention en pareille circonstance ne pouvait que gâter° les choses et changer en fureur la hargne° de cet homme violent. Par politique,° les deux sœurs de Lucien feignaient° de suivre l'affaire distraitement, tandis que la mère, préférant ne pas assister de trop près à une scène pénible,° fuyait vers un placard.° M. Jacotin lui-même, au bord de la colère, hésitait encore à enterrer° la nouvelle des palmes académiques.° Mais la tante Julie, mue° par de généreux sentiments, ne put tenir sa langue.

—Pauvre petit, vous êtes toujours après lui. Puisqu'il vous dit qu'il a travaillé hier soir. Il faut bien qu'il s'amuse aussi.

Offensé, M. Jacotin répliqua avec hauteur :

—Je vous prierai de ne pas entraver° mes efforts dans l'éducation de mon fils. Étant son père, j'agis° comme tel et j'entends le diriger° selon mes conceptions. Libre à vous,° quand vous aurez des enfants, de faire leurs cent mille caprices.

La tante Julie, qui avait soixante-treize ans, jugea qu'il y avait peut-être de l'ironie à parler de ses enfants à venir. Froissée° à son tour, elle quitta la cuisine...

—J'attends encore ta réponse, toi. Oui ou non, as-tu fait tes devoirs?

la douleur *pain*
le foie *liver*
égarer *here, to lead astray*
de l'anecdote *irrelevant details*
ne..pas *never mind about/***tant** *as much*

doucereux *honeyed/***le souffle** *breath*

mûrir *to ripen, to come to a climax*
écarter *to avert*
gâter *to spoil*
la hargne *ill-temper*
par politique *out of diplomacy/***feindre** *to pretend*
pénible *unpleasant, painful*
le placard *cupboard*
enterrer *to bury/*
...académiques *he was planning to announce his nomination for academic honors/*
mu *prompted*

entraver *to hinder*
agir *to act*
diriger *to manage*
libre à vous *you are quite free*

froissé *vexed*

Lucien comprit qu'il ne gagnerait rien à faire traîner les choses° et se jeta à l'eau.

—Je n'ai pas fait mon devoir de français.

—C'est donc bien ce que je pensais, dit-il, et sa voix se mit à monter avec le ton du discours. Non seulement tu continues, mais tu persévères. Voilà un devoir de français que le professeur t'a donné° vendredi dernier pour demain. Tu avais donc huit jours pour le faire et tu n'en as pas trouvé le moyen. Et si je n'en avais pas parlé, tu allais en classe sans l'avoir fait. Mais le plus fort,° c'est que tu auras passé tout ton jeudi à flâner° et à paresser. Et avec qui? avec un Pichon, un Fourmont, un Chapusot, tous les derniers,° tous les cancres de la classe. Les cancres dans ton genre. Qui se ressemble s'assemble.° Bien sûr que l'idée ne te viendrait pas de t'amuser avec Béruchard. Tu te croirais déshonoré d'aller jouer avec un bon élève. Et d'abord, Béruchard n'accepterait pas, lui. Béruchard, je suis sûr qu'il ne s'amuse pas. Et qu'il ne s'amuse jamais. C'est bon pour toi. Il travaille, Béruchard. La conséquence, c'est qu'il est toujours dans les premiers... Tu peux compter que c'est une chose agréable pour moi qui suis toute la journée au bureau avec son père. Un homme pourtant moins bien noté que moi. Qu'est-ce que c'est que Béruchard? je parle du père. C'est l'homme travailleur, si on veut, mais qui manque de capacités°... Il n'a jamais eu de conceptions. Et Béruchard, il le sait bien. Quand on discute de choses et d'autres, devant moi, il n'en mène pas large.° N'empêche, s'il vient à me parler de son gamin qui est toujours premier en classe, c'est lui qui prend le dessus° quand même. Je me trouve par le fait dans une position vicieuse.° Je n'ai pas la chance, moi, d'avoir un fils comme Béruchard. Un fils premier en français, premier en calcul. Un fils qui rafle° tous les prix. Lucien, laisse-moi ce rond de serviette tranquille. Je ne tolérerai pas que tu m'écoutes avec des airs qui n'en sont pas.° Oui ou non, m'as-tu entendu? ou si tu veux une paire de claques° pour t'apprendre que je suis ton père. Paresseux, voyou,° incapable! Un devoir de français donné depuis huit jours! Tu ne me diras pas que si tu avais pour deux sous de cœur° ou que si tu pensais au mal que je me donne,° une pareille chose se produirait... Le mal que je me donne, moi, dans mon travail. Et les soucis et l'inquiétude. Pour le présent et pour l'avenir. Quand j'aurai l'âge de m'arrêter, personne pour me donner de quoi vivre. Il vaut mieux compter sur soi que sur les autres. Un sou, je ne l'ai jamais demandé. Moi, pour m'en tirer,° je n'ai jamais été

faire...choses *delay things*

donné *assigned*

le plus fort *the worst*
flâner *to stroll, to loaf around*
les derniers *the poorest students*
Qui...s'assemble *birds of same feather flock together*

la capacité *mental power*

il...large *he is intimidated*

prendre le dessus *to have the upper hand*
vicieuse *embarrassing*
rafler *to sweep off*

des airs...pas *absentmindedness*
paire de claques *slaps (familiar)*
le voyou *hooligan, hoodlum*
pour...cœur *two cents' worth of respect*
mal...donne *trouble I take*

pour m'en tirer *to get along*

chercher le voisin. Et je n'ai jamais été aidé par les miens. Mon père ne m'a pas laissé étudier... Mais toi, tu te prélasses.° Tu as la chance d'avoir un père qui soit trop bon. Mais ça ne durera pas. Quand je pense. Un devoir de français. Fainéant,° sagouin!° Soyez bon, vous serez toujours faible... Quand je ne suis pas là, on peut être sûr que c'est l'anarchie. C'est les devoirs pas faits et tout ce qui s'ensuit° dans toute la maison...

se prélasser *to loaf around*
fainéant *loafer/***sagouin** *dirty fellow (familiar)*
tout..s'ensuit *all that results from*

Lucien, qui n'écoutait pas, laissa passer le temps de répondre. Son père le somma° d'une voix qui passa trois portes et alla toucher la tante Julie dans sa chambre. En chemise de nuit et la mine défaite,° elle vint s'informer.

sommer *to bring to*

défaite *troubled*

—Qu'est-ce qu'il y a? Voyons, qu'est-ce que vous lui faites, à cet enfant? Je veux savoir, moi...
—Vous, répondit-il, je vous dis cinq lettres.
La tante Julie béa,° les yeux ronds, encore incrédules, et comme il précisait ce qu'il fallait entendre par cinq lettres, elle tomba évanouie.° Les soeurs de Lucien et leur mère s'affairaient auprès de la malade avec des paroles de compassion et de réconfort, dont chacune atteignait cruellement M. Jacotin. Elles évitaient de le regarder, mais quand par hasard leurs visages se tournaient vers lui, leurs yeux étaient durs. Il se sentait coupable et, plaignant la vieille fille, regrettait sincèrement l'excès de langage auquel il s'était laissé aller. Il aurait souhaité s'excuser, mais la réprobation qui l'entourait si visiblement durcissait son orgueil. Tandis qu'on emportait la tante Julie dans sa chambre, il prononça d'une voix haute et claire :

béer *to open one's mouth*

évanoui(e) *fainted*

—Pour la troisième fois, je te demande en quoi consiste ton devoir de français.
—C'est une explication, dit Lucien. Il faut expliquer le proverbe : « Rien ne sert de courir, il faut partir à point° ».
—Et alors? Je ne vois pas ce qui t'arrête là-dedans.
Lucien opina d'un hochement de tête,° mais son visage était réticent.
—En tous cas, file° me chercher tes cahiers, et au travail. Je veux voir ton devoir fini.
Lucien alla prendre sa serviette de classe° qui gisait° dans un coin de la cuisine, en sortit un cahier de brouillon° et écrivit au haut d'une page blanche : « Rien ne sert de courir, il faut partir à point »...
Pour lui, il y avait là une évidence ne requérant aucune démonstration, et il songeait avec dégoût à la fable de la Fontaine : *Le Lièvre et la tortue*. Cependant, ses soeurs après avoir couché la tante Julie, commençaient à

Rien...à point *you can't get anywhere unless you start at the right time*
opiner...tête *to nod assent*
filer *to hurry up*
la serviette de classe *school bag/***gisait** *was lying*
le cahier de brouillon *copybook for first drafts*

ranger la vaisselle dans le placard et, si attentives° fussent-elles à ne pas faire de bruit, il se produisait des heurts° qui irritaient M. Jacotin, lui semblant qu'on voulût offrir à l'écolier une bonne excuse pour ne rien faire. Soudain, il y eut un affreux vacarme.° La mère venait de laisser tomber sur l'évier° une casserole de fer qui rebondit sur le carrelage.°

—Attention, gronda le père. C'est quand même agaçant. Comment voulez-vous qu'il travaille, aussi, dans une foire° pareille? Laissez-le tranquille et allez-vous-en ailleurs. La vaisselle est finie. Allez vous coucher.

Aussitôt, les femmes quittèrent la cuisine. Lucien se sentit livré à son père, à la nuit, et songeant à la mort à l'aube sur un proverbe, il se mit à pleurer.

—Ça t'avance bien,° lui dit son père. Gros bête, va!...
—Allons, prends-moi ton mouchoir et que ce soit fini. À ton âge, tu devrais penser que si je te secoue,° c'est pour ton bien. Plus tard, tu diras : « Il avait raison ». Un père qui sait être sévère, il n'y a rien de meilleur pour l'enfant. Béruchard, justement, me le disait hier. C'est une habitude, à lui, de battre le sien. Tantôt c'est les claques ou son pied où je pense, tantôt le martinet° ou bien le nerf de boeuf.° Il obtient de bons résultats. Sûr que son gamin marche droit° et qu'il ira loin. Mais battre un enfant, moi, je ne pourrais pas, sauf bien sûr comme ça une fois de temps en temps. Chacun ses conceptions. C'est ce que je disais à Béruchard...

—Je vois bien que si je ne mets pas la main à la pâte,° on sera encore là à quatre heures du matin. Allons, au travail. Nous disons donc : « Rien ne sert de courir, il faut partir à point ». Voyons. Rien ne sert de courir...

Tout à l'heure, le sujet de ce devoir de français lui avait paru presque ridicule à force d'°être facile. Maintenant qu'il en avait assumé la responsabilité, il le voyait d'un autre oeil. La mine soucieuse,° il relut plusieurs fois le proverbe et murmura :

—C'est un proverbe.
—Oui, approuva Lucien qui attendait la suite avec une assurance nouvelle.

Tant de paisible confiance troubla le coeur de M. Jacotin. L'idée que son prestige de père était en jeu° le rendit nerveux.

—En vous donnant ce devoir-là, demanda-t-il, le maître ne vous a rien dit?

—Il nous a dit : surtout, évitez de résumer *Le Lièvre et la tortue*. C'est à vous° de trouver un exemple. Voilà ce qu'il a dit.

Le proverbe 103

si attentives *however careful*
des heurts *clatter*

le vacarme *racket*
un évier *sink*/**le carrelage** *tiled floor*

la foire *here, madhouse*

ça...bien *that does you a lot of good*
secouer *here, to scold*

le martinet *whip*/**le nerf de boeuf** *type of whip*
marcher droit *to behave properly*

si...pâte *if I do not lend a hand*

à force de *to the point of*

la mine soucieuse *worried look*

en jeu *at stake*

c'est à vous *it's up to you*

Le visage un peu congestionné, M. Jacotin chercha une idée ou au moins une phrase qui fût un départ. Son imagination était rétive.° Il se mit à considérer le proverbe avec un sentiment de crainte et de rancune. Peu à peu, son regard prenait la même expression d'ennui qu'avait eue tout à l'heure celui de Lucien.

Enfin, il eut une idée qui était de développer un sous-titre de journal, *La Course aux armements*, qu'il avait lu le matin même. Le développement venait bien : une nation se prépare à la guerre depuis longtemps, fabriquant canons, tanks, mitrailleuses° et avions. La nation voisine se prépare mollement, de sorte qu'elle n'est pas prête du tout quand survient la guerre et qu'elle s'efforce vainement de rattraper son retard. Il y avait là toute la matière d'un excellent devoir.

Le visage de M. Jacotin, qui s'était éclairé un moment, se rembrunit° tout d'un coup. Il venait de songer que sa religion politique ne lui permettait pas de choisir un exemple aussi tendancieux°...

Lucien attendait sans inquiétude le résultat de cette méditation. Il se jugeait déchargé° du soin d'expliquer le proverbe et n'y pensait même plus. Mais le silence qui s'éternisait lui faisait paraître le temps long. Les paupières lourdes, il fit entendre° plusieurs bâillements° prolongés. Son père, le visage crispé par l'effort de la recherche, les perçut comme autant de reproches et sa nervosité s'en accrut°...

Alors qu'il n'espérait plus et se préparait à confesser son impuissance, il lui vint une autre idée... Il s'agissait encore d'une compétition, mais sportive, à laquelle se prépareraient deux équipes de rameurs,° l'une méthodiquement, l'autre avec une affectation de négligence.

—Allons, commanda M. Jacotin, écris.

À moitié endormi, Lucien sursauta et prit son porte-plume.

—Ma parole, tu dormais?

—Oh! non. Je réfléchissais. Je réfléchissais au proverbe. Mais je n'ai rien trouvé.

Le père eut un petit rire indulgent, puis son regard devint fixe et, lentement, il se mit à dicter :

—Par cette splendide après-midi d'un dimanche d'été, virgule,° quels sont ces jolis objets verts à la forme allongée, virgule, qui frappent nos regards? On dirait de loin qu'ils sont munis de° longs bras, mais ces bras ne sont autre chose que des rames et les objets verts sont en réalité deux canots de course qui se balancent mollement au gré des flots de la Marne.

rétif(-ve) *stubborn*

mitrailleuses (f.) *machine guns*

se rembrunir *to become clouded over*

tendancieux *biased*

déchargé *unburdened*

faire entendre *to produce*/**le bâillement** *yawn*

s'accroître *to increase, to grow*

des rameurs *oarsmen*

la virgule *comma*

munir de *to supply with*

Lucien, pris d'une vague anxiété, osa lever la tête et eut un regard un peu effaré.° Mais son père ne le voyait pas, trop occupé à polir une phrase de transition qui allait lui permettre de présenter les équipes rivales. La bouche entrouverte, les yeux mi-clos, il surveillait ses rameurs et les rassemblait dans le champ° de sa pensée. À tâtons, il avança la main vers le porte-plume de son fils.

—Donne. Je vais écrire moi-même. C'est plus commode que de dicter.

Fiévreux, il se mit à écrire d'une plume abondante.° Les idées et les mots lui venaient facilement, dans un ordre commode et pourtant exaltant, qui l'inclinait au lyrisme. Il se sentait riche, maître d'un domaine magnifique et fleuri. Lucien regarda un moment, non sans un reste d'appréhension, courir sur son cahier de brouillon la plume inspirée et finit par s'endormir sur la table. À onze heures, son père le réveilla et lui tendit le cahier.

—Et maintenant, tu vas me recopier ça posément.° J'attends que tu aies fini pour relire. Tâche° de mettre la ponctuation, surtout.

—Il est tard, fit observer Lucien. Je ferai peut-être mieux de me lever demain matin de bonne heure?

—Non, non. Il faut battre le fer pendant qu'il est chaud.° Encore un proverbe, tiens...

Une semaine plus tard, le professeur rendait la copie corrigée.

—Dans l'ensemble,° dit-il, je suis loin d'être satisfait. Si j'excepte Béruchard à qui j'ai donné treize,° et cinq ou six autres tout juste passables, vous n'avez pas compris le devoir.

Il expliqua ce qu'il aurait fallu faire, puis, dans le tas des copies annotées à l'encre rouge, il en choisit trois qu'il se mit à commenter. La première était celle de Béruchard, dont il parla en termes élogieux. La troisième était celle de Lucien.

—En vous lisant, Jacotin, j'ai été surpris par une façon d'écrire à laquelle vous ne m'avez pas habitué et qui m'a paru si déplaisante que je n'ai pas hésité à vous coller° un trois... Vous avez trouvé le moyen de remplir six pages en restant constamment en dehors du sujet. Mais le plus insupportable est ce ton endimanché° que vous avez cru devoir adopter.

Le professeur parla encore longuement du devoir de Lucien, qu'il proposa aux autres comme le modèle de ce qu'il ne fallait pas faire. Il en lut à haute voix quelques passages qui lui semblaient particulièrement édifiants. Dans la classe, il y eut des sourires, des gloussements° et même

effaré *alarmed*

le champ *here, perspective*

de...abondante *with prolific pen*

posément *unhurriedly*
tâcher *to try*

il faut...chaud *strike while the iron is hot*

dans l'ensemble *on the whole*
treize *in France the grades are 0 to 20, with 10 as the average*

coller *to stick, to glue; here, to give (familiar)*

endimanché *flowery style*

le gloussement *chuckle*

quelques rires soutenus. Lucien était très pâle. Blessé dans son amour-propre,° il l'était aussi dans ses sentiments de piété filiale.°

Pourtant il en voulait à° son père de l'avoir mis en situation de se faire moquer par ses camarades. Élève médiocre, jamais sa négligence ni son ignorance ne l'avaient ainsi exposé au ridicule...

À table, M. Jacotin se montra enjoué° et presque gracieux... Il eut la coquetterie de ne pas poser dès l'abord° la question qui lui brûlait les lèvres° et que son fils attendait. L'atmosphère du déjeuner n'était pas très différente de ce qu'elle était d'habitude. La gaieté du père, au lieu de mettre à l'aise les convives, était plutôt une gêne° supplémentaire. Mme Jacotin et ses filles essayaient en vain d'adopter un ton accordé° à la bonne humeur du maître...

—Au fait,° dit-il avec brusquerie. Et le proverbe?

Sa voix trahissait une émotion qui ressemblait plus à de l'inquiétude qu'à de l'impatience. Lucien sentit qu'en cet instant il pouvait faire le malheur de son père.° Il comprenait que, depuis de longues années, le pauvre homme vivait sur le sentiment de son infaillibilité de chef de famille et qu'en expliquant le proverbe, il avait engagé° le principe de son infaillibilité dans une aventure dangereuse. Non seulement le tyran domestique allait perdre la face devant les siens, mais il perdrait du même coup la considération qu'il avait pour sa propre personne. Ce serait un effondrement.° Et dans la cuisine, à table, face à la tante Julie qui épiait° toujours une revanche, ce drame qu'une simple parole pouvait déchaîner avait une réalité bouleversante. Lucien fut effrayé par la faiblesse° du père et son cœur s'attendrit d'un sentiment de pitié généreuse.

—Tu es dans la lune? Je te demande si le professeur a rendu mon devoir? dit M. Jacotin.

—Ton devoir? Oui, on l'a rendu.

—Et quelle note avons-nous eue?

—Treize.

—Pas mal. Et Béruchard?

—Treize.

—Et la meilleure note était?

—Treize.

Le visage du père s'était illuminé. Il se tourna vers la tante Julie avec un regard insistant, comme si la note treize eût été donnée malgré° elle. Lucien avait baissé les yeux et regardait en lui-même avec un plaisir ému.° M. Jacotin lui toucha l'épaule et dit avec bonté :

—Vois-tu, mon cher enfant, quand on entreprend un

un amour-propre *self-respect*
filial *relating to son*
en vouloir à quelqu'un *to be resentful*

enjoué *lively*
dès l'abord *at the start*
brûlait les lèvres *was burning his lips*

la gêne *embarrassment*

accordé *that matched*

au fait *by the way*

il...père *he could cause his father's downfall*

il...engagé *he had involved*

un effondrement *ruin, downfall*
épier *to look for*

la faiblesse *weakness*

malgré *despite*
ému *moved*

travail, le tout° est d'abord d'y bien réfléchir. Comprendre un travail, c'est l'avoir fait plus qu'aux trois quarts. Voilà justement ce que je voudrais te faire entrer dans la tête une bonne fois.° Et j'y arriverai. J'y mettrai tout le temps nécessaire. Du reste, à partir de maintenant et désormais, tous tes devoirs de français, nous les ferons ensemble.

le tout *the main thing*

te...fois *drive into your head once and for all*

Marcel Aymé, *Les Contes du chat perché*

Compréhension et discussion

1. Dans quelle situation se trouve le jeune Lucien?
2. Que veut savoir exactement son père?
3. Décrivez la réaction du père quand il apprend que son fils n'a pas fait ses devoirs.
4. Quelles sont les réactions du reste de la famille?
5. Pourquoi le père mentionne-t-il toujours le nom Béruchard?
6. Pourquoi la tante Julie s'évanouit-elle?
7. Quel est le devoir de français de Lucien?
8. Que fait le père pour aider son fils et pourquoi le fait-il?
9. Par quelles remarques le professeur montre-t-il son mécontentement à l'égard du devoir de Lucien?
10. Comment Lucien annonce-t-il la note de son devoir à son père?

Discussion ou composition

1. Décrivez comment Lucien évite de répondre à la question de son père : « Veux-tu me dire ce que tu as fait cet après-midi? »
2. Comment Marcel Aymé décrit-il le caractère du père et son effet sur chaque membre de la famille? Quels traits de caractère l'auteur nous a-t-il montrés?
3. Quelle est la réaction de Lucien vis-à-vis de la colère du père? Pourquoi fond-il enfin en larmes et comment réagit le père?
4. Décrivez le rapport entre le père Béruchard et le père de Lucien. Que représentent les deux fils?
5. Comment la tante Julie essaye-t-elle d'aider Lucien?
6. Expliquez le proverbe du devoir de Lucien.
7. Que pense le père du devoir? Est-ce que son attitude change? Dites pourquoi.
8. Comment le père exprime-t-il son admiration pour tout ce qu'il y a d'académique?
9. Donnez les raisons pour lesquelles le professeur prend le devoir de Lucien comme le modèle de ce qu'il ne fallait pas faire.
10. Pourquoi Lucien a-t-il menti à la fin de l'histoire? Comment l'auteur nous montre-t-il la sensibilité du fils envers son père? Expliquez.

Les études

Composition

1. Étudiez les adjectifs suivants :

   soucieux   froissée
   incapable   fainéant
   endimanché   ému

   Montrez comment chaque adjectif correspond aux personnages et décrivez les parties du récit qui s'y appliquent.
2. Par quels détails l'auteur nous montre-t-il l'effet comique du père? Donnez des situations précises. Dans quelles parties du texte l'humour de l'auteur se manifeste-t-il?
3. À votre avis, est-ce une bonne idée de comparer les enfants comme dans le cas de Jacotin et de Béruchard? Quels sont les effets psychologiques sur les enfants; les avantages, s'il en existe?
4. D'après ce texte, quelle idée avez-vous des écoles françaises? des devoirs pour les étudiants? À votre avis, est-ce qu'un professeur américain aurait réagi devant le devoir de Lucien de la même manière? Qu'aurait-il fait de différent?

Et maintenant...

1. Vous êtes-vous jamais trouvé dans une situation pareille à celle de Lucien? Quel était votre devoir? Comment vous en êtes-vous sorti? Quels en étaient les résultats?
2. Trouvez les trois proverbes mentionnés dans ce texte et expliquez-les.

La sortie du lycée.

Les élèves prennent la parole

Ce qui va, ce qui ne va pas

Actuellement, dans votre établissement, qu'est-ce qui va bien? Qu'est-ce qui vous plaît le mieux?*

Les cours sont plaisants, j'aime telle ou telle matière	27%
Il y a une bonne ambiance	14
On est libre, pas trop de discipline	13
Rien ne va	11
Tout va bien	9
Les rapports avec les professeurs sont bons	8
Il y a une grande variété d'activités de loisirs, de clubs, etc.	7
Les rapports avec les autres élèves sont bons	6
J'aime la gymnastique, le sport	6
Le cadre est agréable, l'environnement est bon	4
J'apprécie la discipline, la tenue de l'établissement	3
Autres réponses	2
Ne sait pas	7

Qu'est-ce qui va le moins bien?*

Manque d'entente, de contacts entre élèves, des clans se forment	88%
Il y a des matières qui ne marchent pas, des cours pénibles	20
Tout va bien	16
Administration, direction générale, conseillers d'éducation trop sévères	14
Les professeurs sont distants	12
La cantine, l'intendance	11
Les locaux sont vétustes	10
Les horaires des cours	6
Les chahuts, les vols, le manque de discipline	4
Tout va mal	3
Le lycée est trop grand, c'est l'usine	3
Le manque de matériel	2
Le manque d'activités extra-scolaires	2
Les classes mal réparties (niveau, âge, milieu)	2
Ce n'est pas mixte, pas assez de filles	2
Autres problèmes	1
Ne sait pas	5

*Pour ces questions, total des pourcentages supérieur à 100 en raison des réponses multiples.

Les études

Les notes

Avez-vous confiance dans la façon dont vous êtes noté?

Oui	57%
Non	36
Ne sait pas	7

Que pensez-vous de l'attribution des notes?*

Une bonne chose, utile, ça permet de se situer	29%
Arbitraire, pas très juste	22
Ça dépend beaucoup des professeurs et des matières	18
Normal, juste	13
Je n'aime pas ce système	7
Notation trop sévère	7
Inutile, à supprimer	5
Le professeur nous laisse noter avec lui	1
S'en moque, triche	moins de 1
Autres réponses	moins de 1
Ne sait pas	5

Quand les élèves prennent la parole°

prendre la parole *to speak*

Bizarrement,° quand on parle d'école dans les congrès et colloques,° il est question de mille choses : de l'échec et de la réussite, de l'orientation, des rythmes scolaires, de la sécurité, de la place des parents dans l'école, du poids écrasant° des mathématiques...mais très accessoirement° des élèves. S'il est question d'eux, enseignants et parents parlent en leur nom et pour leur bien. Mais il n'est, jusqu'ici, jamais venu à quelqu'un l'idée de leur donner la parole.°

C'est pourtant ce que fait pour la première fois la Fédération des conseils de parents d'élèves de l'école publique (F.C.P.E.). Pour son XXXVIe Congrès, organisé du 29 au 31 mai à Bordeaux, la plus puissante° organisation de parents d'élèves (950.000 adhérents) a choisi un thème apparemment classique : « Les jeunes et l'école d'au-

bizarrement *oddly*
le colloque *symposium*

le poids écrasant *crushing weight*/**accessoirement** *incidentally*

donner la parole *to call upon*

puissant *strong, powerful*

---

*Pour ces questions, total des pourcentages supérieur à 100 en raison des réponses multiples.

jourd'hui ». Mais, chose inédite,° pour servir de base aux discussions des délégués du congrès, les responsables de la F.C.P.E. ont eu l'idée de recueillir directement auprès des intéressés leur avis et leur jugement sur leur vie scolaire.

(À grand thème, grands moyens.) Pour radioscoper les jeunes, la F.C.P.E. a fait appel° à une société spécialisée, Publimétrie, et mis au point avec elle une double méthode : un sondage public auprès d'un échantillonnage° représentatif de 800 adolescents de quinze à dix-sept ans; et, pour appuyer° le sondage, un questionnaire, diffusé partout par les associations de parents d'élèves, auquel 45.000 jeunes ont répondu.

C'est le résultat de ce sondage et du questionnaire que *L'Express* publie, ici, en exclusivité.

Jean Andrieu, le patron de la F.C.P.E., a été le premier étonné du jugement porté par les juniors sur leur collège, leur lycée ou leur lycée d'enseignement professionnel (LEP) : « Les jeunes sont moins sévères que je ne le craignais,° avoue-t-il. Dans l'ensemble, ils ne contestent pas

inédit *unprecedented*

faire appel *to call in*

un échantillonnage *sampling*

appuyer *to support*

craindre *to fear*

Les problèmes actuels

Actuellement, différents problèmes se posent parfois dans certains lycées et collèges. Pouvez-vous dire quels problèmes se posent (ou se sont déjà posés) dans votre établissement? (Résultats par type d'établissements.)

	TOTAL	COLLÈGE (De 6ᵉ à 4ᵉ)	LEP	LYCÉE (De 3ᵉ à terminale)
Aucun problème	38%	34%	30%	43%
Dégradations	32	29	33	34
Gros chahuts	24	35	33	16
Insécurité des locaux	17	7	26	16
Violence	10	17	10	8
Manifestations	9	3	19	6
Racket	8	6	13	7
Drogue	6	2	6	8
Agressions subies par des élèves	6	11	7	3
Vols (1)	6	3	9	7
Actions de groupes étrangers à l'établissement	6	4	4	9
Grève (1)	1	1	—	1
Actions politiques (1)	1	—	1	1
Autres réponses	1	1	1	1
Ne sait pas	1	—	1	1

(1) Réponses données spontanément par les élèves et qui ne figuraient pas sur la liste.

L'établissement idéal

> À votre avis, que faudrait-il changer pour que votre établissement ressemble davantage au collège ou au lycée idéal?

Rénover les locaux, les décorer	19%
Rien, c'est bien comme ça	13
Changer la mentalité des profs (moins distants)	13
Avoir plus d'activités de loisirs au sein de l'établissement	11
Avoir une discipline moins sévère	11
Avoir plus de temps libre	7
Aménager les horaires des cours	6
Il faudrait plus de discipline; éliminer les élèves qui ne travaillent pas et gênent les autres	5
Des classes moins nombreuses, moins chargées	4
Avoir plus de matériel	4
Que les élèves participent à l'administration (cogestion)	4
Il faut tout détruire, tout changer	3
Soigner la propreté des locaux	3
Changer la mentalité des élèves	3
Composer des classes plus homogènes	2
Plus d'activités pratiques que théoriques	2
Faire des collèges mixtes	1
Préparer à un métier	1
Autres réponses	2
Ne sait pas	13

l'institution scolaire, alors qu'on l'attaque de toutes parts. Et leur témoignage° sur les problèmes de violence, de drogue, de discipline est précieux, ajoute-t-il, parce qu'il montre bien comment tous ces sujets sont noircis à plaisir ».

En effet, de quelque façon qu'on l'interroge, la jeune classe n'exprime aucune aversion particulière pour l'école : les réponses au questionnaire montrent, au contraire, qu'une large majorité d'entre eux (66%), s'y sentent « à l'aise » (elle laisse « indifférents » 23%). Quant à leurs relations avec leurs professeurs, c'est un véritable plébiscite,° puisque 80% déclarent qu'elles sont bonnes.

Au tableau noir des problèmes, ce ne sont ni le racket,° ni la drogue, ni le vol, mais, curieusement, la dégradation des établissements qui l'emporte.° Et les gros chahuts,° l'insécurité des locaux° passent largement avant la violence. Les élèves en ont assez des tristes casernes° napoléoniennes et des bahuts en béton° sortis à la cadence

le témoignage *testimony*

le plébiscite *plebiscite, vote*

le racket *organized crime*
emporter *here, to win, to prevail*
le chahut *rowdiness*/**les locaux** *premises*
la caserne *barracks*
le béton *concrete*

d'un par jour dans les années 60. La preuve : quand on leur demande ce qu'il faudrait changer pour s'approcher, à leur avis, du collège ou du lycée idéal, ils déclarent en premier : « Rénover les locaux, les décorer ». Viennent, loin derrière : « Changer la mentalité des profs » ou « Avoir une discipline moins sévère ». Et encore plus loin ceux qui réclament : « Avoir plus de discipline ».

Les élèves des lycées d'enseignement professionnel, en revanche, si l'on en croit l'ensemble des réponses au sondage et au questionnaire, sont sensiblement moins épanouis° à l'école que les autres. Ils sont moins nombreux (53%) à s'y dire « à l'aise » que la moyenne de leurs camarades (66%). Ils ont de moins bons rapports avec leurs professeurs (73% avouent de « bonnes relations » contre 80%, résultat global), et ils sont aussi plus nombreux dans presque tous les cas à connaître des problèmes dans leur établissement, qu'il s'agisse de dégradations, de chahut, d'insécurité des locaux, de racket ou de vol.

épanoui *glowing*

Si on leur demande, en revanche : « Le lycée prépare-t-il à la vie active? », 62% répondent « oui », alors que 53% seulement de la moyenne des élèves s'y risquent. Ils attendent en premier lieu° de leur scolarité une préparation à la vie professionnelle avant l'acquisition de connaissances, alors que la moyenne place les connaissances en premier (53%), ne comptant sur l'école pour se préparer au travail qu'à 28%.

en premier lieu *firstly*

La dernière question du sondage n'avait rien de surprenant, venant d'une organisation dont la majorité des adhérents ont une sensibilité de gauche et qui se bat° aux premières lignes du combat pour la laïcité° : « Entre l'école publique et l'école privée, dans laquelle préféreriez-vous faire vos études? » Les congressistes de la F.C.P.E. peuvent être satisfaits : 81% des petits produits de l'école publique affirment qu'ils la choisiraient. Raison : « C'est moins strict » (32%), « C'est gratuit » (16%), « Il n'y a pas de ségrégation » (15%), « Il y a une meilleure ambiance » (10%). Mais combien (100%) ont-ils connu autre chose?

se battre *to fight*
la laïcité *secularity*

Pour percer,° au-delà des profils statistiques et des moyennes, les préoccupations des lycéens d'aujourd'hui, Jacqueline Remy s'est immiscée° durant trois semaines dans la vie d'une classe, la première D° du lycée Honoré-de-Balzac, à Paris. Vingt-trois garçons et filles choisis un peu au hasard parmi des millions d'autres.

percer *to break through*
s'immiscer (dans) *to get involved (in)*
la première D *high school class where studies are mostly in sciences*

Evelyne Fallot, extrait de *L'Express*

Compréhension et discussion

1. Que représente la F.C.P.E. et qu'a-t-elle fait pour la première fois?
2. Quel est le thème choisi par cette fédération?
3. Quel est le sujet du sondage?
4. Qui est Jean Andrieu?
5. Décrivez les relations entre les professeurs et les élèves.
6. Quel est le plus grand problème pour les élèves?
7. Dans leurs établissements qu'est-ce qui leur plaît le mieux?
8. Qu'est-ce qui va le moins bien?
9. Selon les élèves, que faudrait-il changer pour que leur établissement ressemble davantage au collège ou au lycée idéal?
10. Entre l'école publique et l'école privée quelle est leur préférence? Pourquoi?

BAC : les résultats lycée par lycée

Discussion ou composition

1. Pourquoi est-il surprenant que les élèves prennent la parole? En général qui parle en leur nom et pour leur bien?
2. En quoi consiste ce sondage?
3. Discutez pourquoi Jean Andrieu était étonné.
4. Qu'est-ce qui montre que la jeune classe n'exprime aucune aversion particulière pour l'école?
5. Expliquez les grands problèmes actuels des lycées et collèges.
6. À votre avis, pourquoi les élèves des lycées d'enseignement professionnel sont-ils moins épanouis à l'école que les autres?
7. Quelle est leur réponse à la question « Le lycée prépare-t-il à la vie active? »
8. Pourquoi la dernière question n'avait-elle rien de surprenant? Donnez vos raisons.
9. Qu'est-ce que Jacqueline Remy a fait pour bien comprendre les lycéens d'aujourd'hui?
10. À votre avis, est-ce que les grands problèmes actuels ont changé depuis les 20 dernières années? Imaginez les grands problèmes qu'avaient les élèves dans les lycées de vos parents.

Composition

1. Discutez ce qui va et ce qui ne va pas dans les établissements. À votre avis, comment peut-on améliorer ces situations?
2. Que pensez-vous des réponses des élèves français? À votre avis, quelles sont les différences les plus évidentes entre les réponses des élèves français et celles des élèves américains?
3. Quels sont les avantages et les inconvénients d'un sondage? Montrez comment les résultats peuvent aider l'enseignement.
4. Dans les lycées et les collèges américains, qui prend les décisions importantes en ce qui concerne les problèmes des jeunes?

Et maintenant...

1. Préparez ce sondage, en posant les mêmes questions, pour votre classe. Calculez les résultats et présentez-les à la classe.
2. Avec ce que vous venez d'apprendre sur les problèmes des élèves français, décrivez le lycée ou le collège français idéal. Comparez-le avec votre idée d'un lycée ou d'un collège idéal aux États-Unis.

Professeurs à la boule°

à la boule *egghead (familiar)*

Plusieurs éminents professeurs, au retour d'un congrès, rencontrèrent une boule. Elle descendait lentement la route et ils s'écartèrent° pour lui livrer passage.° Cette boule, qui mesurait trois ou quatre mètres de diamètre, ne ressemblait à rien que les professeurs avaient vu jusqu'alors.° Les rayons du soir glissaient, roses, sur sa surface opaline.°

s'écarter *to move away/* **livrer passage** *to let pass*
jusqu'alors *up until now*
opalin(e) *resembling opal stone*

Ce qui étonnait le plus ces dignes représentants du savoir,° c'est qu'elle n'accélérait pas sa course, mais roulait majestueusement, contrairement aux lois de la pesanteur.° Finalement même, avant d'atteindre le bas de la côte, elle s'arrêta.

le savoir *knowledge*
la pesanteur *gravity*

—Prodigieux! murmura l'un des professeurs.

Et tous, que le son de ces syllabes avait tirés de la surprise, détalèrent° ensemble pour rattraper la boule. Ils l'entourèrent. L'un, du bout de l'index, toucha la surface lisse et comme poreuse.

détaler *to take off*

—Curieux! exclama-t-il.

Un autre, sortant son canif,° essaya prudemment

le canif *pocketknife*

d'entamer° l'espèce de coque unie et mate° qui ne laissait aucune prise.° Elle était dure comme de l'ivoire.

—Bizarre!

Deux ou trois collèrent l'oreille° contre la mystérieuse paroi.° Enfin quelques-uns s'arc-boutèrent° pour essayer de mouvoir cette bille° énorme et qui semblait cependant si légère. Vains efforts : elle paraissait adhérer au sol.

—Absolument surprenant! dit encore l'un en s'épongeant° le front.

À ce moment la boule, et deux professeurs durent° se jeter de côté pour ne pas être renversés, se remit en mouvement. Mais au lieu de continuer la descente, elle remontait

entamer *to cut open/*
  coque...mate *plain, dull shell*
qui...prise *that did not permit any hold*
coller l'oreille *to press down one's ears*
la paroi *surface/***s'arc-bouter** *to brace oneself*
la bille *ball, billiard ball*
s'éponger *to mop*
durent (devoir) *had to*

maintenant, toujours avec la même majestueuse lenteur,° vers le sommet de la côte.

    Le groupe des éminents professeurs suivait. Par intermittence continuait d'en jaillir° un joli choix d'exclamations synonymiques° :

—Insolite!

—Singulier!

—Inouï!

—Étrange!

—Extraordinaire!

    Au point culminant de la route, la boule s'immobilisa de nouveau. Et tandis que, par un mouvement tournant, la docte° assemblée se rapprochait, elle se souleva° pour, verticalement, comme tirée par un fil° invisible, s'élever dans les airs. Du coup,° chacun resta bouche bée.° Quelques-uns, que le saisissement° venait d'asseoir, continuaient, cul° dans l'herbe, nez au ciel, à contempler le phénomène. Au fur et à mesure qu°'elle montait dans l'épaisseur° éthérée, la boule passait du rose nacré° au rouge, de l'orange au vert étincelant, empruntant cet éclat argenté° qu'ont les astres. Une voix étranglée° qui semblait celle d'un enfant fit entendre :

—On dirait la lune...

    Bientôt, bulle° grisâtre dans l'étendue céleste, puis minuscule point noir pareil à une chiure de mouche,° elle disparut.

    Longtemps les congressionnistes épars° restèrent silencieux, regards perdus, inconscients de leur immobilité. Puis, le seul d'entre eux qui n'avait encore rien dit, sentant l'insidieuse fraîcheur du crépuscule° lui mouiller° le derrière, retrouva brusquement ce sens inné de l'ironie qui est la fleur de l'esprit.

—Messieurs! proclama-t-il sentencieusement, vous venez de voir un oeuf d'ange.

    Et joviaux, tous les éminents professeurs, rassurés, reprirent leur chemin.°

Marcel Béalu

---

la lenteur *slowness*

jaillir *to gush out, to spout*
synonymiques *synonymic*

docte *learned/***soulever** *to lift up*
le fil *thread*
du coup *this time/*
bouche bée *open-mouthed*
le saisissement *surprise*
le cul *rear end*
au fur et à mesure que *while*
une épaisseur *expanse/*
nacré *pearly*
argenté *silvery/*
étranglé *choking*

la bulle *bubble*
la chiure de mouche *fly's excrement*

épars *dispersed*

le crépuscule *sunset/*
mouiller *to wet*

reprendre le chemin *to continue on one's way*

Compréhension et discussion

1. Que rencontrent les professeurs? D'où viennent-ils?
2. Que faisait la boule? Décrivez-la.
3. Pourquoi les professeurs étaient-ils étonnés?
4. Que murmure l'un d'eux et dites pourquoi ce mot tire de la surprise l'ensemble des professeurs.
5. Qu'est-ce que l'un des professeurs fait avec son canif?
6. Pourquoi ses efforts sont-ils vains?
7. Comment cette boule est-elle « majestueuse »?
8. Que veut dire « synonymique »? Quels sont les exclamations synonymiques des professeurs?
9. Pourquoi les professeurs restent-ils « bouche bée »?
10. À la fin du texte pourquoi tous les éminents professeurs sont-ils joviaux?

Discussion ou composition

1. Donnez une description physique de cette boule et décrivez ses actions dans tout le texte.
2. À votre avis, que représente-t-elle?
3. Comment l'auteur se moque-t-il des intellectuels?
4. Les professeurs comprennent-ils vraiment le phénomène de la boule?
5. Que signifient tous les mots synonymiques que disent les professeurs? Quelle est leur valeur?
6. À la fin du texte un professeur présente sa propre hypothèse. Laquelle? À votre avis, est-elle juste?
7. En quoi consiste l'humour de l'auteur? Donnez des exemples.
8. Imaginez une description physique de chacun de ces professeurs.
9. À votre avis, est-ce que les professeurs de votre lycée ou université sont éloignés de la réalité? Vivent-ils dans leur propre monde à eux? Justifiez votre réponse.
10. Que pensez-vous de la rencontre des professeurs et de la boule? Qu'est-ce que l'auteur a voulu nous montrer?

Composition

1. Pourquoi les professeurs se prennent-ils au sérieux?
2. À votre avis, comment un professeur peut-il réussir à se faire respecter? Est-ce que la discipline y joue un grand rôle? Que doivent être ses rapports avec ses étudiants?
3. Énumérez les facteurs qui contribuent au succès d'un professeur avec ses étudiants. Quelle est l'importance de son langage et de sa manière de communiquer avec les étudiants?
4. À votre avis, quel est le défaut le plus grave chez un professeur? Décrivez le professeur idéal.

Et maintenant...

1. Imaginez la même situation avec des étudiants au lieu de professeurs. Leurs exclamations? leurs réactions? leurs hypothèses?
2. Avez-vous jamais eu un professeur excentrique? Décrivez ses excentricités et votre réaction.

Exercices récapitulatifs

A. *Combinez les phrases suivantes avec un pronom relatif* (qui, que, dont, où, etc.)

   EXEMPLE : C'est un étudiant. *L'étudiant* a fait tous ses devoirs.
   C'est un étudiant *qui* a fait tous ses devoirs.

   1. Je ne connais pas le lycée. Le professeur travaille dans *ce lycée.*
   2. Regardez cet établissement universitaire. Il y a une manifestation devant *cet établissement universitaire.*
   3. Dans la salle de classe il y a un bureau. Le professeur a mis tous ses papiers sur *le bureau.*
   4. La Sorbonne était un collège religieux. *Ce collège* se trouve encore à Paris.
   5. L'éminent professeur cherche son stylo. Il retrouve *le stylo* dans son auto.
   6. Vous suivez des cours obligatoires. *Les cours* sont difficiles.
   7. Il écoute des conférences. Il ne comprend pas *ces conférences.*
   8. Philippe passe des examens. Il a très peur *des examens.*

B. *Employez les pronoms relatifs indéfinis* ce que, ce qui, ce dont, quoi *pour complétez les phrases suivantes.*

   1. _____ est étonnant, c'est la réaction des professeurs.
   2. _____ il a peur, c'est de parler devant la classe.
   3. Paule a fait tout _____ elle avait envie.
   4. Tout _____ les étudiants disaient était vrai.
   5. _____ est vrai, c'est que cet élève est un cancre.
   6. Tout _____ le directeur dit est important.
   7. Nous ferons _____ nous voudrons dans la vie.
   8. _____ il ne se souvient pas, c'est la date de l'examen.
   9. _____ impressionne Marc c'est l'autorité de l'instituteur.
   10. _____ il dit est curieux.

C. *Dans les phrases suivantes changez les adjectifs démonstratifs en substituant les noms entre parenthèses. Attention à l'accord de l'adjectif.*

   EXEMPLE : Cette moyenne est basse. (*niveau*).
   Ce niveau est bas.

   1. Cette étudiante est douée. (*professeur*)
   2. Ce devoir est trop difficile. (*rédaction*)
   3. Ce collège se trouve à Lyon. (*école*)

4. L'enfant va à cette maternelle. (*lycée*)
5. Comprenez-vous cette composition? (*trois dernières questions*)
6. Ces mauvais élèves sont collés à l'examen. (*étudiantes*)
7. J'aime bien cet instituteur. (*directrice*)

D. *Complétez les phrases suivantes avec des adjectifs démonstratifs.*
1. Vous voyez _____ enfants? Ils apprennent à lire et à écrire.
2. Il a suivi un cours à l'école secondaire. _____ cours a été très pratique.
3. _____ note de conduite est plus importante à l'école primaire qu'à l'école secondaire.
4. Quels sont _____ cours requis dont le professeur parle?
5. Tu vois _____ instituteur sadique? Il n'aime pas ses élèves.

E. *Complétez les phrases suivantes en remplaçant les tirets par* ce, ça, ceci, cela, c' *ou* il.
1. _____ est nécessaire qu'il étudie davantage pour sa classe d'anglais.
2. _____ que les étudiants n'aiment pas, c'est une moyenne basse.
3. _____ y est. J'ai fait tous mes devoirs.
4. Pour être professeur _____ est essentiel de suivre des cours de pédagogie.
5. _____ fait, il a pu terminer ses études.
6. _____ est obligatoire que nous ne manquions jamais le cours.
7. Nous écoutons et comprenons tout _____ que le professeur enseigne.

F. *Dans les phrases suivantes mettez l'adverbe entre parenthèses à sa place.*
1. Les élèves prennent la parole. (*maintenant*)
2. Le niveau de votre école est élevé. (*bien*)
3. Il y a des professeurs qui sont ennuyeux. (*souvent*)
4. Il y a cinq cent mille étudiants dans les universités et « grandes écoles » françaises. (*environ*)
5. Cet instituteur ramasse les copies avant la fin de la classe. (*toujours*)
6. Ces cinq élèves préparent ce sujet ensemble. (*très bien*)
7. Vous n'avez pas compris la différence entre « éducation » et « instruction ». (*peut-être*)
8. Ils ont obtenu leur diplôme d'études secondaires. (*déjà*)
9. Elle va être reçue à l'examen. (*probablement*)
10. Je vais m'inscrire au cours de biologie. (*demain*)

I. *Questions de culture générale*
1. Les gens très instruits sont-ils plus heureux que les autres? Pourquoi ou pourquoi pas?
2. Est-il indispensable d'avoir fait au moins des études universitaires pour réussir dans la société américaine d'aujourd'hui? Discutez.
3. Expliquez le système des « fraternités » et des « sororités » à un Français. Que pensez-vous de ce système : ses avantages et ses inconvénients?

4. Le but de l'éducation américaine semble plus d'instruire les masses que de former une élite. Êtes-vous d'accord? Pourquoi ou pourquoi pas? Devrait-on modifier cet idéal? Expliquez votre réponse.

II. *Activités en groupes*
   A. Activités en petits groupes
      Faites deux listes : pourquoi il est inutile et utile de faire des études universitaires. Quels en sont les avantages et inconvénients? Quel en est l'effet sur vos projets d'avenir?
   B. Activités en groupes de deux
      Proposez des réformes de l'enseignement dans votre pays : système de notes, cours, examens, professeurs, cours obligatoires, etc.

III. *Composition écrite*
   Que pensez-vous des étudiants qui abandonnent leurs études secondaires? Quelles sont les conséquences? Comment cela décide-t-il de leur avenir? Y a-t-il des situations où il est préférable de ne pas continuer ses études? Lesquelles?

IV. *Situations*
   1. Imaginez le dialogue entre un professeur et un étudiant dans les cas suivants :
      a. Le professeur remarque que l'étudiant copie les réponses d'examen de l'étudiant assis à côté de lui.
      b. L'étudiant arrive en classe avec vingt minutes de retard.
      c. L'étudiant rend une composition que son père a écrite. Le professeur remarque que le style est différent.
      d. L'étudiant retourne en classe après trois jours d'absence.
   2. Vous êtes un étudiant qui va faire une présentation devant la classe. Votre moyenne de note est basée sur cette dernière épreuve. Juste avant le cours, vous ne trouvez plus vos notes.
   3. Vous devenez le professeur de votre classe de français. Écrivez votre première leçon de dix minutes et présentez-la à votre classe.
   4. Vous êtes un nouvel étudiant américain dans une école française. Décrivez votre premier jour. Quelles sont les questions que vous posez à vos camarades et au professeur? Quelle est votre réaction en classe?

V. *Débats*
   1. Le système de notes au niveau universitaire.
   2. Les écoles doivent avoir plus de responsabilités dans l'éducation morale et religieuse des enfants.

Quelque chose de curieux
   1. L'oisiveté est la mère de tous les vices.
   2. Vouloir c'est pouvoir.

Chapitre 6

Paris

Vocabulaire

Les Parisiens et les touristes

le Parisien, la Parisienne *Parisian person*
le passant *passerby*
le badaud *curious onlooker or stroller*
flâner *to stroll, to wander around*
un étranger, une étrangère *foreigner*
la foule *crowd*
le piéton, la piétonne *pedestrian*
le quartier *district, area*
le système D *resourcefulness*
se débrouiller *to manage*

La ville « lumière »

la fontaine *fountain*
le centre commercial *shopping center*
le grand ensemble *housing scheme*
le carrefour *crossroads, intersection*
le rond-point *traffic circle, roundabout*
le banc *bench*
le parc *park*
le square *public garden*
les aménagements piétonniers *pedestrian malls or areas*
le parc de stationnement *parking lot*
le bouchon de circulation *traffic jam (involving many cars and lasting a long time)*
un embouteillage *traffic jam (involving fewer cars)*
la rue *street;* **dans la rue** *on the street*
l'avenue *avenue;* **dans l'avenue** *on the avenue*
la place *square;* **sur la place** *on the square*
le boulevard *boulevard;* **sur le boulevard** *on the boulevard*
la chaussée *roadway*
traverser la chaussée *to cross the street*
le trottoir *sidewalk*

123

les clous pedestrian crossing (large nails used to delimit pedestrian crossings; marking now done with painted strips)
le pavé cobblestone
le ruisseau gutter (in towns)
la vitrine shop window
le lèche-vitrines window shopping
la banlieue suburbs
le faubourg suburbs (usually areas closest to town)
le marché aux puces flea market
la berge river bank
le quai quay
encombré congested
animé alive
bruyant noisy
trépidant hectic
bien entretenu well-kept
visiter to visit (places and buildings only)
rendre visite à to visit (people only)

Mise en train

I. *Donnez les définitions qui correspondent aux mots à gauche en choisissant la phrase à droite qui correspond le mieux.*

1. un badaud
2. un piéton
3. un grand ensemble
4. un embouteillage
5. un étranger
6. un carrefour
7. un parc de stationnement
8. un trottoir

a. est un endroit où on stationne les voitures
b. est un endroit où marchent les piétons de chaque côté de la chaussée
c. est un endroit où deux rues se croisent
d. est quelqu'un qui flâne dans les rues
e. est quelqu'un qui marche à pied
f. est quelqu'un qui vient d'un autre pays
g. est un bouchon de circulation
h. est un groupe d'immeubles dans lesquels il y a beaucoup d'appartements et souvent un centre commercial

II. *Faites une phrase de dix mots avec chacun des mots suivants.*

1. se débrouiller
2. le square
3. les clous
4. le lèche-vitrines
5. le marché aux puces
6. visiter

III. *Questions sur les photos. Répondez aux questions suivantes avec des phrases complètes.*
1. Essayez d'identifier chacune des photos (toutes représentent Paris).
2. Choisissez une photo qui représente quelque chose de moderne et décrivez-la.
3. Qu'est-ce qui, à partir de toutes ces photos, vous permet de dire que Paris est une très belle ville?
4. Que savez-vous sur les cathédrales? (Par exemple : Quand les a-t-on construites? Comment? Que représentaient-elles pour les fidèles? etc.)
5. À partir de ces photos dites quelles sont quelques différences entre Paris et une grande ville américaine?

Paris, hier ou avant-hier.

Paris, aujourd'hui ou demain.

Lettre à une étrangère

Vous m'avez parlé de Paris, que vous n'aviez jamais vu, avec tant d'amour authentique que j'ai souhaité vous le montrer. Je devrais plutôt dire vous aider à le retrouver, car vous y avez tant vécu en pensée que vous le connaissez mieux que moi. Vous avez erré avec Quasimodo et la Esmeralda[1] dans de vieilles rues autour de Notre-Dame; vous avez exploré avec Rastignac[2] des pensions de famille, aujourd'hui démolies; vous êtes montée avec lui au Père-Lachaise[3] et vous avez, de cette colline, défié la ville étendue à

---
[1] héros du roman de Victor Hugo, *Notre-Dame de Paris*
[2] héros des romans de Balzac
[3] cimetière célèbre de Paris où sont enterrés des personnages importants

Le métro à Paris.

vos pieds... Carco vous a révélé Montmartre, Romains, Belleville,[4] Colette, le Palais-Royal et Sartre, Montparnasse.

    Les peintres, eux aussi, ont été vos guides. Vous aimez la Seine de Lépine, tendre et lisse, comme celle de Marquet, glauque° et forte; Pissarro vous apprit à goûter le chatoiement° des foules parisiennes, Bernard Lamotte, le charme des rues vides et des asphaltes luisants par un jour de grande pluie. Bref, vous venez à ce rendez-vous avec Paris préparée par des années d'attente et d'espoir. Vous ne serez pas déçue.

    Vous ne serez pas déçue, car Paris est plus parfait encore et plus divers que vous ne croyez. Je vous demande d'y passer des mois, peut-être des années, parce que sa variété est une de ses beautés. Le climat de Paris est sans excès. Le printemps y est tendre. Une brume bleutée monte de la Seine. Un peu d'or flotte dans l'air. « L'étendue alentour est enfantine et nette ». Dans le ciel bleu de petits nuages blancs, immobiles, rappellent les ciels de Boudin. Mais l'été qui suit est sans rudesse. La coutume est de partir en juillet pour la campagne ou la mer; pourtant, si vous restez à Paris, vous ne le regretterez pas. Le Paris d'août est exquis; il devient comme une grande ville d'eaux;° la chaleur s'y fait caresse et non brûlure. Vous y dînerez en plein air, dans les restaurants du Bois, des Champs-Elysées, de Montmartre, ou bien au parc Montsouris, ou dans quelque auberge de campagne, au bord de la Seine et de la Marne. En octobre, la rentrée fera sourdre° autour de vous une vie si active et si pleine que vous ne saurez même plus s'il pleut, s'il neige, ou si le soleil brille. Je ne sais pourquoi

glauque *sea-green*
le chatoiement *shimmer*

la ville d'eaux *watering place, spa*

sourdre *to spring (water)*

---

[4] quartier populaire de Paris

mais, quel que soit le temps, Paris n'est jamais triste et les ciels gris et dramatiques de l'hiver y ont autant de grâce que l'air léger du printemps.

« Là tout n'est qu'ordre et beauté,
Luxe, calme et volupté ».

Les beaux vers de l'Invitation au voyage[5] ne s'appliquent à Paris qu'en partie. Le luxe n'est pas ici ce qui plaît. Mais l'ordre et la beauté, oui, certainement. Il y a des villes dont le plan est plus rigide que celui de Paris, parce qu'elles ont été bâties en quelques décennies° sur un terrain nu. Paris a grandi, au cours des siècles, comme une personne vivante, poussant dans toutes les directions ses membres et ses tentacules. L'Histoire lui a imposé des résistances, mais l'a orné de monuments admirables. Aux données° de la vie, l'esprit d'un peuple artiste a imposé, çà et là, son ordre. Il n'y a pas sur la planète de plus bel ensemble architectural que celui qui va de l'Arc de Triomphe au Louvre et de la Madeleine au Palais-Bourbon. L'admirable est que cet ordre ait été obtenu, hors quelques erreurs du baron Haussmann, sans trop sacrifier le foisonnement° de l'Histoire. Descendre la Seine de Notre-Dame au palais de Chaillot, c'est vraiment suivre la voie triomphale de la France. Les pierres milliaires° en sont intactes.

Vous découvrirez vite que Paris est, pour la France, plus qu'une capitale. Paris est le cerveau de ce grand corps. Non que les provinces françaises ne produisent des hommes remarquables. En fait, les Parisiens de Paris n'ont, dans le pays, que la place normale due à leur nombre. Mais les grands hommes de province viennent tous se faire sacrer à Paris. Une réputation n'est valable que si elle est sanctionnée par Paris. Un écrivain anglais peut passer toute sa vie loin de Londres, un écrivain américain loin de New York. Un écrivain français, s'il ne vit à Paris, doit tous les ans se replonger° dans cet air où les idées semblent naître plus vite, ou périr aussitôt si elles ne sont pas dignes de° vivre. Tel croit bercer,° dans sa province, un chef-d'oeuvre inconnu; il découvre à temps, après trois jours de Paris, qu'il a « serré tendrement un navet° sur son coeur ». Ce jugement souverain de Paris ne vaut pas seulement pour les Français. Que de grands étrangers n'ont trouvé, chez eux, l'accueil° dû à leur génie qu'après avoir été découverts par Paris! C'est un fait qu'une large part de « l'invention », en art, se fait à Paris. Pour un jeune peintre américain, le bonheur est de venir travailler à Montparnasse, Hemingway, qui languissait dans le Middlewest, s'est révélé à lui-même dans le climat parisien. Paris est l'une des capitales

la décennie *decade*

la donnée *fact*

le foisonnement *abundance*

la pierre milliaire *milestone*

se replonger *to immerse oneself again*
digne de *worthy of*
bercer *to rock*
le navet *here, bad literature, dud*

un accueil *reception*

[5] poème de Charles Baudelaire

spirituelles du monde; vous le savez mieux que personne, vous qui en êtes citoyenne sans en avoir jamais touché le sol.

 Je vous montrerai chez nous d'autres provinces que l'Île-de-France, et vous les aimerez, mais vous verrez que toujours, entre deux voyages, nous reviendrons à Paris. En France, les liaisons° deviennent presque impossibles dès que l'on n'adopte plus Paris pour centre. Les lignes transversales sont non desservies.° De Paris, au contraire, tout est facile. Araignée tapie au centre de sa toile hexagonale, la Ville descend aisément le long de l'un quelconque° des rayons.° Vous apprendrez vite à les connaître, ces gares de Paris qui, pour nous, ont chacune leur visage parce qu'elles s'ouvrent sur des mondes différents : la gare Saint-Lazare, familière quand elle nous relie à la Normandie, aux plages de notre enfance, et mystérieusement pittoresque parce qu'elle voit arriver et partir les trains transatlantiques; la gare Montparnasse, sœur cadette de Saint-Lazare, encore en période de croissance, axée sur la Bretagne avec un air de chantier° suburbain; la gare d'Austerlitz assez peu digne, en son présent état, des belles régions du Sud-Ouest qu'elle dessert; les gares du Nord et de l'Est sœurs jumelles° et actives, liées à nos souvenirs de guerre; et enfin la gare de Lyon, perchée au sommet de sa cour, dominée par son horloge rassurante, gare du bonheur, porte de Soleil, gare des sportifs qui vont vers la Suisse, des amants qui vont vers la Côte d'Azur et l'Italie; mais aussi des graves soyeux de Lyon et des marins de Toulon. Entre ces lignes de rails qui se perdent à l'horizon, Paris, plaque tournante,° répartit les voyageurs venus des cinq continents.

André Maurois, *Paris*

la liaison *intercommunication*

desservir *here, to connect (of railroad)*

un quelconque *any (whatever)*
le rayon *radius*

le chantier *building yard, yard*

les jumelles *twin sisters*

la plaque tournante *turntable*

6ᵉ | **luxembourg montparnasse**

ACTION CHRISTINE, 4, rue Christine et 10, rue des Grands-Augustins. 325-47-46. M Odéon et St-Michel. (H). Pl. : 16 F. — de 20 ans : 12 F. Carte de fidélité Action : 6ᵉ entrée gratuite.

Salle 1 : Séances et film : 14h, 16h, 18h, 20h05, 22h10 :
    INDISCRETIONS (v.o.)

Salle 2 : Mer., ven., dim., mar. 14h, 16h30, 19h, 21h30 :
    LE GRAND SOMMEIL (v.o.)
Jeu., sam., lun. 14h, 16h30, 19h, 21h30 :
  ARSENIC ET VIEILLES DENTELLES (v.o.)

Compréhension et discussion

1. Que savez-vous sur l'étrangère à qui André Maurois a adressé cette lettre?
2. Pour quelles raisons Maurois mentionne-t-il plusieurs écrivains célèbres et plusieurs peintres connus au début de sa lettre?
3. Pourquoi, selon Maurois, faut-il passer des mois ou même des années à Paris?
4. Quels sont les plaisirs du mois d'août à Paris?
5. Qu'est-ce qu'une ville d'eaux? Que va-t-on y faire?
6. Comment Paris a-t-il été construit?
7. Quel est le plus bel ensemble architectural du monde selon Maurois?
8. Que représente Paris pour la France?
9. Pourquoi la gare Saint-Lazare évoque-t-elle quelque chose de nostalgique et de mystérieux?
10. Selon Maurois, Paris est une « araignée » et une « plaque tournante ». Expliquez.

Discussion ou composition

1. Est-il possible de connaître un pays sans y avoir jamais séjourné? Comment?
2. En Amérique, les restaurants ont rarement des terrasses en plein air dans les grandes villes. Pourquoi?
3. Aimez-vous prendre vos repas en plein air? Pour quelles raisons?
4. Qu'est-ce qui permet à Maurois de dire que Paris est une personne vivante?
5. Comment se traduisent les préjugés de Maurois en ce qui concerne Paris et la province?
6. En quoi le jugement de Paris influence-t-il la vie des écrivains et des artistes?
7. Pour quelles raisons un écrivain français doit-il venir à Paris tous les ans?
8. À votre avis, quels problèmes de liaisons entraîne la situation de Paris comme « centre » de la France?
9. Nommez trois gares de Paris et les régions qu'elles desservent.
10. Que pensez-vous du fait qu'il y a tant de gares à Paris? Discutez les avantages et les inconvénients d'une telle situation.

Composition

1. Choisissez un des écrivains ou un des peintres mentionnés par Maurois et écrivez deux paragraphes sur lui après quelques recherches.
2. Décrivez ce que les différentes saisons à Paris évoquent pour Maurois.
3. Maintenant, montrez ce que les différentes saisons évoquent pour vous dans la ville (ou le village) où vous habitez.
4. Depuis quelques années, il y a un gros effort de décentralisation à Paris. D'après le texte, dites ce qui, à votre avis, devrait être changé?

Et maintenant...

1. À votre tour, écrivez une lettre à un ami américain pour lui dire ce que vous ferez avec lui à Paris pendant l'été quand vous l'y retrouverez.
2. Faites une liste de tous les aspects positifs de Paris que Maurois présente dans sa lettre.

« La Seine a de la chance. Elle n'a pas de soucis... »

Chanson de la Seine

La Seine a de la chance
Elle n'a pas de soucis
Elle se la coule douce°
Le jour comme la nuit
Et elle sort de sa source
Tout doucement sans bruit
Et sans se faire de mousse°
Sans sortir de son lit
Elle s'en va vers la mer
En passant par Paris

La Seine a de la chance
Elle n'a pas de soucis
Et quand elle se promène
Tout le long de ses quais
Avec sa belle robe verte
Et ses lumières dorées
Notre-Dame jalouse
Immobile et sévère
La regarde de travers°

se...douce *avoir une vie agréable (Jeu de mots : la Seine coule doucement)*

sans...mousse *sans se faire de souci (familier) (Jeu de mots : l'eau d'un fleuve agité mousse)*

regarder de travers *regarder d'un air désagréable et hostile; ici : Notre-Dame est posée parallèlement au fleuve et ne peut le regarder en face*

Mais la Seine s'en balance°
Elle n'a pas de soucis
Elle se la coule douce
Le jour comme la nuit
Et s'en va vers le Havre
Et s'en va vers la mer
En passant comme un rêve
Au milieu des mystères
Des misères de Paris

Jacques Prévert, *Spectacles*

s'en balance *rester indifférent (familier)*

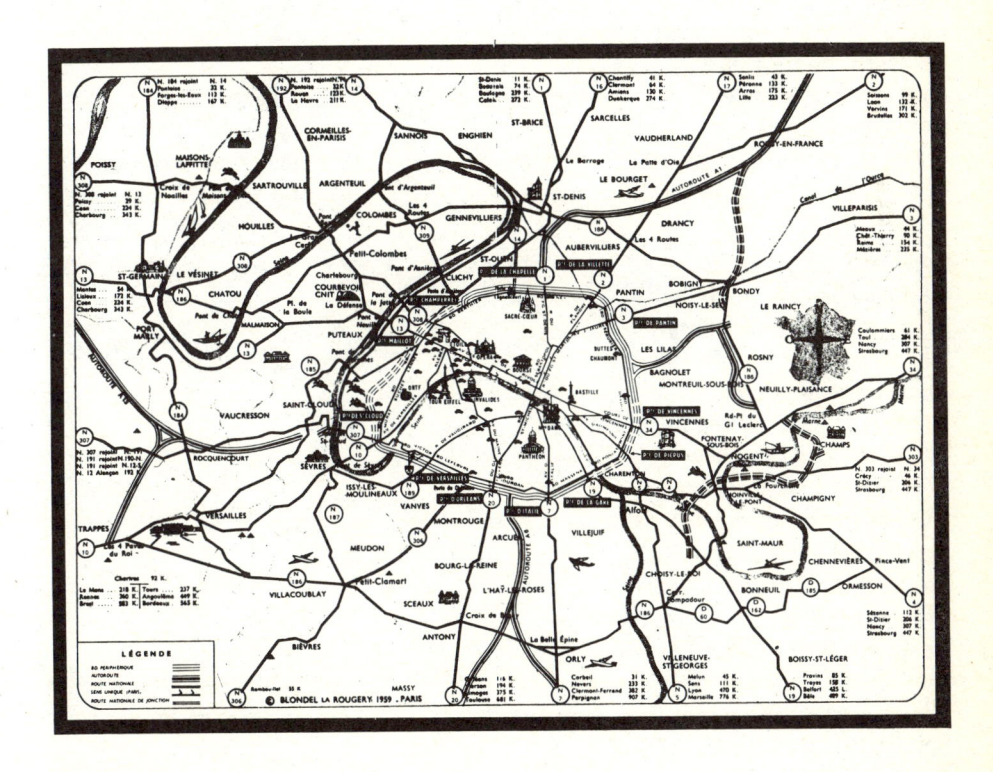

La Seine

La Seine est aventureuse
De Châtillon à Méry,
Et son humeur voyageuse
Flâne à travers le pays...
Elle se fait langoureuse
De Juvisy à Choisy
Pour aborder,° l'âme heureuse,
L'amoureux qu'elle a choisi!

aborder *to accost*

Refrain

Elle roucoule,° coule, coule
Dès qu'elle entre dans Paris!
Elle s'enroule, roule, roule
Autour de ses quais fleuris!
Elle chante, chante, chante, chante,
Chant' le jour et la nuit,
Car la Seine est une amante
Et son amant c'est Paris!

Elle traîne d'île en île
Caressant le Vieux-Paris,
Elle ouvre ses bras dociles
Au sourir' du roi Henri...
Indifférente aux édiles°
De la Mairie° de Paris.
Elle court vers les idylles°
Des amants des Tuileries!°

Refrain

Elle roucoule, coule, coule
Du Pont-Neuf jusqu'à Passy!
Elle est saoule,° saoule, saoule
Au souvenir de Bercy!
Elle chante, chante, chante, chante,
Chant' le jour et la nuit...
Si sa marche est zigzagante
C'est qu'elle est grise° à Paris!
Mais la Seine est paresseuse,°
En passant près de Neuilly,
Ah! comme elle est malheureuse
De quitter son bel ami!
Dans une étreinte° amoureuse
Elle enlace° encore Paris,
Pour lui laisser, généreuse,
Une boucle°...à Saint-Denis!

Refrain

Elle roucoule, coule, coule,
Sa complainte dans la nuit...
Elle roule, roule, roule
Vers la Mer où tout finit...
Elle chante, chante, chante, chante,
Chant' l'Amour de Paris!
Car la Seine est une amante
Et Paris dort dans son lit!

Valse de Monod-Lafarge

---

roucouler *to coo*

un édile *councilman*
la Mairie *town hall*
une idylle *romance*
les Tuileries *garden between the Place de la Concorde and the Louvre*

saoul *drunk*

grise *gray; here, intoxicated*
paresseux(-euse) *lazy*

une étreinte *embrace*
enlacer *to clasp*

la boucle *loop*

Compréhension et discussion

1. Pourquoi la Seine a-t-elle de la chance?
2. Où la Seine se rend-elle à sa sortie de Paris?
3. Comment Notre-Dame montre-t-elle qu'elle est jalouse de la Seine?
4. Comment la Seine réagit-elle devant l'attitude de Notre-Dame?
5. Qu'est-ce qui prouve que la Seine a « l'humeur voyageuse »?
6. Savez-vous pourquoi on peut parler des quais fleuris de la Seine?
7. Qu'est-ce qui, dans le premier refrain, montre que la Seine est très heureuse?
8. Que savez-vous du roi Henri dont il est question dans le couplet numéro 2?
9. Que veut-dire « être paresseux(-euse) »?
10. Pourquoi la Seine est-elle heureuse et malheureuse à la fois à la fin de la chanson?

Discussion ou composition

1. Que signifie « avoir de la chance » pour vous? Décrivez des personnes qui ont de la chance.
2. Quels sont les soucis les plus sérieux dans la vie?
3. La jalousie est-elle un sentiment normal chez l'homme? Discutez.
4. Imaginez les raisons pour lesquelles Notre-Dame est jalouse de la Seine.
5. Quels sont les symptômes de l'ivresse?
6. Discutez les problèmes de l'alcoolisme.
7. Relevez dans la chanson les mots qui montrent que la Seine est amoureuse de Paris.
8. À quoi peut-on voir qu'une personne est amoureuse? Est-ce différent pour un homme ou une femme?
9. Est-ce que d'être paresseux(-euse) est un très grand défaut? Discutez.
10. Connaissez-vous une chanson qui personnifie aussi un très grand fleuve de votre pays? Laquelle?

Composition

1. Parmi les soucis d'argent et de santé lesquels vous paraissent les plus critiques? Justifiez votre réponse en donnant quelques exemples.
2. Imaginez ce que peuvent être « les mystères » dont parle Prévert à la fin de son poème.
3. Si vous avez été amoureux(-euse) racontez ce qui vous plaisait dans la personne que vous aimiez. Si vous n'avez jamais été amoureux(-euse) dites ce que vous voulez trouver dans votre futur(e) amant(e).
4. La Seine est personnifiée dans le poème et dans la chanson. Qu'est-ce que cela signifie à votre avis?

Et maintenant...

1. Relevez tous les exemples qui montrent que la Seine est personnifiée dans le poème de Prévert et dans la chanson populaire.
2. Prenez un plan détaillé de Paris et suivez le cours de la Seine en essayant de trouver tous les noms de villes ou de lieux qui figurent dans la chanson. Expliquez où ces endroits se trouvent par rapport à Paris.

Une fleuriste à Paris, en plein air, mais ce n'est pas le magasin de Laurence.

Vivre heureuse à Paris

Paris ou l'exil

« Si je devais quitter Paris, ce serait pour aller dans un autre pays, s'écrie spontanément Laurence Guillon, vingt-deux ans. J'aime Paris pour tous les gens qu'on y rencontre, curieux de tout, ne s'étonnant de rien, en particulier les étrangers. J'aime aussi Paris pour les possibilités professionnelles qu'il peut offrir. Je veux devenir quelqu'un ».

Un beau visage épanoui° aux grands yeux gris qui se plantent° droit dans les vôtres. Laurence est fleuriste. Pas de ceux qui vendent des fleurs comme une certaine variété de légumes odorants et onéreux.° Mais de ceux qui conju-

épanoui *beaming (when referring to face)*
se planter *to do something firmly*
onéreux(-euse) *expensive*

guent le verbe « fleurir » et font des fleurs le centre de leur amour et de leur création. Laurence a une mère comme ça. Toute petite, elle la voit arranger des fleurs, rapporter des fleurs, vivre de fleurs. Pour Laurence qui étouffe° dans l'atelier où elle fait des maquettes° de tissu,° madame Guillon cherche une place d'apprentie fleuriste. Un apprentissage qui lui a permis d'ouvrir avec sa mère sa boutique, et dont elle n'a pas oublié les moments difficiles. Lorsqu'on débute, on doit apprendre à changer l'eau des vases, à nettoyer par terre, à trier les fleurs qui arrivent des Halles... À dix-sept ans, c'est un nouvel horizon qui se fait jour.° Les amis de Laurence, toujours étudiants, ne comprennent pas qu'elle travaille déjà, qu'elle ait d'autres horaires et des préoccupations professionnelles. Et puis, avec le CAP° à préparer en plus, les journées sont longues et les soirées inexistantes.

 Dans la boutique ouverte depuis Noël 1974, ce ne sont pas de minces° journées non plus! Présente dès 9 heures le matin, Laurence remonte° la vitrine, car la nuit toutes les plantes boivent dans la chambre froide. Elle part en camionnette à Rungis vers 11 h 30. De retour vers 15 h, elle met les fleurs dans l'eau et prépare les commandes tout en accueillant, bien sûr, les clients. À l'approche des fêtes ou au moment des mariages, le rythme devient éprouvant.° Guillon fleurs est ouvert le dimanche matin et le lundi si bien que Laurence se relaie° avec sa mère pour pouvoir prendre son samedi. Elle se lève alors encore plus tôt que de coutume pour aller courir° les puces à la recherche de nouvelles pièces pour sa collection de boîtes à sucre...

 Toujours fraîche et pimpante° à la boutique, dont elle doit donner une image impeccable (« Les clients jugent les bouquets à vos vêtements »), Laurence s'habille avec recherche mais sans prétention : des vêtements simples, mais bien coupés dans lesquels elle se sent à l'aise pour travailler. Elle trouve de jolis pantalons en coton fermier° et des chemises de grand-père...

 Très gourmande, elle nous recommande la terrine d'avocat au poivre sur toast chaud et les salades au fromage de chèvre... Elle aime bien le Vouvray parce qu'il est joliment meublé° et que « ça ne sent pas la cuisine ». Ses projets? Ouvrir une autre boutique avec sa sœur qui apprend en ce moment son métier. Et surtout s'épanouir,° réussir dans le sien. Elle semble être plus que sur la bonne voie. Mais pour se renouveler, elle recherche la compagnie de ce qu'elle appelle les « gens à idées ». Et Paris n'en manque pas.

étouffer *to suffocate*
la maquette *model; here, patterns*/**le tissu** *material, fabric*

se faire jour *to make a way for oneself*

CAP *certificat d'aptitude professionnelle*

mince *thin; here, with little to do*
remonter *to refit*

éprouvant *not easy to stand*
se relayer *to take turns*
courir *to run, to go around*

pimpant *smart*

coton fermier *like the one worn by farmers' wives*

meublé *here, having consistency*
s'épanouir *to bloom, to blossom*

Parisienne rétro(grade)

Nicole, vous pourrez la rencontrer le samedi matin aux Puces où elle vend des objets anciens. Les lampes 1925... c'est elle qui en imagine et peint les délicats décors. Elle a commencé par décorer des miroirs chez des particuliers; puis, avec la mode des miroirs publicitaires, elle a préféré se reconvertir dans la décoration de lampes 1925. Elle aimait leur charme rétro mais ignorait tout de la technique, que plus personne n'enseignait. Elle s'est donc formée seule, sur le tas,° passant des semaines à essayer de nouveaux dégradés.° Elle habite à Saint-Germain un petit appartement sous les toits qui est aussi son atelier. Il s'agit, en fait, d'une succession de petites chambres de bonne dont elle a fait abattre les cloisons° et qu'elle installe petit à petit avec beaucoup de plantes vertes—elle adore ça—et les objets qu'elle achète aux Puces et qu'elle revendra sans doute un jour, créant ainsi un décor évolutif.° Une chasuble de prêtre merveilleusement ouvragée° remplace joliment un voilage sur la fenêtre. Au mur, beaucoup de vanneries° et les plus belles dentelles de sa collection. Habitant dans le quartier du lèche-vitrines elle n'a plus besoin d'en faire : elle trouve ses vêtements en faisant son marché, en achetant le pain ou les fruits. Et comme elle est moins tentée, plutôt que des vêtements, elle préfère acheter des œuvres d'art, des pièces qu'elle gardera en souvenir d'un événement, d'une mode et qu'elle retrouvera peut-être dans quelques années avec émotion.

    Nicole sort beaucoup le soir, prenant rarement ses repas chez elle. Elle aime beaucoup les restaurants chinois et en a trouvé deux excellents, le Sabot d'Or, et la Vallée des Bambous dont la cuisine à la vapeur est délicieuse. Elle aime bien aussi les buffets de la Gare de Lyon et du Nord. Et pour les jours désargentés, elle recommande la pizzeria Don Vicenzo.

sur le tas *while at work*
dégradé *range of colors*

la cloison *partition*

évolutif *changing*
ouvragé *diapered; here, embroidered*
la vannerie *basketwork*

Un cœur qui bat gaiement

« Il y a toujours quelque chose à découvrir à Paris, s'exclame Catherine, dix-huit ans et demi; les gens, les choses, les pierres. Je suis fière de ma ville et j'adore la faire visiter aux étrangers. Bien sûr, on dit que la vie est impossible à Paris, que le rythme y est trépidant, mais ce rythme, c'est le cœur de Paris lui-même qui bat. Il berce nos vies, un peu trop vite peut-être, avec gaieté sûrement ». Brune aux yeux verts, Parisienne depuis toujours; Catherine se destine à l'École du Louvre ainsi qu'à une licence d'art et d'archéologie à la Sorbonne. Son passe-temps favori, en dehors des expositions qu'elle voit toujours dès leur ouverture : créer des bandes dessinées et coudre° les robes qu'elle invente pour elle, pour sa famille et pour ses amies.

coudre *to sew*

Perrine Bour, extrait de *Jacinte*

Compréhension et discussion

1. Qu'est-ce que Laurence choisirait plutôt que de vivre en province?
2. Selon Laurence comment sont les gens qu'on rencontre à Paris?
3. Quel métier Laurence exerce-t-elle et comment?
4. Quelles difficultés Laurence a-t-elle eues au début de sa carrière?
5. Pour quelle raison doit-elle toujours donner une image impeccable d'elle-même et de sa boutique?
6. Quelle est la profession de Nicole et comment l'exerce-t-elle? Que signifie « rétro »?
7. En quoi consiste un « décor évolutif »?
8. Qu'est-ce qu'une chasuble et comment Nicole s'en sert-elle?
9. Qu'appelle-t-on du lèche-vitrines?
10. Que pense Catherine de Paris?

Discussion ou composition

1. Pour quelles raisons Laurence aime-t-elle tant Paris?
2. Faites le portrait physique et moral de Laurence.
3. Pourquoi Laurence a-t-elle très peu de temps libre, même le soir après sa journée de travail?
4. Quels sont les projets d'avenir de Laurence?
5. Pourquoi Laurence pense-t-elle mieux réussir à Paris qu'ailleurs?
6. Où habite Nicole et comment est son appartement?
7. Décrivez les avantages d'un décor évolutif. Y a-t-il des inconvénients?
8. Pour les jours désargentés, quels restaurants de votre ville pouvez-vous conseiller à vos amis?
9. Selon le texte pourquoi dit-on que la vie est impossible à Paris?
10. Relevez dans le texte [*Parisienne rétro(grade)*] tout ce qui est dit de positif sur Paris.

Composition

1. En vous aidant du texte, décrivez la journée typique de Laurence.
2. Racontez dans quelles circonstances les fleuristes ont beaucoup de commandes.

3. Pensez-vous que Nicole mène une vie intéressante? Pourquoi? Préférez-vous votre vie ou la sienne? Pourquoi?
4. Faites comme Laurence, Nicole et Catherine et expliquez pourquoi vous aimez (ou non) la ville où vous demeurez.

Et maintenant...

1. Faites un condensé (c'est-à-dire un résumé qui emploie les parties les plus importantes du texte) de « Paris ou l'exil ».
2. Faites la même chose pour « Parisienne rétro(grade) ».

Même si on est en été, en automne ou en hiver, c'est toujours le printemps à Paris pour ceux qui aiment.

April in Paris

Le pire° ne fut pas la pluie pour démentir les chansons, ni le froid, ni la grêle,° ni la neige. Ce fut l'exode de ces jeunes bourgeois de qui l'absence de situation établie fournit encore une disponibilité,° disons sentimentale, qui permet à notre cher pays de ne pas perdre entièrement sa réputation amoureuse.

le pire *the worse*
la grêle *hail*
la disponibilité *availability*

J'ai vu de jeunes Allemandes, blondes et bleues, manger seules des hamburgers à la sauce tomate dans les snacks-bars de Paris. Habituellement, les petites étrangères qui déjeunent entre elles ont le soulier plat de la culture générale et le teint° trop rose d'une éducation trop saine qui ne favorise pas toujours l'audace. Mes Allemandes avaient la peau mate, la cheville° fine, l'œil de la génisse° grecque qui est aussi celui de la déesse... (Voir *Iliade*, chants V, VII et IX.) Elles écrivaient des cartes postales. Je corrigeais les épreuves de mon dernier roman et, entre écrivains, on se parle. Il y avait six jours que ces jolies blondes étaient à Paris et elles n'avaient pas rencontré un seul jeune Français pour s'occuper d'elles : « Avec un bon guide, ce serait plus gentil de voir Paris, n'est-ce pas? »

Égoïstement je pensais à nos petits Jean-Pierre, Jean-Louis et Jean-François que leurs mères indulgentes et compréhensives avaient envoyés seuls à Londres, à Munich, à Madrid, à Lisbonne—avril au Portugal—et qui n'ont pas dû rencontrer l'étudiante capable de leur faire goûter les charmes des capitales étrangères. Cet exode de la jeunesse d'un pays à l'autre au moment des vacances, qui ressemble un peu à celui des tableaux de musée à musée, m'a paru soudain attristant. Combien de cœurs doivent ainsi se manquer!°

L'exotisme est la loi secrète de l'amour. Les êtres humains, mobilisés dans le quotidien, sont tellement anesthésiés par les habitudes qu'ils ont besoin de dépaysement° pour retrouver la liberté du désir. Ce fut toujours une petite Anglaise, une jolie Italienne, une belle Suédoise qui apprit à nos pères que l'amour n'est pas un simple jeu et que la chair° peut être romanesque. Nul n'est prophète en son pays; c'est vrai pour les esprits, c'est vrai aussi pour les corps. Qui reste insensible à l'accent étranger d'une jolie bouche?

Je pensais donc qu'il était triste que les petites Anglaises ne rencontrent que des Anglais à Paris.

Il restait bien des jeunes gens français sous la pluie, mais ils travaillaient et l'amour est un luxe qui a besoin de loisirs. Quant aux garçons peu sérieux qui hantent la capitale, ils ont déclaré qu'avec les « tours » organisés, ce n'était vraiment pas la peine de se mettre au travail : « Pendant les vacances de Pâques, elles n'ont jamais d'argent et comme elles sont trop maigres°... »

Ce sont des nuances qu'un petit bourgeois ne verrait pas, car, contrairement aux mauvais garçons, il ne songe à prendre de l'argent qu'à sa mère, à sa sœur et, plus tard, à

le teint complexion

la cheville ankle/**la génisse** heifer

se manquer to miss each other

le dépaysement change of scenery

la chair flesh

maigre skinny

sa femme légitime,° et il est toujours prêt à le dépenser avec une étrangère, pauvre et aussi mince que possible. Les voyous, eux, prennent aux touristes tout l'argent qu'ils peuvent pour le donner justement à leur mère, à leurs soeurs, à leurs compagnes, ce qui me paraît une supériorité civique, sinon morale, du voyou sur le bourgeois qui n'a pas été assez remarquée. Mais c'est une autre question...

légitime *lawful*

À Paris, sous la pluie, il restait donc la culture. Mais on se lasse de s'instruire et d'admirer, surtout lorsqu'on en fait déjà profession dans son propre pays. Il est vrai que les jeunes étudiantes sevrées° de romance pouvaient toujours aller voir Garbo qui, elle, dans tous ses films dans toutes les capitales, à toute époque et sous tous les costumes, rencontre le bel étranger, français de préférence, qui lui fait visiter les villes inconnues dans de luxeuses chambres d'hôtel et dans des lits profonds, ce qui représente pour toute femme honnête un séjour à l'étranger un peu réussi. La pluie d'avril ne saurait rien gâter puisqu'elle est l'alibi qui permet de perdre tous ses fils° et de faire mentir les proverbes.

sevré *deprived*

le fil *thread*

Françoise Parturier, *L'Amour? le plaisir?*

Compréhension et discussion

1. Quel temps fait-il à Paris en ce mois d'avril dont il est question dans le texte?
2. Qui a quitté Paris à ce moment et pourquoi?
3. Que mangeaient les jeunes Allemandes que l'auteur a remarquées?
4. Que faisaient ces jeunes filles à la terrasse des cafés?
5. Pour quelle raison l'auteur Françoise Parturier se trouvait-elle aussi à la terrasse du café?
6. Pourquoi l'auteur regrette-t-elle que les jeunes Français ne puissent rencontrer les jeunes filles étrangères à Paris?
7. Les jeunes gens restés à Paris ne peuvent remplacer ceux qui sont partis. Pourquoi?
8. Que pensent les garçons peu sérieux des jeunes touristes étrangères?
9. Qu'est-ce que cette « supériorité des voyous sur les bourgeois » dont parle l'auteur?
10. Quel est le sujet des films de Greta Garbo dont parle l'auteur?

Discussion ou composition

1. Qu'est-ce que le titre de ce passage évoque généralement?
2. Quelle est la réputation amoureuse des Français?
3. Pourquoi les jeunes Allemandes semblent consommer ce qui est un repas typiquement américain?
4. Que pensez-vous de l'utilité des voyages à l'étranger pour les jeunes?
5. L'auteur semble regretter ces échanges entre pays. Pourquoi?
6. Est-il vraiment nécessaire d'avoir du dépaysement pour tomber amoureux(-euse)?
7. Discutez les avantages et inconvénients d'avoir un accent étranger quand on vit dans un pays d'adoption.
8. Discutez « l'amour est un luxe qui a besoin de loisirs ». Êtes-vous d'accord ou non? Pourquoi?
9. Quels sont les dangers que rencontrent les touristes dans une grande ville comme Paris?
10. Peut-on trouver compensation et consolation dans les films lorsqu'on est solitaire et malheureux(-euse)? Expliquez.

Composition

1. Que dit la chanson « April in Paris »? Inventez quelque chose si vous ne la connaissez pas, ou demandez à des amis.
2. Faites une liste des avantages que représente un voyage à Paris pour des étudiants américains et canadiens français.
3. Discutez ce que veut dire pour vous « L'exotisme est la loi secrète de l'amour ».
4. Comment imaginez-vous un « séjour réussi » à Paris?

Et maintenant...

1. Vous êtes une jeune touriste allemande et vous racontez, dans une lettre à une amie, ce que vous avez fait à Paris pendant ce mois d'avril pluvieux. Employez surtout le vocabulaire du texte.
2. D'après ce que Françoise Parturier dit dans « April in Paris » quelles idées se fait-elle de l'amour? Est-ce que son opinion coïncide avec la vôtre? Discutez.

Exercices récapitulatifs

A. *Remplacez le pronom* je *par (1)* nous *et (2)* ils *dans les phrases suivantes. Faites les changements nécessaires.*
   1. *Je* me promène souvent sur les grands boulevards.
   2. Dans les grands magasins, *je* me sers toujours de l'ascenceur.
   3. Quand *je* suis à Paris, *je* ne m'ennuie jamais.
   4. *Je* m'attends toujours à recevoir de ses nouvelles.
   5. Quand *j'*arrive à Paris, *je* me plais à faire du lèche-vitrines.
   6. *Je* ne me trompe jamais quand *je* prends le métro.
   7. *Je* m'entends très bien avec tous mes amis.
   8. *Je* ne me fatigue jamais à Paris.

B. *Mettez les verbes en italique au passé composé dans les phrases suivantes. Attention à l'accord du participe passé.*
   1. Les Parisiens *se promènent* le long des quais.
   2. Les étrangers *se débrouillent* très bien dans le métro.
   3. Les piétons *se pressent* sur les boulevards le dimanche.
   4. Les bancs *se trouvent* près de la fontaine dans le parc.
   5. Les parcs de stationnement *se vident* à deux heures du matin.
   6. Le quartier *s'anime* à l'aube.
   7. La brasserie *s'ouvre* à midi.
   8. La ville *se visite* en deux jours.

C. *Terminez les phrases suivantes en employant seulement des verbes impersonnels qui indiquent des conditions atmosphériques. (Trois verbes par réponse)*
   1. À Paris, au printemps, il...
   2. À Paris, en été, il...
   3. À Paris, en automne, il...
   4. À Paris, en hiver, il...

D. *Mettez les phrases suivantes au discours indirect. Commencez chaque phrase par* « mes amis disent que... »
   1. Je suis toujours de bonne humeur quand je suis à Paris.
   2. Tu ne seras pas déçu par la beauté de Paris.
   3. Il est un écrivain qui n'a jamais vécu à Paris.
   4. Nous nous rendrons compte du charme de la capitale.

5. Vous reviendrez à Paris car vous l'aimez beaucoup.
6. Elles doivent se replonger tous les ans dans l'atmosphère de la grande ville.

E. *Refaites l'exercice ci-dessus mais cette fois au passé. Commencez chaque phrase par « mes amis ont dit que... »*

F. *Répondez aux questions suivantes par des phrases complètes en employant le même verbe. Répondez selon l'indication entre parenthèses.*
   1. Vous attendez-vous à ce que vos parents vous offrent un séjour de deux semaines en France? (*oui*)
   2. Vous rendez-vous compte de tout ce qu'on peut faire à Paris? (*non*)
   3. Vous trouvez-vous toujours prêt(e) à aider vos amis? (*oui*)
   4. Vous et vos amis, vous téléphonez-vous quelquefois? (*oui*)
   5. Vos parents se promènent-ils souvent aux Champs Elysées quand ils se trouvent à Paris? (*non*)
   6. Vous souvenez-vous de cet événement? (*non*)
   7. Vous rappelez-vous ce film intéressant? (*oui*)

I. *Questions de culture générale*
   1. Quels avantages culturels peut-on trouver à Paris?
   2. Comment s'explique la très grande centralisation qui fait de Paris « le cœur » de la France?
   3. Comment se manifeste cette centralisation à votre avis?
   4. Pourquoi n'existe-t-il pas de ville d'une importance semblable à celle de Paris aux États-Unis?

II. *Activités en groupes*
   A. Activités en petits groupes
      1. Discutez les avantages d'avoir une grande ville comme Paris située au bord d'un fleuve.
      2. Pensez-vous que les habitants des grandes villes soient plus « avant-garde » que ceux des petites villes? Discutez.
      3. Vous préparez un rapport pour résoudre les problèmes du stationnement des automobiles dans une grande ville comme Paris.
      4. Cherchez des arguments pour persuader votre sœur (ou frère) d'apprendre une langue étrangère, le français de préférence.
   B. Activités en groupes de deux
      Vous rédigez une lettre de remerciements pour un jeune Français qui vous a servi de guide lorsque vous étiez à Paris.

III. *Composition écrite*
   Que représente Paris pour les Français selon les textes de ce chapitre? (Employez beaucoup de verbes pronominaux dans votre réponse.)

IV. *Situations*
   1. Vous n'avez que trois heures à passer à Paris entre deux avions. Comment utilisez-vous ce temps très court?
   2. On vous propose un poste d'Assistant d'Anglais dans un lycée en France.

Vous avez le choix entre Paris et Tours (une ville de 150.000 habitants à environ trois heures de train de Paris). Que décidez-vous et pourquoi?
3. Vous venez de terminer vos études. Le Bureau de Placement de votre université vous propose deux situations : une très belle situation à Chicago et un poste beaucoup plus modeste à Eugène, Orégon. Que faites-vous et pourquoi?
4. Une de vos amies va passer le mois d'avril à Paris. Vous lui donnez tous les conseils que vous jugez essentiels.

V. *Débats*
 1. Vivre à Paris ou vivre en banlieue.
 2. Vivre à New York ou vivre dans une petite ville de Californie (ou votre petite ville si vous préférez).

Quelque chose de curieux
1. Paris n'a pas été bâti en un jour.
2. Il n'est bon bec que de Paris (Villon).

Chapitre 7
La famille

Vocabulaire

Les enfants

une enfance *childhood*
se disputer *to fight*
partager *to share*
faire des caprices *to be capricious*
insupportable *intolerable*
un polisson *brat, scoundrel*
crier *to scream*
être gentil *to be nice*
être sage *to be good*
respecter *to respect*
bouder *to sulk*
le bien-être *well-being*
la conduite *behavior*
une éducation *upbringing*
élever un enfant *to bring up a child*

Les parents

le ménage *couple*
le chef de famille *head of the family*
la maîtresse de maison *housewife (mother)*
les parents proches *close relatives*
les parents éloignés *distant relatives*
le mari *husband*
la femme *wife*
soigner *to take care of*
être juste (injuste) *to be fair (unfair)*
gronder *to scold*
corriger *to hit*
gâter un enfant *to spoil a child*
se priver *to do without*
une famille nombreuse *large family*

Les grands-parents

le veuf *widower*
la veuve *widow*
les petits-enfants *grandchildren*
le petit-fils *grandson*
la petite-fille *granddaughter*
une maison de retraite *retirement home*
la maison de repos *rest home*
les liens familiaux *family ties*
un rôle *role*
les parents (m.) **le père et la mère, les grands-parents, les oncles, les tantes, les cousin(e)s, etc.**
le fossé des générations *generation gap*
prendre soin de, s'occuper de *to take care of*
s'entraider *to help one another*
vieillir *to grow old*
les vieillards *old people*
s'entendre avec *to get along with*
la bonne entente *good understanding*
la réunion familiale *family reunion*
le conseil *advice*

Mise en train

I. *Donnez l'équivalent de chaque expression.*
   1. façon d'élever un enfant
   2. les attachements familiaux
   3. faire attention à
   4. s'occuper de
   5. un établissement qui prend soin des vieillards
   6. le père
   7. battre un enfant

II. *Complétez les phrases suivantes avec les mots qui conviennent.*
   1. Une _____ a beaucoup de membres qui en font partie.
   2. Un enfant qui _____ est un enfant gâté et capricieux.
   3. Regardez ce _____. Il est vraiment désobéissant.
   4. Les parents sévères _____ souvent leurs enfants.
   5. D'habitude un enfant _____ fait tout ce que ses parents lui demandent.
   6. _____ est la maîtresse de maison.
   7. Les parents qui _____ bien avec leurs enfants ont de bons rapports avec eux.

148　La famille

III. *Questions sur les photos. Répondez aux questions suivantes avec des phrases complètes.*
   1. Sur la photo où il y a le dîner de famille, imaginez les rapports de chacun des membres de la famille entre eux. Que se disent-ils? Imaginez pour quelle occasion ils se sont réunis.
   2. Décrivez les photos où il y a des grands-parents. Qui voyez-vous? Que font ces personnes?
   3. Lesquelles de ces photos expriment beaucoup d'amour? Décrivez les rapports familiaux entre les membres de la famille.
   4. À votre avis, comment sont les enfants? Bien élevés? Sages? Capricieux? Comment le savez-vous?
   5. Décrivez la famille installée dans le salon pour prendre l'apéritif. Ensuite, présentez chacun de membres de cette famille. Dites ce qu'ils font dans la vie, ce qu'ils aiment ou n'aiment pas.

Une famille française sympathique reçoit un ami américain. Voici Monsieur et Madame Laurent Martin et leurs enfants Frédéric et Benoit.

Le portrait

J'ai trouvé le portrait dans le grenier,° un matin de juin. J'y étais à quérir° des pots pour les confitures° de fraises, puisque nous étions au temps de l'année pour ces choses.

    Le portrait était derrière un bahut.° J'ai vu la dorure° du cadre. Fanée, noircie. J'ai tiré à moi, et voilà que c'était le portrait.

le grenier *attic*
quérir *to look for*/**la confiture** *jam*

le bahut *chest, cabinet*/**la dorure** *gilt*

Le portrait 149

Est-ce que c'est le portrait de l'histoire?

Celui d'un homme jeune, aux cheveux bruns, à la bouche agréable, et des yeux qui me regardaient. Des grands yeux noirs, vivants...

J'ai descendu le portrait dans la cuisine.

—Voilà, mère, c'était au grenier.

Elle regarda le portrait d'un air surpris.

—Nous avions donc ça ici, ma fille? Tiens, tiens...

J'ai demandé :

—Qui est l'homme? parce que c'est un bel homme. Il est vêtu à la mode ancienne, mais c'est un magnifique gaillard°...

le gaillard *fellow*

—Ton oncle, dit-elle, le frère de ton père. Le portrait a été peint alors qu'il était jeune.

—Quel oncle?

Je ne me connaissais qu'une vague tante, pâle, anémique, dolente° qui vivait à la ville et venait s'évanouir° chez nous une fois l'an. Elle arrivait, portait un mouchoir à son nez, murmurait quelques mots au sujet des odeurs de la campagne, puis s'évanouissait. Au bout de la

dolente *complaining*
s'évanouir *to faint*

troisième fois, elle repartait pour la ville. C'était, à ma connaissance, la seule parente de mon père.

Je l'ai dit à ma mère.

—Je ne me connais point d'oncle...

—C'était le plus jeune frère de ton père. Ils étaient quatre. Trois garçons, une fille. Il ne reste que ton père et ta tante Valérienne.

—Les autres sont morts?

Elle fit° oui de la tête.

—Même celui-là? dis-je, même ce bel oncle-là?

—Oui.

Cela n'était pas honnête° d'être si beau et d'être mort. Il me venait des bouffées° de colère. On ne fait pas mourir du beau monde comme ça, on attend un peu.

—N'empêche que j'avais un bel oncle... Dommage qu'il soit mort...

Ma mère me regardait curieusement.

—Hélène, tu dis de drôles de choses...

Mais je n'écoutais pas ma mère. Je regardais le portrait. Maintenant, à la lumière plus crue° de la cuisine, le portrait me paraissait encore plus beau, encore mieux fait... Et j'aimais bien les couleurs.

—Je le pends dans ma chambre, dis-je...

—Comme tu voudras, dit ma mère, aujourd'hui, ça n'a plus d'importance.

La remarque n'était pas bien claire, et j'ai voulu savoir.

—Vous ne trouvez pas que c'est d'en dire beaucoup, et bien peu, mère?

—Peut-être. De celui-là, mieux vaut en dire le moins possible...

—Comment se nommait-il?

—Tout simplement Jean...

—Et qu'est-ce qu'il faisait, demandai-je, qu'est-ce qu'il faisait dans la vie?

Mais ma mère secoua° la tête.

—Pends, dit-elle, ce portrait où tu voudras...Ça n'a plus d'importance, mais si tu veux un bon conseil, ne dis rien, ne cherche à rien savoir. Et surtout, ne parle de rien à ton père.

Au fond, ça m'importait peu. J'aimais le coup de pinceau° de l'artiste. J'aimais sa façon de tracer, de poser la couleur, j'aimais les teintes chaudes... Je trouvais l'oncle bien beau, et bien jeune... Mais ça n'était pas si important que je doive encourir d'inutiles colères. Et quelque chose me disait dans le ton de la voix de ma mère, dans la déter-

elle fit *she indicated*

honnête *fair, just*
une bouffée *outburst*

la lumière crue *broad daylight*

secoua *shook*

le coup de pinceau *brush stroke*

mination de son visage, que mon père n'aimerait pas du tout que j'aborde° le sujet de son frère Jean.

J'ai pendu le portrait au mur de ma chambre.

Je l'ai regardé chaque matin en m'éveillant, et chaque soir avant de souffler° la lampe.

Et puis, au bout de deux semaines, une nuit, j'ai senti que quelqu'un me touchait l'épaule.

Je me suis éveillée en sursaut, j'ai allumé ma lampe de chevet.° J'avais des sueurs froides le long du corps... Mais il n'y avait personne dans ma chambre.

Machinalement, j'ai regardé le portrait, et en le voyant j'ai crié, je crois, pas fort, mais assez tout de même, et je me suis enfoui° la tête sous l'oreiller.

Dans le portrait, l'oncle Jean, très habilement rendu, regardait droit devant lui... Mais lorsque je me suis éveillée, j'ai vu qu'à cette heure-là de la nuit, il se permettait de regarder ailleurs.° En fait il regardait vers la fenêtre. Il regardait dehors...

Le matin, je n'ai rien dit. Rien dit non plus les jours suivants, même si, chaque nuit, quelqu'un... ou quelque chose m'éveillait en me touchant l'épaule. Et même si chaque nuit, l'oncle Jean regardait par la fenêtre...

Naturellement, je me demandais bien ce que ça voulait dire. Plusieurs fois je me suis pincée, très fort, pour être bien sûre que je ne dormais pas.

Chose certaine, j'étais bien éveillée.

Et quelque chose se passait... Mais quoi?

Au sixième matin...vous voyez comme je suis patiente...j'ai voulu tout savoir de maman.

—L'oncle Jean, qui est-il? Qu'est-ce qu'il faisait? Pourquoi ne faut-il pas en parler devant papa, de cet oncle?

—Tu as toujours le portrait dans ta chambre? dit ma mère.

—Oui.

Elle continua à vaquer à° ses occupations pendant quelques minutes, puis elle vint s'asseoir devant moi, à la table.

—Ma fille, me dit-elle, il y a des choses qui sont difficiles à dire. Moi, ton oncle Jean, je l'aimais bien, je le trouvais charmant. Et ça mettait ton père dans tous les états° quant j'osais dire de telles choses.

Je lui ai demandé :

—Mais pourquoi, mère?

—Parce que ton oncle Jean, c'était une sorte de mouton noir° dans la famille... Il a eu des aventures, je t'épargne les détails. Surtout, il avait la bougeotte.° Il s'est enfui jeune de la maison, on ne l'a revu que plus tard... Puis il

j'aborde *I broach*

souffler *to blow out*

la lampe de chevet *bedside lamp*

enfouir *to bury*

ailleurs *elsewhere*

vaquer à *to attend to*

mettre...états *to upset*

le mouton noir *black sheep*
avoir la bougeotte *to be always on the move*

est reparti. Un jour, ton père a reçu une lettre. Ton oncle Jean s'était fait tuer, stupidement, dans un accident aux États-Unis. On a fait transporter sa dépouille° ici, pour être enterrée dans le lot familial au cimetière. Il n'aurait pas dû° mais...

la dépouille *remains, corpse*
il...dû *he shouldn't have*

—Pourquoi? ai-je demandé, pourquoi n'aurait-il pas dû?

—Parce que, dans un testament déniché° par la suite dans les effets de Jean, celui-ci exigeait d'être enterré n'importe où, mais pas dans le lot familial... Il disait dans cet écrit qu'il n'avait aucunement le désir de reposer aux côtés de la paisible et sédentaire famille. Il avait un autre mot pour eux...pas très gentil.

déniché *unearthed*

Moi, je croyais comprendre, maintenant.

—Est-ce que papa l'a fait transporter ailleurs?

—Euh...non...question des dépenses que ça signifiait... Jean n'a rien laissé, il est mort pauvre.

Ce soir-là, j'ai mieux dormi. J'ai été éveillée vers quatre heures, et toute la scène d'habitude s'est répétée.

—Soit°, ai-je déclaré au portrait de l'oncle Jean... Demain, je vais y voir.

soit *so be it*

Et le lendemain matin, j'ai pris le portrait, et je l'ai porté dehors, derrière la remise°. Je l'ai appuyé là, face au soleil levant.

la remise *shed*

Plusieurs fois dans la journée, je suis allée voir. L'oncle Jean regardait en face, mais j'ai cru voir comme une lueur amusée dans ses yeux. Je me suis dit que je n'avais pas remarqué ce sourire auparavant...

Au crépuscule, le portrait était encore là...

Durant la nuit, je fus éveillée de nouveau. Seulement, au lieu d'une main discrète sur mon épaule, ce fut un très gentil baiser sur la joue qui m'éveilla.

Et je vous jure° que pendant les quatre ou cinq secondes entre le sommeil profond et l'éveil complet, durant cette espèce de douce transition j'ai fort bien senti des lèvres tièdes sur ma joue.

jurer *to swear*

N'allez pas croire surtout qu'une jeune fille va se méprendre° là-dessus. À force d'en rêver aux lèvres tièdes, on vient tout de même à en reconnaître le toucher!

se méprendre *to be mistaken*

Je me suis rendormie paisiblement. J'avais comme une sensation de bien-être.

Au matin, le portrait n'était plus à sa place.

J'ai demandé à papa s'il l'avait pris, et il m'a dit que non. Maman n'y avait pas touché. Mes petits frères non plus.

Le portrait avait disparu. Et moi j'étais convaincue

que sa disparition coïncidait avec le baiser de reconnaissance si bien donné au cours de la nuit.

Vous voulez une explication? Je n'en ai pas. La chose est arrivée. Elle s'est passée comme ça. Ça peut être une suite de rêves. Freud aurait une explication, je suppose... N'empêche que les faits sont là. Un portrait est disparu, et l'oncle Jean regardait. Pour un homme qui avait toujours eu la bougeotte, c'était tout de même assez significatif...

Yves Thériault, *L'Île introuvable*

Compréhension et discussion

1. Qu'est-ce que la jeune fille a trouvé au grenier et pourquoi y est-elle montée?
2. Où était le portrait?
3. Quelle était la réaction de sa mère à la découverte du portrait?
4. Que pense la jeune fille de l'homme du portrait?
5. Qui est tante Valérienne?
6. Comment se nommait l'oncle du portrait?
7. Quel conseil la mère donne-t-elle à la jeune fille?
8. Qu'est-ce qui réveille la jeune fille pendant quelques nuits?
9. Pourquoi porte-t-elle le portrait dehors?
10. D'après la jeune fille qu'est-ce qui est arrivé au portrait?

Discussion ou composition

1. Décrivez le portrait.
2. Expliquez le sentiment de la jeune fille que ce « n'est pas honnête d'être si beau et d'être mort ».
3. Pourquoi est-ce que l'oncle Jean « était une sorte de mouton noir dans la famille »?
4. Pourquoi la jeune fille a-t-elle eu peur la première fois qu'elle a été réveillée pendant la nuit? En regardant le portrait qu'a-t-elle remarqué?
5. Est-ce qu'une sensation semblable vous est jamais arrivée? Expliquez.
6. Comment l'auteur évoque-t-il en nous le sentiment de mystère? Relevez les détails.
7. Quelles sont les circonstances dans lesquelles on peut se sentir en danger sans comprendre ce qui se passe?
8. Quelles sont les actions de la jeune fille qui montrent sa « compréhension » pour l'oncle Jean?
9. Quelle est la sensation qu'elle éprouve après avoir porté le portrait dehors? Pourquoi?
10. Comment est-ce que l'auteur décrit le portrait et la technique de l'artiste? Quels mots et expressions emploie-t-il?

Composition

1. Est-ce que cette histoire a soutenu votre intérêt? Expliquez pourquoi et comment.
2. Que pensez-vous du personnage de l'oncle Jean? Comment le voyez-vous? Comment l'auteur le rend-il particulièrement sympathique? Donnez des exemples.
3. Existe-t-il une personne dans votre famille dont personne ne parle? Pourquoi? Expliquez les circonstances et dites si vous approuvez leur comportement.
4. Donnez votre opinion de la disparition du portrait. Avez-vous jamais éprouvé des sentiments semblables à ceux de la jeune fille? Précisez les circonstances.

Et maintenant...

1. Présentez en classe un mystère qui est arrivé sur le campus. Inventez les circonstances de ce mystère.
2. Mettez en scène un dialogue entre la jeune fille et l'oncle Jean qui est revenu pour voir sa famille.

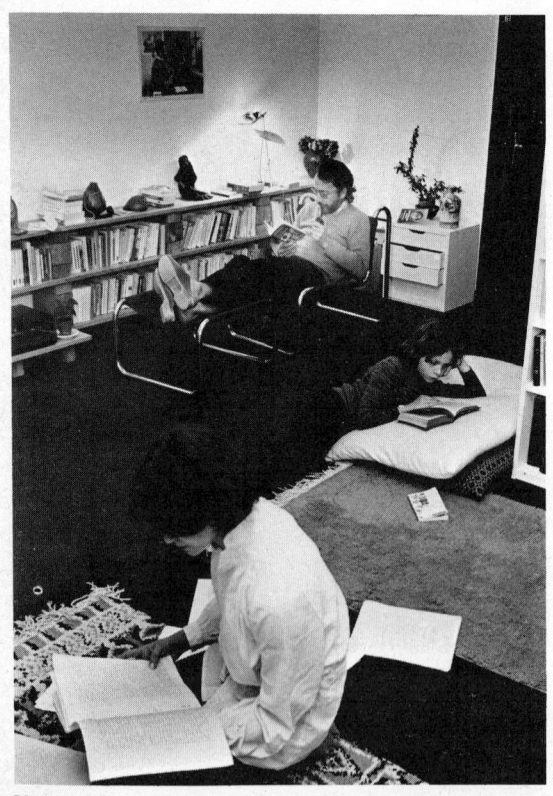

Une soirée en famille.

Familiale

La mère fait du tricot° **faire du tricot** *to knit*
Le fils fait la guerre
Elle trouve ça tout naturel la mère
Et le père qu'est-ce qu'il fait le père?
Il fait des affaires° **faire des affaires** *to be in business*
Sa femme fait du tricot
Son fils la guerre
Lui des affaires
Il trouve ça tout naturel le père
Et le fils et le fils
Qu'est-ce qu'il trouve le fils?
Il ne trouve rien absolument rien le fils
Le fils sa mère fait du tricot son père des affaires lui la
    guerre

Quand il aura fini la guerre
Il fera des affaires avec son père
La guerre continue la mère continue elle tricote
Le père continue il fait des affaires
Le fils est tué il ne continue plus
Le père et la mère vont au cimetière
Ils trouvent ça tout naturel le père et la mère
La vie continue la vie avec le tricot la guerre les affaires
Les affaires la guerre le tricot la guerre
Les affaires les affaires les affaires
La vie avec le cimetière.

Extrait de **Jacques Prévert,** *Paroles*

Compréhension et discussion

1. Quels sont les membres de la famille dans ce poème?
2. Que fait la mère?
3. Comment la mère trouve-t-elle cette situation?
4. Expliquez l'expression « tout naturel ».
5. Que fait le père?
6. Qu'est-ce qu'il trouve, le fils?
7. Que fera-t-il quand il aura fini la guerre?
8. Qu'arrive-t-il au fils?
9. Où vont le père et la mère?
10. Qu'est-ce qui continue?

La famille

Discussion ou composition

1. Quelle leçon nous est montrée par l'auteur de ce poème?
2. L'auteur réussit-il à créer une atmosphère familiale dans ce poème? Comment ou pourquoi pas?
3. Quel est le rôle de chaque membre de la famille dans ce poème?
4. Comment est-ce que le poète dramatise la continuation et la monotonie de la vie? Quelles expressions (et mots) emploie-t-il?
5. Expliquez le titre « Familiale ». À votre avis, pourquoi le poète a-t-il nommé ainsi son poème?
6. D'après vous, quel est le sens de ce poème?
7. À la lecture de ce poème, quelle impression avez-vous de la famille?
8. Comment l'auteur parvient-il à créer une atmosphère de fatalité dès l'introduction?
9. Quel est le paradoxe de la vie « familiale » illustré par la conclusion du poème?
10. Que pensez-vous de la conclusion de ce poème?

Composition

1. Selon vous, en quoi consiste la véritable vie familiale? Est-ce que ce poème exprime ce que vous ressentez lorsque vous pensez à votre famille et votre avenir?
2. Inventez une fin heureuse pour ce poème. Faites les changements nécessaires. Racontez-la en classe.
3. Imaginez une conversation entre ces trois personnes qui veulent changer leur vie (le père, la mère et le fils). Que se disent-ils? Que vont-ils faire?
4. Connaissez-vous des gens qui sont victimes de leur propre vie et qui ne peuvent rien changer? Décrivez-les.

Pourquoi les aînés sont-ils les plus favorisés?

Et maintenant...

1. Inventez un poème en classe comme celui de Jacques Prévert. Chaque étudiant ajoutera un membre de la famille (tante, oncle, cousin, soeur, etc.) et des détails qui correspondent à cette personne.
2. Vous êtes reporter. Écrivez un reportage pour un journal français sur la mort de chaque personne de la famille du poème « Familiale ».

Les aînés° sont-ils les plus favorisés?

un aîné *firstborn, eldest child*

L'aîné joue un rôle fondamental dans la structure de la famille : par sa naissance,° il apporte à des époux le statut de parents; il est le premier d'une nouvelle génération; il est le premier d'une fratrie.° Devant cet enfant qui naît,° les parents peuvent avoir un réflexe de défense mais, la plupart du temps, ils vont se projeter en lui pour en faire un continuateur de leur puissance,° de leur message et de leur existence.

la naissance *birth*

la fratrie *siblings/* **naître** *to be born*

la puissance *power*

Ils vont éventuellement tout faire pour que cet enfant se développe et devienne ce qu'eux-mêmes n'ont pas pu être.

Les aînés réussiraient mieux à l'école : dynamisés par leurs parents qui se projettent en lui, ils travaillent avec assiduité,° *ils jouent le jeu*. L'aîné tenterait de se faire valoir par le travail intellectuel et l'appréhension directe des obstacles, là où les suivants° tenteront de ruser.° B. N. Adams a ainsi observé que la fréquentation scolaire était meilleure chez les aînés; Altus remarque que plus un collège est sélectif plus les aînés y sont représentés; Sears constate que les parents sont plus stricts avec l'aîné, plus permissifs avec les suivants. Par la suite° les aînés atteindront des positions plus éminentes. Galton, dès 1874, constatait que parmi les hommes de sciences britanniques, les aînés étaient en nombre important et Gini en 1915 faisait la même constatation chez les professeurs de clinique. Jones constatait également que dans « Who's Who », les aînés étaient en nombre important : on y trouve 64% d'aînés parmi les membres de fratrie de deux (alors qu'on devrait trouver 50%), et 52% d'aînés parmi les membres de fratrie de trois, alors qu'on devrait attendre 33%. À quels facteurs sont dus ce caractère sérieux et cette particulière dignité sociale chez nos aînés? La plupart des explications vont ici dans le sens d'une meilleure prise en charge par les parents qui prennent le premier né plus au sérieux, l'accueillent dans un monde d'adultes et lui confient des responsabilités. L'aîné va rester

l'assiduité (f.) *constant application, assiduity*

les suivants *younger siblings/***ruser** *to resort to trickery*

par la suite *later*

longtemps seul avec ses parents, dans une ambiance adulte, où il sera écouté et valorisé. Peut-être prendra-t-il ensuite l'habitude de considérer les autres comme des petits frères, ce qui lui donnera un sentiment de supériorité et de sécurité, en même temps que la conscience d'une certaine responsabilité et le devoir d'accomplir certaines tâches. La personnalité, l'intelligence des aînés ont des caractéristiques qui correspondent à cette position sociale.

La personnalité des aînés

L'aîné serait en effet conservateur, dogmatique, respectueux de la hiérarchie sociale dans laquelle il désire, nous l'avons vu, jouer un rôle important. Il a le goût de faire bien les choses, de les achever. Il est contrôlé, et psycho-rigide, il est sérieux, il est studieux, il se prend pour un adulte. Tel est le premier aspect de ce portrait-robot de l'aîné, qui n'invite guère à la sympathie. Mais en fait si, effectivement, l'aîné paraît autoritaire, il est aussi très sociable, désireux de nouer des contacts avec les autres qu'il respecte, qu'il aime et dont il est dépendant même s'il se sent supérieur à eux et les commande. Ce goût de commander tout en étant attiré vers les autres, trouve son expression dans des rôles de responsabilité et de dévouement : l'aîné se donne alors le droit de critiquer et d'être agressif dans l'intérêt du groupe.

Si l'aîné est celui qui se dévoue et fait ce qui doit être fait, il n'est pas non plus sans fantaisie ni motivation. L'aîné est motivé, actif, entreprenant. Il est sensible, curieux, et créatif, certains auteurs ayant pu établir par des tests précis qu'il avait le goût de la complexité (R. Eisenman). Il peut donc aussi être artiste et créateur.

Certains de ces aspects peuvent apparaître contradictoires. On peut résumer ces données en remarquant que l'aîné cherche à s'épanouir le plus possible selon les règles du jeu social, ce qui aboutit au développement maximum des facultés intellectuelles, créatrices et affectives.

Le niveau intellectuel des aînés

Si on étudie la répartition des aînés parmi les élèves de grandes universités américaines (W. D. Altus) ou parmi les finalistes de concours très difficiles (R. C. Nichols), on retrouve une proportion plus importante d'aînés que celle d'une population générale. Pour L. Belmont et F. A. Marolla qui ont étudié 400.000 garçons de 19 ans aux Pays-Bas, l'aîné est plus intelligent que ses cadets et le niveau intellectuel au sein d'une fratrie est d'autant plus élevé que le nombre des frères et sœurs est restreint.° Pour ces auteurs,

restreint(e) *limited*

ces phénomènes se rencontreraient à tous les niveaux socio-économiques. Par contre, pour Dee Burton—qui les constate lui aussi—ils seraient plus nets quand on considère les familles se situant à un niveau socio-économique supérieur.

Naturellement, ces résultats n'ont qu'une valeur statistique et bien des exceptions peuvent se rencontrer— de même que des situations ayant la même valeur que celle d'aîné (le second si le premier est mort ou handicapé, le dernier s'il existe un grand écart avec les autres, etc.). Quelles explications biologiques ou psychologiques peut-on donner à ces phénomènes? D'un point de vue biologique, l'aîné est « celui qui ouvre la matrice ». Il bénéficie d'un utérus tout neuf, et pourrait de ce fait être mieux nourri avant la naissance. Mais on peut dire, à contrario, qu'il se fraie° pour naître une voie° plus difficile et qu'il est plus exposé aux difficultés de l'accouchement.° D'un point de vue psychologique, nous l'avons vu, l'aîné bénéficie de la part de ses parents de beaucoup plus d'attentions : avec lui les parents, émerveillés devant cette situation toute nouvelle et désirée, vont être à la fois méticuleux, anxieux et efficaces alors que par la suite ils seront moins vigilants. D'autres éléments psychologiques peuvent accentuer chez l'aîné le désir d'être le plus fort. Comme l'a remarqué Alfred Adler, l'aîné connaît une situation particulière : celle du détrônement.° Il est pendant un certain temps le seul enfant, avec tous les avantages que cela comporte. Puis il perd ses privilèges avec l'arrivée du second. Détrôné, il va désirer à tout prix reconquérir sa position, et c'est dans cette attitude de surcompensation d'une situation perdue qu'il va devenir le lutteur que l'on sait. Une autre explication va dans le même sens : quand naît le premier enfant, la famille est encore faible, et bien souvent pauvre, car le père est jeune et gagne peu d'argent. Il règne une ambiance d'efforts et de lutte pour la vie. L'aîné sera marqué, plus que les autres, par ces conditions difficiles alors que les suivants bénéficieront d'une opulence qui les invitera à la paresse.°

Vis-à-vis de ses parents, l'aîné est un personnage sérieux, celui pour lequel tout était neuf et important; vis-à-vis de ses frères et sœurs, il est un peu comme un autre père, il est l'ambassadeur auprès° des adultes comme celui qui s'avance vers les dangers de la vie. Il est celui qui négocie avec la génération supérieure en prenant la sienne en charge. Il est après tout bien normal que tant de qualités soient chez lui imaginées sinon prouvées.

Quentin Debray et **Pierre Debray-Ritzen,** reproduit de *Enfants-Magazine*

---

se frayer *to open up, to start*/**la voie** *way, path*
un accouchement *childbirth*

le détrônement *dethronement*

la paresse *laziness*

auprès *close to, with*

Compréhension et discussion

1. Qu'est-ce que l'aîné apporte à ses parents?
2. Expliquez le mot « fratrie ».
3. Comment les parents se projettent-ils en leur premier enfant?
4. Comment les aînés travaillent-ils?
5. Que remarque Altus en ce qui concerne les aînés?
6. Quel est le premier aspect du portrait-robot de l'aîné?
7. Comment les aînés figurent-ils parmi les élèves de grandes universités américaines et les finalistes de concours très difficiles?
8. Pourquoi ces résultats n'ont-ils qu'une valeur statistique?
9. Quelles explications biologiques peut-on donner à ces phénomènes?
10. Que veut dire le « détrônement » de l'aîné?

Discussion ou composition

1. Quelle image de l'aîné l'article nous donne-t-il? Comment les auteurs nous montrent-ils que les aînés ont plus de succès dans la vie que les cadets?
2. Comment les aînés sont-ils mieux préparés à la vie que leurs frères et soeurs cadets?
3. Quelle est la position sociale des aînés?
4. Discutez la personnalité des aînés.
5. Y a-t-il une différence entre le niveau intellectuel des aînés et celui de leurs cadets? Expliquez.
6. À votre avis, est-ce qu'un aîné adopté a les mêmes traits de caractère suggérés dans l'article? Justifiez votre réponse.
7. Êtes-vous d'accord pour dire que les parents des aînés vont « tout faire pour que cet enfant se développe et devienne ce qu'eux-mêmes n'ont pas pu être »? Expliquez.
8. Connaissez-vous des aînés qui ne correspondent pas à la description de l'article? Faites leur portrait.
9. À votre avis, pourquoi les parents sont-ils plus stricts avec l'aîné et plus permissifs avec les suivants? Êtes-vous d'accord? Quelle était la situation dans votre famille?
10. D'après l'article, comment l'aîné acquiert-il le sens des responsabilités et quel en est l'effet dans sa vie?

Composition

1. Combien d'enfants y a-t-il dans votre famille? Combien d'enfants aimeriez-vous avoir? Que pensez-vous des familles nombreuses?
2. À votre avis, est-ce que la famille doit avoir des enfants? Expliquez.

3. Comment avez-vous été élevé(e)? Comment voulez-vous élever vos enfants? Pensez-vous que vous élèverez vos enfants comme vos parents vous ont élevé(e)?
4. Est-ce que votre famille est nombreuse? Qui est l'aîné? Combien de soeurs et de frères avez-vous? Donnez leur âge et faites une description de chaque personne.

Et maintenant...

1. Faites une liste de tous les adjectifs que vous trouverez dans le texte. Puis avec ces adjectifs faites le portrait des personnes suivantes: (a) votre père; (b) votre mère; (c) un de vos cousins ou une de vos cousines; (d) une tante; (e) votre grand-père ou grand-mère; (e) un frère ou une soeur.
2. Faites des recherches à la bibliothèque avec un dictionnaire français, et trouvez les noms de trois cadets qui ont eu beaucoup de succès et qui sont maintenant célèbres. Qu'ont-ils fait? Comment était leur personnalité? leur vie? etc.

Jose et Josette

I

Jose était tout petit. Il allait à l'école, en suivant les chemins creux°, en sautant les barrières, et se coulant° à travers les haies°. C'était un garçon doux et obéissant; mais, sitôt seul, il redevenait aussi instinctif et aussi sauvage qu'une

creux *sunken hollow/***se couler** *to glide*
la haie *hedge*

Ces deux jeunes-mariés ne sont pas Jose et Josette. Après avoir lu le texte, vous saurez pourquoi.

belette° ou qu'une musaraigne.° Pas plus qu'aucune créature humaine, il n'était fait pour obéir.

Un jour donc qu'il allait à l'école en faisant tournailler comme une fronde° la musette° où sa mère avait mis un morceau de pain et une pomme, il rencontra Josette qui, tout comme Jose, s'en allait à l'école.

Josette pleurait. Elle avoua qu'on l'avait punie et qu'elle s'était enfuie en colère sans manger sa soupe. Elle avait faim. Jose lui donna son pain et sa pomme, et la petite l'embrassa pour le remercier. Elle ne pleurait plus; elle eut envie de jouer. Ils jouèrent à aller à cloche-pied,° à marcher sur les genoux, à se coucher sur l'herbe.

Le maître d'école, qui se promenait avant la classe, les rencontra et leur dit sévèrement :

—Vous êtes deux petits polissons! Est-ce ainsi que l'on joue? Il faut jouer sérieusement. Pourquoi ne jouez-vous pas à qui saura le mieux le nom de toutes les sous-préfectures, ou les noms des affluents de la Loire, ou les divisions du système métrique? Vous finirez mal, je le crains... (Il branlait° la tête.) Et puis, et puis... Quoi? Garçon et fille! Les petits garçons doivent aller d'un côté et les petites filles de l'autre. Jose, va-t'en par ici, et toi Josette, va-t'en par là.

Puis, satisfait, il reprit le chemin de l'école : mais, peu à peu, ses cheveux se dressaient° sur sa tête, car il prévoyait le malheureux sort° auquel se destinaient ces enfants.

Il murmurait :

—Autorité, discipline, géographie, orthographe..., autorité, discipline...

II

C'était la fête de la paroisse.° Le soir venu, on alluma les chandelles et on dansa. Jose, qui avait dix-huit ans et Josette qui en avait quinze, étaient là, en leurs beaux habits,° et aux premiers cris du violon s'étaient enlacés sous l'oeil des familles qui buvaient du cidre en parlant du temps passé, de la moisson future et des impôts° plus effroyables que la grêle.°

Quand la première danse fut finie, Josette, sur un signe, vint retrouver sa mère :

—Josette, ma fille chérie, je t'en prie, ne danse pas avec Jose. Son père est ruiné et lui n'est rien qu'un pauvre petit valet de ferme. Ne te laisse pas courtiser par ce garçon-là car tu ne peux pas l'épouser. Nous n'y consentirions pas. À l'argent il faut de l'argent, et tu as de l'argent, ma Josette, et Jose n'en a pas.

Ce soir-là, ils ne dansèrent plus ensemble.

---

la belette *weasel*/**la musaraigne** *shrew*

la fronde *slingshot*/**la musette** *satchel*

aller à cloche-pied *to hop*

branler *to shake*

se dresser *to stand on end*
le sort *lot, condition*

la paroisse *parish*

les habits *clothes*

les impôts *taxes*
la grêle *hail*

III

Jose tira au sort° et il fut soldat. C'est en ce métier qu'il apprit sérieusement ce qu'il ne faut pas faire. Au bout de quatre ans, il possédait une morale complète et respectueuse; il savait qu'il y a deux classes d'hommes : les supérieurs et les inférieurs, et qu'on reconnaît les supérieurs à la quantité d'or dont se brodent leurs manches.° Ces notions ne lui devinrent pas inutiles quand il fut sorti de la caserne, car dans la vie ordinaire, il y a aussi deux sortes d'hommes : les supérieurs et les inférieurs, ceux qui travaillent et ceux qui regardent les autres travailler. Comme il trouvait cette distinction toute naturelle, sans doute grâce à son instinctive philosophie, Jose travailla.

Josette ne s'était pas mariée. Ses parents avaient tout perdu dans un mauvais procès, et, pauvre vachère,° elle allait traire° les vaches dans la rosée° en songeant qu'il est bien triste pour une fille de n'avoir pas d'amoureux.

Jose, apprenant ces nouvelles, eut de la joie. Il fit confidence à son père de son vieil amour et de ses projets.

—Épouser Josette, dit le vieux paysan, une fille qui n'a peut-être pas trois chemises et qui se fait des jarretières° avec une poignée de chanvre!° Tu n'es pas riche non plus, c'est vrai, mais nous avons fait un petit héritage, le blé a bien rendu cette année, et je te donnerai de quoi t'établir quand tu m'amèneras une bru° qui ne soit pas servante. L'argent veut l'argent, mon fils; il ne faut pas le contrarier.

IV

Des années passèrent. Jose perdit ses parents et, au lieu d'un adorable bas de laine,° trouva des dettes. Tout courage fut inutile et tout labeur. Comme des souris, les hommes de loi grignotèrent° le petit patrimoine, et Jose, un matin pendant qu'on vendait sa maison, prit un bâton et s'en alla, aussi loin qu'il put aller, chercher sa vie. Mais, à mesure qu'il allait, la vie fuyait devant lui, et il marcha tant et si longtemps, qu'ayant fait le tour de la terre, il se retrouva dans le champ, au bord de la route, où, pour la première fois, jadis, il avait rencontré Josette.

Il posa son bâton et, s'asseyant sur le revers du fossé, il tira de sa besace° un morceau de pain et une pomme. Avant de manger, il réfléchit si tristement, si tristement que sa faim se passa et que la pomme et le morceau de pain tombèrent à ses pieds.

Il faisait froid, même à l'abri° du vent, il ramena sur ses genoux son grand manteau loqueteux° et s'enveloppa la gorge dans la vaste barbe grise qui, souvent, avait effrayé les petites filles.

Comme il songeait à cela, il entendit des cris aigus, et voilà des enfants qui reviennent de l'école, tout pareils à ce qu'il était il y a plus de soixante ans. Soudain, il comprit l'inutilité de tout et l'abominable stupidité de la vie. Il se leva et brandissant comme une fronde sa musette vide, il fit plusieurs fois le tour du champ tel qu'un halluciné.

Au troisième tour, il tomba dans un grand trou de feuilles sèches; il y resta, et, comme la nuit approchait, il s'y arrangea pour y dormir.

Cependant, une vieille mendiante° arrivait en grognant° :

le mendiant *beggar*
grogner *to grunt*

—Ah! vieux, tu ne peux pas rester là; c'est ma place, j'y dors toutes les nuits. Ce trou-là est à moi, à moi, tu entends?

Et, comme le vieux obéissait docilement, la vieille, après l'avoir examiné, s'informa :

—D'où êtes-vous? Je ne vous reconnais pas. Comment vous appelez-vous?

—On me nomme le vieux Jose.

—Et moi on me nomme la vieille Josette. Ils se regardèrent en silence; ils se souvenaient.

Mais ils avaient tant souffert et leurs coeurs étaient devenus si secs, si pareils à ces feuilles mortes que se disputaient leurs misères, qu'ils ne trouvèrent rien à se dire.

La vieille Josette se tassa° dans le trou, comme une bête, tandis que le vieux Jose, reprenant son bâton, s'en allait.

se tasser *to crouch*

Rémy de Gourmont, *D'un pays lointain*

Compréhension et discussion

1. Qui était Jose et où allait-il?
2. Pourquoi Josette pleurait-elle?
3. Quelle était la réaction du maître d'école en les rencontrant avant la classe?
4. Que se passe-t-il à la fête de la paroisse?
5. Pourquoi la mère de Josette veut-elle que sa fille ne danse pas avec Jose?
6. Qu'est-ce que Jose apprend quand il devient soldat?
7. Que dit le père de Jose quand son fils annonce qu'il aime toujours Josette?
8. Que devient Jose?
9. Qu'est-ce qui arrive à Josette?
10. Pourquoi Jose et Josette ne trouvent-ils rien à se dire à la fin du conte?

Discussion ou composition

1. Expliquez pourquoi les cheveux du maître d'école se dressaient sur sa tête en regardant Jose et Josette ensemble. Quelle est la signification de ce qu'il murmurait?
2. Quelles ressemblances y a-t-il entre Jose et Josette?
3. Quelle est « l'inutilité » et « l'abominable stupidité » dont parle Jose à la fin du conte?
4. Montrez comment les attitudes des parents de Jose et de Josette les ont marqués pour le reste de leur vie.
5. Comment est-ce que vos parents vous influencent? Quelle est leur attitude en ce qui concerne votre avenir?
6. À votre avis, est-ce que Jose et Josette auraient pu réagir d'une manière différente aux conseils de leurs parents? Qu'auriez-vous fait à leur place?
7. Quel rôle l'argent et le niveau social des familles jouent-ils dans ce conte?
8. Avez-vous été ému par ce conte d'amour? Pourquoi ou pourquoi pas?
9. À votre avis, est-ce que la fin est tragique ou réaliste? Expliquez.
10. Décrivez l'amour de Jose et de Josette. Montrez comment la vie a séparé les deux amoureux.

Composition

1. À votre avis, est-ce que les enfants doivent respecter leurs parents et se sacrifier pour eux?
2. Racontez une confrontation sérieuse que vous avez eue avec vos parents. Quelle en était l'occasion et comment vous en êtes-vous sorti?
3. À votre avis, que doivent être le rôle et l'influence des parents dans le mariage de leurs enfants?
4. Le maître d'école parle de « discipline ». À votre avis les parents américains sont-ils assez autoritaires ou trop indulgents en ce qui concerne l'éducation de leurs enfants? Et les Français?

Et maintenant...

1. Écrivez une version moderne de ce conte et présentez-la à la classe. Faites les changements nécessaires.
2. Imaginez que Jose et Josette, dans la deuxième partie du conte, partent ensemble après la fête de la paroisse. Comment est-ce que leur vie continue? Quelle est la réaction de leurs parents? Inventez une fin heureuse à l'histoire.

Exercices récapitulatifs

A. *Dans les phrases suivantes substituez les mots entre parenthèses et faites les changements nécessaires.*

   EXEMPLE : La mère de Josette est très belle. (*père*)
   Le père de Josette est très beau.

   1. Sa famille est nombreuse. (*cercle d'amis*)
   2. Dans *Le Portrait* le bord du cadre est noir. (*la dorure du cadre*)
   3. Mes cousins germains habitent à côté de chez nous. (*cousines*)
   4. La mère de Monique est trop conservatrice. (*les parents*)
   5. Son grand-père assure une formation morale. (*enseignement*)
   6. Elle appartient à un groupe actif. (*une famille*)
   7. C'est un garçon ambitieux. (*une jeune fille*)
   8. Dans cette famille il y a de bonnes disputes familiales. (*rapports*)
   9. Son oncle Paul est compréhensif. (*tante Marie*)
   10. C'est un enfant idéal. (*des enfants*)

B. *Mettez les mots suivants au masculin.*
   1. une épouse jalouse
   2. une sœur cordiale
   3. une belle femme
   4. une bonne nièce
   5. une jeune fille respectueuse
   6. une gentille tante
   7. une cousine impulsive
   8. une vieille femme compétente

C. *Mettez les mots suivants au féminin.*
   1. un cousin germain
   2. un père dévoué
   3. un mari intelligent
   4. un garçon obéissant
   5. un petit-fils roux
   6. un ancien camarade
   7. un homme honnête
   8. un frère amoureux

D. *Mettez les mots en italique au pluriel dans les phrases suivantes.*
   1. Cette famille a *un problème psychologique*.
   2. C'est *un travail domestique* qu'il déteste.
   3. Ils conservent *la tradition familiale*.
   4. Le père de Philippe lui donne *un petit conseil*.
   5. Sa tante lui a donné *un pantalon bleu clair*.
   6. Son grand-père parle toujours de *ce problème libéral*.

E. *Transformez les phrases suivantes en substituant les noms entre parenthèses aux noms en italique.*

   EXEMPLE : *Jose* est amoureux. (*Josette*)
   Josette est amoureuse.

   1. Ces *enfants* sont capricieux. (*cadet, sœur, cousines*)
   2. Mon *père* est très exigeant. (*mère, grands-parents, tantes*)
   3. Il a des *amis* insupportables. (*sœur cadette, oncle, enfant*)
   4. Cette *jeune fille* est très respectueuse. (*parents, garçon, amies*)

5. Son *oncle* était beau et actif. (*tantes, cousine germaine, parents*)
6. Il attache beaucoup d'importance aux *valeurs* familiales. (*rapports, idées, problèmes*)
7. C'est une nouvelle *famille* française! (*bébé, hôtel, idées*)

F. *Complétez les phrases suivantes, en donnant le superlatif de supériorité, d'égalité, ou d'infériorité ou le comparatif de l'adjectif entre parenthèses.*
   1. Son père est _____ de tous les parents. (+*sévère*)
   2. Ces enfants sont _____ que ma soeur. (−*gâté*)
   3. Marie-France est _____ que son frère. (=*obéissant*)
   4. Ce polisson est _____ enfant qui existe. (+*mauvais*)
   5. L'aîné que vous voyez est _____ de tous les aînés que je connaise. (−*mauvais*)
   6. Cette cadette est _____ fille de la famille. (+*bon*)
   7. Ils ont les attitudes _____ du monde. (+*compréhensif et tolérant*)

I. Questions de culture générale
   1. On estime que la famille française présente une plus grande cohésion que la famille américaine. Pourquoi en est-il ainsi? Donnez toutes les raisons que vous pourrez pour ce double état de choses.
   2. Un sondage récent a découvert qu'au moins 30% des mariages en France sont des mariages de raison. Un tel mariage a-t-il des chances d'être heureux? Discutez les avantages, ou non, d'un mariage d'amour.
   3. Des statistiques récentes prouvent que les célibataires meurent généralement plus tôt que les gens mariés. Dites pourquoi.
   4. La tradition française veut que les belles-mères aient de très mauvaises relations avec beaux-fils et surtout belles-filles. Pourquoi? Comment changer cette situation regrettable?

II. *Activités en groupes*
   A. Activités en petits groupes
      Imaginez que vous êtes un père ou une mère et donnez vos réactions dans les situations suivantes.
      1. Vous avez découvert votre garçon de 10 ans et son ami fumant des cigares dans le jardin.
      2. Votre fille de 15 ans annonce qu'elle est enceinte.
      3. Votre garçon de 14 ans annonce qu'il quitte la famille pour aller vivre avec ses copains dans une commune.
      4. Vos trois enfants (10 ans, 13 ans et 14 ans) fument de la marijuana et ne veulent plus continuer leurs études.
      5. Votre fille de 3 ans ne vous respecte pas. Elle est gâtée, insupportable et fait des caprices sans arrêt.
   B. Activités en groupes de deux
      Comparez votre famille à celle de vos parents. Faites des comparaisons et donnez les grandes différences en ce qui concerne l'éducation, les rapports familiaux, la situation économique, etc.

III. *Composition écrite*

Décrivez la famille idéale. Quels principes les parents doivent-ils inculquer à leurs enfants? Discutez l'importance de l'amour. Est-ce que les enfants sont nécessaires au mariage? Est-ce qu'il y a trop de divorces dans notre société?

IV. *Situations*
  1. Vous êtes un enfant de treize ans qui ne veut plus vivre avec sa famille. Vous annoncez votre départ et vous donnez une liste de défauts que vous reprochez à vos parents.
  2. Vous venez de décider contre le mariage et la famille. Écrivez un article pour le journal de votre université qui indique les raisons pour lesquelles vous n'avez pas l'intention de fonder un foyer.
  3. Vous êtes un orphelin (ou une orpheline) qui n'a jamais connu ses vrais parents. Écrivez une lettre d'une page à la famille Durand qui veut vous adopter mais qui est hésitante. Expliquez ce que vous pouvez apporter à la famille.
  4. Vous êtes le père ou la mère d'un garçon (ou d'une fille) de 16 ans qui veut partir trois semaines en France avec une amie (ou un ami). Vous refusez de donner votre autorisation. Donnez vos raisons.

V. *Débats*
  1. L'enfant unique ou famille nombreuse.
  2. Divorcer ou rester ensemble pour le bien des enfants.
  3. Les grands-parents qui habitent ou qui n'habitent pas avec les enfants.

Quelque chose de curieux
  1. Tel père, tel fils. MAIS : À père avare, fils prodigue.
  2. Qui aime bien châtie bien.
  3. On ne peut pas être et avoir été.

Chapitre 8
Les femmes

Vocabulaire

La femme au foyer

la femme au foyer *housewife*
le foyer *home*
le ménage *couple*
battre *to hit*
coûter *to cost*
embrasser *to hug, to kiss*
engraisser *to fatten*
perdre *to lose*
s'engager *to commit oneself*
aider quelqu'un à faire quelque chose *to help someone to do something*
compter faire quelque chose *to intend to do something*
consister en quelque chose *to consist of*
être amoureux(-euse) de quelqu'un *to be in love with someone*
faire des achats *to shop*
    des courses *to shop*
    le ménage *to do housework*
    les travaux ménagers *to do housework*
    la vaisselle *to do the dishes*
    semblant de faire quelque chose *to pretend*
revendiquer ses droits (son droit) *to assert one's rights*
se marier avec quelqu'un *to marry someone*
s'occuper de quelqu'un ou de quelque chose *to take care of someone or something*
tenir quelqu'un au courant *to keep someone informed, to keep in touch with someone*
tomber amoureux de quelqu'un *to fall in love with someone*

La femme libérée

le chantage sexuel *sexual harassment*
les débouchés (m. pl.) *job opportunities*
un employeur *employer*
une entreprise *firm*
la lettre recommandée *registered letter*

le mâle *male*
la femme *female*
la manifestation *public demonstration*
le M.L.F. *Mouvement de la Libération de la Femme*
le P-D.G. (Président-directeur général) *president of the board*
le phallocrate *male chauvinist*
le préjugé *prejudice*
le renversement des rôles *role-switching*
requis *required*
à tout prix *at all cost*
au dehors *outside*
oser *to dare*
avoir envie de faire quelque chose *to feel like doing something*
cesser de faire quelque chose *to stop doing something*
donner des renseignements à quelqu'un *to inform someone*
refuser de faire quelque chose *to refuse to do something*
s'intéresser à quelqu'un ou à quelque chose; avoir de l'intérêt pour quelqu'un ou quelque chose *to be interested in someone or something*
se fier à quelqu'un ou à quelque chose *to trust someone or something*

Mise en train

I. *Complétez les phrases suivantes avec les mots qui conviennent.*
   1. Une lettre avec recommandation postale s'appelle une _____.
   2. Le _____ maintient la suprématie masculine.
   3. Si on commence à aimer quelqu'un d'amour on _____.
   4. « Faire des courses » signifie _____.
   5. Discrimination sexuelle équivaut à _____.
   6. Une unité économique de production est une _____.
   7. Si on échange les rôles traditionnels entre le mari et la femme on obtient le _____.
   8. La femme qui ne travaille pas à l'extérieur est une _____.

II. *Donnez dans une phrase complète trois choses que font les personnes suivantes.*
   1. la femme au foyer
   2. le phallocrate
   3. Le P-D.G.
   4. l'employeur
   5. un amoureux
   6. une amoureuse

III. *Questions sur la photo. Répondez aux questions suivantes avec des phrases complètes.*
   1. Qu'est-ce que la photo illustre?
   2. Pourquoi n'y a-t-il que quelques hommes sur la photo?
   3. Quels mots français pouvez-vous identifier sur la photo?
   4. Décrivez les trois femmes qui vous paraissent les plus féministes. Pourriez-vous dire si ces femmes sont françaises ou américaines? Pourquoi?
   5. Est-ce que les manifestations de ce genre peuvent aider le M.L.F.? Comment?

172 **Les femmes**

Laquelle de ces deux jeunes femmes pourrait être plus féministe que l'autre?

La laitière et le pot au lait

Perrette, sur sa tête ayant un pot au lait
    Bien posé sur un coussinet,°
Prétendait arriver sans encombre° à la ville.

le coussinet *small cushion*
sans encombre *without hindrance*

Une laitière d'aujourd'hui dans un joli petit marché français.

Légère et court vêtue, elle allait à grands pas
Ayant mis, ce jour-là, pour être plus agile,
    Cotillon° simple et souliers plats.
    Notre laitière ainsi troussée°
    Comptait déjà dans sa pensée
Tout le prix de son lait, employait l'argent;
Achetait un cent d'oeufs, faisait triple couvée° :
La chose allait à bien par son soin° diligent.
    « Il m'est, disait-elle, facile
D'élever des poulets autour de ma maison;
    Le renard sera bien habile
S'il ne m'en laisse assez pour avoir un cochon.
Le porc à engraisser° coûtera peu de son;°
Il était quand je l'eus, de grosseur raisonnable :
J'aurai, le revendant, de l'argent bel et bon.
Et qui m'empêchera° de mettre en notre étable,
Vu le prix dont il est, une vache et son veau,
Que je verrai sauter au milieu du troupeau? »
Perrette là-dessus saute aussi, transportée :
Le lait tombe : adieu veau, vache, cochon, couvée.
La dame de ces biens, quittant d'un œil marri°
    Sa fortune ainsi répandue,
Va s'excuser à son mari,
En grand danger d'être battue...

le cotillon *slip*
troussée *prepared*

couvée *brood of chickens*
le soin *care*

engraisser *to fatten*/**le son** *bran*

empêcher *to prevent*

marri *sad and sorry*

Jean de la Fontaine, 1621–1695

Compréhension et discussion

1. Quelle est la première impression que vous avez de Perrette? Décrivez-la.
2. Qu'est-ce qu'elle comptait faire au marché? Pourquoi?
3. Que fera-t-elle quand elle aura l'argent du lait? Donnez toutes les possibilités.
4. Pourquoi l'auteur a-t-il essentiellement mis le poème au futur?
5. Pourquoi Perrette n'arrive-t-elle pas à la ville?
6. Pourquoi fait-elle tomber son pot au lait?
7. Quels sont les rêves que Perrette abandonne en faisant tomber son pot au lait?
8. Expliquez le dernier vers de la fable : « en grand danger d'être battue ».
9. Selon vous, quelles excuses Perrette pourrait-elle présenter à son mari?
10. Quelle est la morale de cette histoire?

Discussion ou composition

1. Quelles sont les qualités de Perrette et les traits qui vous la rendent sympathique?
2. Perrette est en danger d'être battue par son mari. Est-ce que cette situation est courante aujourd'hui? Expliquez.
3. Inventez le dialogue entre Perrette et son mari. Perrette se défend.
4. Quels détails de la fable montrent qu'elle se passe au 17e siècle mais qu'elle est encore moderne?
5. Si Perrette vivait aujourd'hui, en quoi consisterait sa vie?
6. Faites le contraste entre le monde réel de Perrette et le monde de ses rêves.
7. Quelle impression générale se dégage du texte? Est-il anti-féministe? Est-il anti-masculin? Ou n'est-il ni l'un ni l'autre?
8. Expliquez le proverbe français : Ne vendez pas la peau de l'ours avant de l'avoir tué.
9. Racontez des incidents illustrant ce proverbe qui vous sont arrivés.
10. Quelle vision du monde et de la vie vous est présentée dans cette fable?

Composition

1. Racontez à votre façon l'aventure de Perrette en français moderne.
2. Si on vous offrait cinq mille dollars, quels seraient vos projets pour les dépenser?
3. Avez-vous déjà fait des projets qui ne se sont jamais réalisés? Racontez.
4. Si vous aviez été Perrette, comment la fable se serait-elle déroulée?

Et maintenant...

1. Apprenez la fable par cœur.
2. Faites une liste de tous les animaux qu'on peut trouver dans une ferme. Ajoutez un ou deux adjectifs caractéristiques de l'animal considéré.

    EXEMPLE : un renard rusé et prudent

Conquêtes inachevées

En dix ans, les femmes ont remporté de grandes victoires. Comment vivent-elles, leurs droits nouveaux, et d'abord, le droit au travail.

Un enfant dans les bras, un attaché-case au bout d'une main, un panier à l'épaule, un bloc-note° dans la tête, des chaussures de jogging aux pieds, une marguerite au cœur et le sourire maquillé de frais aux lèvres. Cette femme complète a tout réussi dans la vie. Elle ressemble à une héroïne de bandes dessinées. Disons qu'elle s'appelle Superwoman. On la voit évoluer dans quelques épisodes colorés de son existence, armée d'une rage de vivre égale en intensité à celle des pionniers débarquant sur une terre vierge.

    Premier épisode : il y a quinze ans, Superwoman vit méconnue quelque part en France, quand lui parviennent° les échos assourdis° du féminisme américain. La libération viendrait-elle d'outre Atlantique? Deuxième épisode : non sans luttes,° elle obtient, quelques années plus tard, le droit de travailler théoriquement au même prix qu'un homme (1972), d'avorter (1974), de ne plus être violée sans que son agresseur soit puni (1979). Elle se marie et entreprend de mettre au monde de nouveaux hommes tout en entraînant l'élu° de son cœur aux travaux de nouveau père. Troisième épisode : gloire à Superwoman (1982). Elle est formidable. On la fête beaucoup d'ailleurs depuis une semaine à l'occasion de la Journée des Femmes. Bilan° : l'annonce du remboursement° à 70% de l'avortement par la Sécurité Sociale, de l'accès bisexuel à tous les emplois de la Fonction publique, d'un quota de 30% de candidates aux prochaines élections municipales et régionales, et d'une dizaine d'autres mesures « en faveur des femmes et des familles ».

    Victoire enfin pour la femme!

    La publicité donne d'elle, depuis quelques années, l'image d'une femme d'affaires débordée° mais toujours

le bloc-note *writing pad*

parvenir *to reach*
assourdi *muffled*

la lutte *struggle*

élu *chosen*

le bilan *result*
le remboursement *repayment*

débordée *overwhelmed*

Quelques professions essentiellement féminines. Lesquelles?

fraîche ou d'une femme libérée. Formidable Superwoman! Si elle continue à se lever tôt, l'avenir lui appartient. À moins que les enzymes gloutonnes du chômage ne viennent mettre fin à son bel enthousiasme.

C'est vrai qu'il faut se lever tôt quand on est une femme : « nous travaillons deux heures de plus que les hommes chaque jour : dit Andrée Michel, sociologue au Centre National de la Recherche Scientifique (C.N.R.S.). La différence? Les travaux d'Hercule invisibles : des courses pour la maison à l'éducation des enfants. Une différence qui pèse toujours dans la carrière.

Les héroïnes sont fatiguées. Elles demandent de l'aide. La majorité des femmes, écrasées° par le travail domestique, crie au secours. Aucune femme d'aucun milieu n'y échappe. Une enquête révèle que les femmes d'ouvriers, travaillant elles aussi, consacrent de trente et une à trente-quatre heures par semaine au travail domestique.

écrasé overburdened

Les conséquences de cette double vie : l'absentéisme. Et surtout, les salaires des femmes, malgré la loi de 1972, sont toujours moins élevés que ceux des hommes : 33% de moins en moyenne. Pour les mêmes raisons, les progressions de carrière à l'intérieur de l'entreprise sont lentes et chichement° accordées aux femmes. Enfin, le chômage menace et les femmes en sont souvent les premières victimes.

chichement sparingly

Superwoman se ronge les ongles.° Pour arriver à survivre, elle va sûrement devoir en faire encore plus. Il n'y a pas si longtemps, les femmes ne votaient pas, ne travaillaient pas. La moitié de la France vivait dans une servitude séculaire.°

se ronger les ongles to bite one's nails

séculaire age-old

En dix ans, contraception et avortement aidant, elles ont gagné une liberté de comportement inespérée. Elles ont cru, une année après l'autre, que l'ère° de l'égalité était arrivée et qu'elles deviendraient toutes des Superwoman.

une ère era

Un peu comme dans le désert, en proie aux mirages, on se penche vers une mare° qui existe vraiment 10 kilomètres plus loin. On réalise aujourd'hui que ces derniers kilomètres, pour les femmes, seront longs à franchir.° Au bout, on devrait enfin découvrir « qu'une femme est aussi un être humain », comme disait André Malraux, dans un éclair de lucidité dénuée d'°ironie.

la mare pond

franchir to cover

dénué de devoid of

D'après l'enquête de Sylviane Stein, extrait de *L'Express*

Quelques extraits des interviews : enquête de L'Express

1. Françoise Chandernagor, énarque (diplômée de l'École Nationale d'Administration : la plus prestigieuse « Grande École » française) et romancière :

    « Vous imaginez un homme, énarque lui aussi, promis à une belle carrière et qui abandonnerait cet avenir brillant pour ces raisons là (ne pas avoir assez de temps à donner à ses trois enfants)? On crierait au fou! J'ai vraiment dû choisir. Entre le travail, la responsabilité morale

    crier au fou to yell, "He's crazy!"

des enfants et de la maison, le livre que j'ai mis quatre ans à écrire... J'avais l'impression de jongler avec plusieurs balles qui allaient me retomber sur le coin de la figure ».

2. Sandra E., secrétaire d'un grand couturier parisien :

« Si j'ai un enfant, je lâcherai° tout. Du travail on en retrouve toujours, un enfant, c'est unique ».

lâcher *to drop*

3. Madeleine, journaliste :

« Quand je rentre à huit heures du soir et que je trouve mon mari devant la télévision, je râle°. D'ailleurs chaque fois qu'on se dispute c'est à ce sujet ».

râler *to complain*

4. Isabelle, célibataire, étudiante en médecine à Marseille :

« Quand ils sont jeunes, les hommes sont d'accord pour tout partager, mais dès qu'ils se marient, ils se mettent à ressembler à leur père ».

5. Marie-Paule, commerçante de 40 ans, Paris :

« Je travaille douze heures sur vingt-quatre. Plus j'en fais, moins ils le voient. Je voudrais taper° du poing sur la table et dire :

taper *to bang one's fist*

« J'existe, je suis là, il faut que je vive, moi aussi ». Mais je n'ose pas, j'ai peur que ça casse tout à la maison, que la famille se disloque° ».

se disloquer *to break up*

6. Christine, secrétaire à la Rochelle :

« Lorsqu'un de nos enfants est malade, c'est moi qui doit le garder. Mon mari considère que son travail est plus important que le mien ».

Compréhension et discussion

1. Décrivez la « femme complète » qui nous est présentée au début du texte.
2. Pourquoi l'auteur appelle-t-il cette femme « superwoman »?
3. D'après l'auteur quel semble être l'origine du féminisme en France?
4. Quelles ont été les grandes victoires remportées par les Françaises en 1972, 1974 et plus récemment?
5. Quels sont les grands problèmes que les femmes ont encore à résoudre aujourd'hui?
6. En quoi consiste l'absentéisme?
7. Pourquoi l'absentéisme est-il un gros problème pour les femmes qui travaillent?
8. Pourquoi les femmes sont-elles souvent les premières victimes du chômage?
9. Pour quelles raisons « superwoman » se ronge-t-elle les ongles à la fin du texte?
10. Pourquoi l'auteur a-t-il terminé l'article avec l'image du désert et ses mirages?

Discussion ou composition

1. Quelles difficultés essentielles semblent exister dans la vie des quelques femmes interviewées?
2. Discutez le cas particulier de Françoise Chandernagor.
3. Qu'auriez-vous fait à sa place?
4. Quels sont les arguments souvent présentés en faveur de l'avortement?
5. Donnez des arguments contre l'avortement.
6. Discutez la remarque de Christine, la secrétaire de La Rochelle. Le travail de son mari est-il vraiment plus important que le sien? Pourquoi?
7. Les ouvrières consacrent 34 heures par semaine au travail domestique. Que peuvent-elles bien faire?
8. Si vous étiez à la place de Madeleine, la journaliste, que diriez vous à votre mari?
9. Qu'est-ce qui, dans les remarques de la commerçante Marie-Paule, nous montre qu'elle est une femme frustrée?
10. Ces grands problèmes, non encore résolus par les Françaises, se posent-ils de la même façon pour les Américaines? Discutez.

Composition

1. Considérez les problèmes non résolus auxquels les Françaises doivent faire face et discutez comment vous allez les résoudre dans votre vie à venir. (Employez le futur et le conditionnel autant que possible.)
2. Vous imaginez que vous êtes Isabelle, la jeune étudiante célibataire qui se méfie du mariage. Vous expliquez à votre fiancé quel sera votre vie à deux. (Employez le futur et le conditionnel autant que possible.)
3. Presque toutes les remarques faites par les femmes interviewées semblent négatives. Y voyez-vous des éléments positifs? Lesquels?
4. Comment devrait être une jeune femme libérée à votre avis? Faites un portrait moral et physique.

Et maintenant...

1. Faites le bilan des avantages qu'il y a à être homme ou femme dans notre société d'aujourd'hui. Donnez au moins trois raisons pour et trois contre. (Employez le conditionnel : si j'étais...)
2. Vous supposez qu'on va organiser une Journée des Femmes dans votre ville. Préparez le programme que vous organiseriez si on vous demandait de le faire. (Employez le futur et le conditionnel.)

« Si tu n'existais pas j'essaierais d'inventer l'amour ».

Si tu n'existais pas

Et si tu n'existais pas (dis-moi) pourquoi j'existerais
Pour traîner° dans un monde sans toi sans espoir et sans regrets
Et si tu n'existais pas j'essaierais d'inventer l'amour
Comme un peintre qui voit sous ses doigts naître les couleurs du jour
Et qui n'en revient pas°

traîner *to drag around*

ne pas en revenir *to be very surprised*

Et si tu n'existais pas (dis-moi) pour qui j'existerais
Des passantes endormies dans mes bras que je n'aimerais jamais
Et si tu n'existais pas je ne serais qu'un point de plus
Dans ce monde qui vient et qui va
Je me sentirais perdu
J'aurais besoin de toi...

Et si tu n'existais pas (dis-moi) comment j'existerais
Je pourrais faire semblant° d'être moi
Mais je ne serais pas vrai
Et si tu n'existais pas je crois que je l'aurais trouvé
Le secret de la vie, le pourquoi simplement pour te créer
Et pour te regarder

faire semblant *to pretend*

Et si tu n'existais pas (dis-moi) pourquoi j'existerais
Pour traîner dans un monde sans toi sans espoir et sans regrets
Et si tu n'existais pas j'essaierais d'inventer l'amour

Joe Dassin

Compréhension et discussion

1. Quel problème se présente au poète?
2. Pourquoi ne peut-il pas exister sans l'amour de celle qu'il aime?
3. Comment serait le monde pour lui sans elle?
4. Comment pourrait-il exister sans elle?
5. Quel serait le secret de la vie si elle n'existait pas?
6. Quelle est la conclusion de la chanson?
7. Comment le poète propose-t-il de vivre?
8. Pourquoi le poète considère-t-il l'amour essentiel à la vie?
9. Est-ce un amour « idéal » à votre avis? Pourquoi ou pourquoi pas?
10. S'agit-il dans ce poème d'un thème réaliste ou d'un thème romantique? Expliquez.

Discussion ou composition

1. Prolongez la fin du poème : « j'essaierais d'inventer l'amour » et faites une description de l'amour que le poète inventerait.
2. Pouvez-vous inventer une fin heureuse pour ce poème?
3. À votre avis, peut-on tout à fait dépendre d'une autre personne pour trouver le bonheur?
4. Que pensez-vous de ce poème d'amour et de la façon dont il a été écrit?
5. Pensez-vous que le poète exprime ce que l'on ressent lorsqu'on est vraiment amoureux ou est-ce exagéré?
6. Pouvez-vous donner des raisons psychologiques à ce besoin d'une autre personne?
7. Une union où les deux partenaires s'aiment d'un amour comme celui de la chanson a-t-elle une chance de durer pour la vie? Discutez.
8. L'amour est-il essentiel dans le mariage?
9. Que pensez-vous des mariages « arrangés » pour les jeunes gens par les parents ou la famille?
10. Un tel mariage pourra-t-il être heureux?

Composition

1. Vous êtes l'amie du poète. Écrivez la réponse à cette chanson : « j'existe... »
2. Rédigez une petite annonce dans le journal universitaire qui donne les caractéristiques que vous cherchez dans un partenaire (ou une partenaire).
3. La poésie et l'amour idéal sont-ils nécessaires dans le monde moderne? Expliquez.
4. Avez-vous l'impression que certains aspects de votre vie sont dominés par d'autres personnes? Illustrez votre opinion.

182   Les femmes

Et maintenant...

1. Apprenez la chanson par cœur.
2. Écrivez une lettre d'amour à un partenaire imaginaire ou réel : « Mon cher amour, si tu existais... »

LES MÂLES

VOUS AVEZ LÀ DE TRÈS BONNES RÉFÉRENCES.

SI JEUNE, SI JOLIE, ET DÉJÀ UN SACRÉ MÉTIER°.

JE PENSE POUVOIR VOUS CONFIER° CE POSTE DE DIRECTEUR ADJOINT.

un métier   occupation
avoir un sacré métier   to be very talented (familiar)
confier   to entrust

MAIS ATTENTION ! IL VOUS FAUDRA ÊTRE ÉNERGIQUE ET AUTORITAIRE.

VOUS DEVREZ PRENDRE DES RISQUES, DES DÉCISIONS RAPIDES, VOIRE AUDACIEUSES !

JE SUIS SÛR QUE NOUS ALLONS FAIRE DU BON TRAVAIL ENSEMBLE. VOUS ÊTES LIBRE CE SOIR ?...

Compréhension et discussion

1. Pourquoi la jeune femme vient-elle voir cet employeur? Décrivez la situation.
2. Au début de la bande dessinée, quelle est l'attitude de l'employeur?
3. Quelle sorte d'emploi la jeune femme cherche-t-elle?

4. Quelles sont les qualifications requises pour ce genre d'emploi?
5. À votre avis, cette jeune femme manque-t-elle d'assurance? Pourquoi ou pourquoi pas?
6. Quelles sont les opinions qu'exprime l'employeur?
7. Quelle est l'attitude de la jeune femme pendant l'interview?
8. Voyez-vous un paradoxe dans le fait que cet homme lui fait des flatteries et puis change de tactique?
9. Quelle est la progression du dialogue?
10. Pourquoi la jeune femme ne parle-t-elle pas pendant l'interview?

Discussion ou composition

1. À votre avis, est-ce que le chantage sexuel existe vraiment? En connaissez-vous des exemples?
2. Quelles sont les difficultés que rencontre une femme qui cherche du travail?
3. Donnez des exemples d'injustice qu'on observe généralement dans les familles entre les fils et les filles.
4. Est-ce qu'un geste est parfois suffisant pour qu'il y ait chantage sexuel? Indiquez des exemples.
5. Considérez la dernière image de la bande dessinée et dites ce que vous voyez.
6. Auriez-vous agi de même si vous aviez été la jeune femme? L'employeur? Racontez.
7. Est-ce qu'il existe aujourd'hui des inégalités de salaire entre les hommes et les femmes? Donnez des exemples.
8. Pensez-vous qu'il existe plus de débouchés pour les hommes que pour les femmes? Expliquez.
9. Que pensez-vous du renversement des rôles dans un ménage? Considérez quelques changements ainsi produits dans la famille.
10. Quels sont à votre avis les problèmes les plus importants que les femmes ont à résoudre aujourd'hui?

Composition

1. Vous êtes l'auteur de la bande dessinée. Vous expliquez à un ami ce que sera la bande sur laquelle vous êtes en train de travailler : les mâles.
2. Comment envisagez-vous le rôle de la femme dans les bureaux, dans les usines et dans le monde du travail en général?
3. À votre avis, qu'est-ce que les femmes peuvent faire pour changer leur rôle subalterne dans le monde du travail?
4. Dans quelles situations les femmes n'ont-elles pas un statut égal à celui des hommes?

Les femmes

Et maintenant...

1. Apprenez par cœur les déclarations de l'employeur à la jeune femme.
2. Préparez les réponses ou commentaires de la jeune femme à chaque déclaration de l'employeur.

Un homme qui travaille.   Un homme qui se repose.

La condition masculine

Bien des hommes n'ont pas encore pleinement pris conscience de° l'aspect bénéfique du travail de la femme. Si, par contre, elle reste à la maison uniquement pour répondre aux exigences° de son époux, et le cas n'est pas rare, ou si elle travaille sans son approbation,° les enfants et le mari risquent de souffrir de son insatisfaction. En définitive, si l'homme facilite l'épanouissement° de sa femme sur tous les plans, il contribue à établir une meilleure harmonie au sein de° la famille.

    Des raisons affectives empêchent parfois les hommes d'envisager que leur femme travaille. De nombreux maris croient sincèrement que l'entente est meilleure dans le couple quand la femme reste au foyer. « Au début du mariage, il vaut mieux que la femme soit à la maison, pour être plus disponible, pour attendre son mari le soir. On se

prendre conscience de *to become aware of*

une exigence *demand*

une approbation *approval*

un épanouissement *blossoming*

au sein de *in the bosom of*

connaît mieux ». Il est vrai que si les époux travaillent dans des milieux très différents, leurs intérêts divergent, mais on peut toujours espérer que ce soit une source d'enrichissement° mutuel et non pas de conflit. À vrai dire, les maris craignent souvent que leur femme « ne cède à° des tentations », « risque d'avoir des aventures° » ou « ne prenne un goût excessif d'indépendance ». Un questionnaire chez des ouvriers montre qu'ils préfèrent que leur femme travaille dans un milieu féminin. Pendant une interview, mon interlocuteur exprimait ses craintes : « Le travail donne plus d'indépendance à la femme et je n'aime pas tellement ça ». Un autre avouait° qu'il avait pris soin de choisir une épouse plus jeune que lui, dans l'espoir « d'imposer plus facilement ses volontés ».

 Les hommes qui conservent le besoin profond de préserver intacte l'image de la femme au foyer, devraient alors valoriser° les travaux ménagers, mais ils ont plutôt tendance à trouver « normal » que leur maison soit parfaitement tenue.° À part quelques compliments, ils attachent plus de prix à leur propre travail, qu'il soit intéressant ou non, qu'à celui de leur femme si elle reste au foyer et ils déclarent volontiers° « qu'ils ont mieux à faire que de s'occuper des tâches domestiques ». Une femme de ménage nous disait : « Je préfère m'occuper de la maison de mes patrons plutôt que de la mienne, parce que les patronnes remarquent si j'ai bien ou mal fait le travail et me font parfois des compliments, tandis qu'un mari ne vous dit jamais rien, tout lui est dû ».

 Le désir de prédominance économique du mari est un bastion° de résistance de l'homme traditionnel au travail professionnel de la femme. D'une part° il craint de perdre son prestige et se sent déchoir° s'il ne peut satisfaire aux exigences matérielles de sa femme : « l'homme doit faire bouillir la marmite° »; d'autre part,° il craint que la concurrence° féminine n'accentue les risques de chômage. Pour ces raisons, si la femme manifeste quelque désir d'ouverture sur le monde extérieur, le mari préfère souvent l'encourager à travailler bénévolement° dans quelque oeuvre de sa paroisse ou une association culturelle. Beaucoup de femmes font ainsi l'équivalent d'un travail à mi-temps non-rémunéré.° Le mari n'est pas inquiet. Tant que sa femme n'a pas un travail reconnu économiquement valable par la société, elle n'est pas placée sur un plan concurrentiel.

 Si l'épouse gagne sa vie, le système qui donnait pleins pouvoirs au mari est ébranlé° et si elle gagne plus

enrichissement *enrichment*
céder à *to yield to*
une aventure *love affair*

avouer *to admit*

valoriser *to value*

tenue *kept up*

volontiers *willingly*

le bastion *stronghold*
d'une part *on the one hand*
déchoir *to lower oneself*
faire...marmite *to keep the pot boiling/***d'autre part** *on the other hand*
la concurrence *competition*
bénévolement *voluntarily*

non-rémunéré *non-paying*

ébranlé *shaken*

que lui, l'homme se sent humilié; il a l'impression de « perdre la face ». « L'homme n'épouse pas une femme supérieure, parce qu'il se veut viril », me disait un employé de bureau. Comme je lui demandais de préciser ce qu'il entendait par viril, il répondait : « c'est se vouloir toujours le plus fort devant une femme ».

Nous avons rencontré en milieu ouvrier des cas où la femme gagne plus que le mari. Les rôles traditionnels se sont trouvés renversés. Dans un cas la femme était franchement gênée de gagner plus que son mari, dans l'autre, elle était surtout gênée° que son mari le soit.

Mme D. est mécanographe.° Son mari travaille dans une autre usine qu'elle sur les machines. Il a un salaire moindre que le sien. « Il ne travaille que quatre jours par semaine, depuis qu'on a réduit la semaine à quarante heures dans son usine. Pour moi c'est l'homme qui devrait gagner davantage. Il se sent gêné. Il sent bien qu'il ne ramène pas une paye de chef de famille. Je ne lui reproche rien, mais ça m'embête° un peu. Il a fini sa semaine le jeudi, moi le vendredi, ça lui fait mal au coeur° de rentrer à la maison. Le vendredi, il fait la lessive, le ménage, il s'occupe des enfants, ça ne l'ennuie pas ».

Mme C. est soudeuse,° son mari est maçon : « J'ai l'impression, dit-elle, qu'il a un complexe. Moi, je voudrais lui faire comprendre qu'il rapporte autant, puisqu'il gère la bourse,° fait les achats, envoie l'argent du loyer° ou des traites° à payer ».

Apparemment, les maris estimaient être en état d'infériorité. Dans les deux cas, l'homme associait puissance donnée par l'argent et virilité. Or il faut avoir acquis une grande maturité pour dissocier ces deux valeurs. Une ouvrière que j'interviewais le fit tout naturellement. C'est fort rare. Elle me dit : « Dès qu'il y en a un qui gagne plus, il est considéré comme supérieur. C'est à voir° ». Habituellement, seul l'homme très sûr intérieurement de sa virilité, accepte sans problème une situation dans laquelle il lui faut reconnaître et apprécier chez sa femme des qualités considérées traditionnellement comme masculines. Chez des conjoints,° inconsciemment attachés à l'image de la prépondérance de l'homme, le succès professionnel de la femme les perturbe parfois si profondément que leurs relations sexuelles en viennent à être altérées.

Catherine Valabrègue, *La Condition masculine*

---

gêné *bothered*

une mécanographe *multicopier*

embêter *to annoy*
faire mal au coeur *to upset*

une soudeuse *welder*

gérer la bourse *to manage the household money*/**le loyer** *rent*
la traite *promissory note*

c'est à voir *it remains to be seen*

un conjoint *couple*

Compréhension et discussion

1. Qu'arrive-t-il si la femme travaille sans l'approbation de son mari?
2. Quel est, d'après le texte, l'aspect bénéfique du travail de la femme pour le foyer?
3. Pourquoi certains hommes veulent-ils que la femme reste au foyer?
4. Donnez trois raisons qui justifient la peur des maris.
5. Comment les hommes considèrent-ils leur propre travail par rapport à celui de leur femme?
6. Comment le mari a-t-il tendance à considérer les travaux ménagers?
7. Quel est un bastion de résistance de l'homme traditionnel au travail de la femme?
8. Que signifie « travailler bénévolement »?
9. Que pense l'homme si la femme gagne plus que lui? Et la femme, qu'en pense-t-elle?
10. Quel autre aspect de la vie du couple est affecté par le succès professionnel de la femme?

Discussion ou composition

1. En quoi le travail à l'extérieur contribue-t-il à l'épanouissement de la femme?
2. À votre avis, quel genre d'homme considère favorablement le travail de la femme?
3. Comment concevez-vous que le travail des deux époux dans des milieux différents puisse être une source d'enrichissement?
4. Considérez les signes d'indépendance de la femme qui travaille.
5. Dans quelle mesure les différences d'âge entre la femme et le mari peuvent-elles affecter le mariage?
6. Comment peut-on, à votre avis, valoriser les travaux ménagers?
7. Pourquoi la femme de ménage interviewée préfère-t-elle travailler pour une patronne? À votre avis, a-t-elle raison?
8. Connaissez-vous quelques travaux bénévoles pratiqués aux États-Unis?
9. À votre avis, est-ce que la non-rémunération du travail bénévole affecte la valeur de ce travail? Comment?
10. À votre avis, comment peut-on équitablement distribuer les travaux ménagers entre mari et femme?

Composition

1. Qu'est-ce qui dans un mariage peut provoquer des complexes chez le mari?
2. Quels sont les problèmes que pose la concurrence entre les hommes et les femmes sur le marché du travail?

3. Si vous décidiez ensemble (mari et femme) de travailler à l'extérieur, comment résoudriez-vous le problème des enfants, des travaux domestiques?
4. Quelle est la situation de la condition masculine aujourd'hui?

Et maintenant...

1. Faites le portrait du mari idéal.
2. Vous faites un sondage sur la condition masculine. Préparez une liste de huit questions sur ce sujet que vous poseriez à des hommes qui passent dans la rue, et huit autres questions destinées à des femmes.

Exercices récapitulatifs

A. *Mettez les verbes suivants au futur antérieur et au conditionnel passé.*
   1. elle (*se marier*)
   2. nous (*faire face à*)
   3. je (*partager*)
   4. vous (*divorcer*)
   5. ils (*se disputer*)
   6. tu (*avoir le droit*)

B. *Employez le futur ou le futur antérieur du verbe entre parenthèses pour compléter les phrases suivantes.*
   1. Perrette _____ (*acheter*) des oeufs quand elle _____ (*vendre*) son lait.
   2. Quand le cochon _____ (*engraisser*), elle _____ (*avoir*) de l'argent bel et bon.
   3. Cela ne l' _____ (*empêcher*) pas d'avoir un veau dans son étable.
   4. Lorsqu'elle _____ (*mettre*) ce veau au milieu du troupeau elle _____ (*sauter*) de joie.
   5. Que _____ (*faire*)-t-elle quand elle _____ (*voir*) son mari?
   6. Que _____ (*faire*)-vous quand la cloche _____ (*sonner*)?
   7. Quand elle _____ (*laisser tomber*) son lait elle _____ (*pleurer*).
   8. Comment _____ (*être*)-vous lorsque vous _____ (*se marier*)?
   9. Que _____ (*dire*)-ils dès qu'ils _____ (*ouvrir*) leurs cadeaux?
   10. Comment _____ (*se sentir*)-nous aussitôt que nous _____ (*apprendre*) le français parfaitement?

C. *Complétez les phrases suivantes en remplaçant les tirets par le temps qui convient du verbe entre parenthèses.*
Si elle n' _____ (*exister*) pas, il ne _____ (*pouvoir*) certainement pas continuer. Il _____ (*être*) obligé de vivre sans espoir et sans regrets. Au cas où il n'y _____ (*avoir*) pas d'amour il _____

(*essayer*) de l'inventer. Il _____ (*voir*) naître les couleurs et il n'en _____ (*revenir*) pas. Il _____ (*se sentir*) perdu, car il _____ (*avoir*) besoin de quelqu'un. Il _____ (*se créer*) une raison, il _____ (*regarder*) son invention. Sa vie ne _____ (*être*) pas drôle!

D. *Dans les phrases suivantes remplacez les tirets par le temps du verbe qui convient.*
   1. Quand vous _____ (*inventer*) l'amour, appelez-moi tout de suite.
   2. Dès qu'elle _____ (*entendre*) ce poème, elle sera enchantée.
   3. Après que nous l' _____ (*consoler*), il pourra continuer à vivre.
   4. Aussitôt que tu _____ (*trouver*) ce que tu veux, tu _____ (*être*) satisfait.
   5. Quand ils _____ (*voir*) les couleurs ils seront heureux.

E. *Répondez aux questions suivantes avec des phrases complètes.*
   1. Dans la bande dessinée à la page 182, qu'est-ce que la femme aurait pu dire à l'homme?
   2. Aimeriez-vous travailler pour un homme comme lui? Pourquoi ou pourquoi pas?
   3. Qu'auriez-vous fait dans la même situation?
   4. À votre avis, comment sera la condition féminine dans vingt ans?
   5. Imaginez que vous êtes un homme qui travaille pour une femme dans les mêmes circonstances. Que feriez-vous?
   6. Pensez-vous que les hommes encourageront les femmes à travailler?

F. *Complétez les phrases suivantes en employant des conditionnels quand c'est possible.*
   1. Les hommes auraient compris la situation des femmes si _____.
   2. Les femmes deviendront plus indépendantes au travail si _____.
   3. Si tout le monde s'intéressait à la condition des femmes _____.
   4. Si elles avaient revendiqué leurs droits _____.
   5. Perrette serait contente si _____.
   6. Si tu n'existais pas _____.
   7. Si le professeur n'existait pas _____.
   8. La discrimination serait supprimée si _____.

I. *Questions de culture générale*
   1. Quels préjugés traditionnels, qui apparaissent dans ce chapitre, montrent que la femme est considérée comme inférieure à l'homme? Donnez au moins trois préjugés.
   2. Connaissez-vous des cultures où aujourd'hui les femmes sont beaucoup moins bien considérées qu'en France ou qu'aux États-Unis? Donnez des exemples de ce mauvais traitement.
   3. Choisissez une femme qui, à votre avis, a joué un rôle important dans l'histoire du monde et dites ce que vous savez d'elle.
   4. Donnez quelques raisons pour lesquelles les femmes ont toujours été des « citoyennes de seconde classe » dans le monde.

II. *Activités en groupes*
 A. Activités en petits groupes
   1. La femme doit-elle être l'égale de l'homme? Pourquoi ou pourquoi pas?
   2. Comment explique-t-on le problème des femmes battues par leur mari?
   3. Comment ces femmes réagissent-elles généralement et comment devraient-elles réagir à votre avis?
   4. Le chantage sexuel : Qu'en pensez-vous?
 B. Activités en groupes de deux
    Imaginez la conversation entre un mari qui ne veut pas que sa femme travaille et la femme qui veut travailler à tout prix.

III. *Composition écrite*
 À votre avis, est-ce que les femmes dépendent des hommes autant que les hommes des femmes? Expliquez.

IV. *Situations*
   1. Vous êtes un membre militant du M.L.F. et vous défendez la cause des femmes.
   2. Vous êtes un P-D.G. (Président-directeur général) d'une grosse entreprise. Vous expliquez à vos employés que vous ne confierez jamais une place de Directeur adjoint à une femme. Donnez vos arguments.
   3. Vous racontez à une amie que vous préférez être une femme au foyer plutôt que de travailler au dehors.
   4. Votre fille vient d'être engagée dans une grande entreprise où il n'y a pratiquement que des hommes. Comment devrait-elle se conduire à votre avis?

V. *Débats*
   1. Le mariage ou l'union libre.
   2. La femme libérée ou la femme au foyer.

Quelque chose de curieux
 1. Patience et longueur de temps font plus que force ni que rage.
 2. La raison du plus fort est toujours la meilleure.
 3. Ce que femme veut, dieu le veut.

Chapitre 9

Professions et métiers

Vocabulaire

Le choix d'un métier

les projets d'avenir *future plans*
réaliser *to fulfill, to achieve*
le but *goal*
une occupation *occupation, work*
une occupation libérale *liberal profession*
exercer une profession *to be engaged in (to have) a profession*
le métier *trade*
la carrière *career*
le fonctionnaire *government or state employee*
être spécialisé(e) en *to be a specialist in*
le boulot *work, job (familiar)*
les débouchés (m.) *opportunity, outlet, job opening*
un engagement *appointment (of an employee)*
s'engager *to become involved*
un emploi *work*
embaucher *to hire*

Avantages et inconvénients

la discipline *discipline*
le salaire *salary*
les bénéfices (m.) *benefits*
toucher une commission *to receive a commission*
un enrichissement *enrichment*
une exigence *demand, requirement*
la permanence de l'emploi *job security*
le loisir *leisure time*
le bricolage *puttering*
bricoler *to putter*
le chômage *unemployment*
être au chômage *to be unemployed*
le (la) chômeur(-euse) *unemployed person*
la retraite *retirement*

la valeur *value*
se contenter de *to be satisfied with*
une épargne *savings*
les frais (m.) *expenses*
la prime *bonus*

Quelques professions et métiers

la (le) secrétaire de direction *executive secretary*
un agent immobilier (m.) *real estate broker*
le médecin *doctor*
un avocat *lawyer*
un ingénieur *engineer*
un architecte *architect*
un(e) instituteur(-trice) *school teacher*
le professeur *professor*
le pédiatre *pediatrician*
le psychiatre *psychiatrist*
le cultivateur, le fermier *farmer*
le dentiste *dentist*
un acteur *actor*
une actrice *actress*
le (la) vendeur(-euse) *salesperson*
la concierge *caretaker, doorkeeper*
les cadres *executives*
la ménagère *housewife*
le commerçant *merchant, wholesale dealer*
le contrôleur (ou chef de train) *conductor*
le (la) crémier(-ère) *dairyperson*
l'agent de police *policeman*
la femme-agent *policewoman*
le gendarme *guard, policeman (in countryside, small towns)*

Mise en train

I. Donnez l'équivalent de chaque expression.
  1. rémunération du travail fait
  2. temps en dehors de ses occupations ordinaires
  3. être satisfait de
  4. économie dans la dépense
  5. celui qui possède une propriété agricole
  6. possibilités ouvertes dans le domaine du travail
  7. spécialiste des maladies de l'enfance
  8. personne qui se trouve sans travail

II. *Complétez les phrases suivantes avec les mots qui conviennent.*
 1. Très souvent c'est à l'université qu'on fait des _____ pour décider de son avenir.
 2. Quand on est très malade on prend rendez-vous chez _____.
 3. Il y a des _____ qui se spécialisent uniquement dans les divorces.
 4. Sophie n'a qu'un seul _____ dans la vie : devenir _____ à Hollywood.
 5. Pour devenir _____ il faut de la discipline et de la patience.
 6. Ce _____ a bien travaillé. Il a donc _____ une grande commission.
 7. Je veux acheter une jolie maison de campagne. Mais d'abord il faut que je trouve un _____ pour m'aider.

III. *Questions sur les photos. Répondez aux questions suivantes avec des phrases complètes.*
 1. Quelles sont les professions ou métiers respectifs des personnes que vous voyez sur les photos? Aimeriez-vous travailler comme eux? Expliquez pourquoi ou pourquoi pas.
 2. Que font les deux jeunes femmes en uniforme? On appelle ces jeunes femmes « les pervenches ». Pourriez-vous dire pourquoi? Si vous ne savez pas, essayez de deviner.
 3. En quoi consiste le travail d'un contrôleur de train?
 4. Décrivez la photo qui représente l'entrée du Palais de Justice avec un gendarme de service à la grille.
 5. Quelle est la profession de la femme qui coupe du fromage? Imaginez la conversation qu'elle a avec sa cliente. Quels sont les avantages et inconvénients d'un tel métier?

À Paris, une boucherie élégante dans un quartier riche.

À Paris, une boucherie plus modeste dans un quartier populaire.

Monsieur W. vous jouissez ici d'une position stable et vous parlez de vous en aller. Qu'est-ce que tout cela signifie?

Dialogue de l'employeur et de l'employé

Manuel Wasselin était, au début de cette période, comptable° à la *Cour des Flandres*, magasin de nouveautés° fondé par une illustre femme d'affaires.° Il ne parlait jamais de sa profession sans parodier un vers que notre père nous dit être de Corneille. « Il est de tout son sang comptable à sa patronne° », déclamait le bouffon° en insistant sur le mot capital.

En fait, il changeait sans cesse de maison et d'emploi, errait° de bureau en bureau, le plus souvent congédié° sans procès et cherchant lui-même, quand on le tolérait, d'invraisemblables raisons de fuite.° « Je suis fait ainsi », déclarait-il « Je suis un homme libre et volatil. Je suis un insoumis,° un impatient. Impatient du joug,° jeunes gens! La vie est faite ainsi et non seulement l'immonde° race humaine. Il y a des limaces° impatientes et des huîtres qui ne tiennent pas en place. J'aime l'inconnu, l'inexploré ».

Il rapportait,° de ses discussions avec les employeurs, des récits extraordinaires qu'il mimait à miracle et qui font partie, depuis, du folklore familial. J'en rirais parfois avec Joseph ou Ferdinand s'il m'arrivait encore de rire, et même

le comptable *accountant/*
le magasin de nouveautés *fancy goods store*
la femme d'affaires *businesswoman*
comptable à *accountable to*
la patronne (le patron) *boss/***le bouffon** *fool, clown*
errer *to wander/***congédier** *to dismiss, to lay off*
la fuite *flight*
un insoumis *rebel/***le joug** *power, influence*
immonde *foul, filthy*
la limace *slug*

rapporter *to bring back, to relate*

d'ouvrir la bouche, en présence de Joseph et de Ferdinand. Mais laissons la parole à M. Wasselin.

« Je crois, commençait-il, que je vais abandonner à quelque esprit moins agile que le mien la comptabilité° des *Galeries du Maine*. J'ai eu, ce matin, avec mon chef, cet homme remarquable, un entretien° qui, je pense, va le faire rêver pendant toute la fin de sa vie. Imaginez qu'au début de la matinée cet homme remarquable entreprend de me vanter° les avantages de mon emploi :

« Monsieur Wasselin, dit-il, vous jouissez° ici d'une position stable.
MOI : Assurément, monsieur Duchnoque. (Il ne s'appelle pas Duchnoque, c'est un nom d'amitié.) Assurément. Et c'est, si j'ose l'avouer,° ce qui m'attriste.°
LUI : Ce qui vous attriste? Expliquez-vous, monsieur Wasselin.
MOI : Comprenez, monsieur Duchnoque. Tant que je cherchais une place,° j'avais de l'espoir.
LUI : Comment? Quel espoir?
MOI : L'espoir de trouver une place, monsieur Duchnoque.
LUI : Pas possible! Et maintenant?
MOI : J'ai la place, monsieur Duchnoque. Mais je n'ai plus d'espoir. C'est infiniment triste.
LUI : Qu'est-ce qui est triste, monsieur Wasselin? Je ne comprends pas.
MOI : Je me demande toute la journée ce que j'aime le mieux de l'espoir ou de la place. Ça devient une idée fixe, monsieur Duchnoque. Je finirai par m'en aller.
LUI : Vous en aller! Vous parlez de vous en aller! Enfin qu'est-ce que tout cela signifie?
MOI : M'en aller! Hélas, oui! monsieur le directeur. Quand je serai parti, je serai sûr de n'être pas resté. Vous comprenez bien que je ne peux vivre dans l'indécision.
LUI : L'indécision! Quelle indécision?
MOI : L'indécision de savoir si je resterai ici, monsieur Duchnoque... »

Mme Wasselin levait les bras au ciel. Papa riait, l'air dédaigneux.° Le bouffon modulait,° le bec° en sifflet,° un prrrt° ironique. De telles conversations avaient lieu, le plus souvent, sur le palier,° à la faveur d'une rencontre. Les portes refermées, papa riait sans retenue.°

« Il a tous les vices! Je suis à peu près sûr qu'il boit. J'affirmerais qu'il joue aux courses.° En outre, il se ronge les ongles. Curieux bonhomme! »

M. Wasselin se rongeait en effet les ongles, avec des mines,° des délicatesses d'incisives, de légers grogne-

la comptabilité *accounting*
un entretien *talk, conversation*
vanter *to praise*
jouir de *to enjoy*

j'ose avouer *I dare confess*/**attrister** *to sadden*

la place *position*

dédaigneux *disdainful*/**moduler** *to modulate*/**le bec** *mouth*/**en sifflet** *with a hiss, whistle*
le prrrt *sound of the noise coming from his mouth*
le palier *landing*
la retenue *discretion*
jouer aux courses *to gamble on horse racing*
la mine *look*

ments° de plaisir quand il découvrait un coin d'ongle oublié, une infime bribe de corne° dont il pouvait se promettre un quart d'heure au moins de plaisir aigu.° Au moyen d'un petit canif° crasseux° mais tranchant, il attaquait en outre les régions de l'ongle inaccessibles aux dents, s'éminçait l'épiderme, se sculptait la pulpe à vif.

Souvent, à peine M. Wasselin de retour, nous entendions la dame pousser des exclamations : « Où as-tu pris tout cela? Je te dis que tu finiras par te faire pincer° ». M. Wasselin ricanait° et faisait rouler son bruit favori, ce prrt qu'il appelait son « cri de guerre ». Il était extraordinairement chapardeur.° Il ramenait chaque jour de son bureau toutes sortes de menus objets, des crayons, des cahiers, des enveloppes, des pots de colle,° des timbres. Ces larcins° n'avaient d'ailleurs à ses yeux pas une ombre° d'importance et ne l'empêchaient pas de faire à ses enfants de somptueux discours sur le scrupule et la probité.°

Georges Duhamel, extrait du *Notaire du Havre*

le grognement *grunt*
la bribe de corne *hangnail*
aigu *sharp*
le canif *penknife*/**crasseux(-euse)** *filthy*

se faire pincer *to get caught (familiar)*
ricaner *to sneer*

le chapardeur *sneak thief*

la colle *glue*/**le larcin** *larceny*
une ombre *shadow*

la probité *honesty*

Compréhension et discussion

1. Quelle est la profession de Manuel Wasselin?
2. Où travaillait-il?
3. Pourquoi Manuel Wasselin ne restait-il pas longtemps dans la même maison ou le même emploi?
4. Qu'est-ce qu'il aime?
5. Qu'est-ce que son employeur lui a dit au début de la matinée?
6. Qu'a-t-il répondu?
7. Quand est-ce qu'il avait de l'espoir?
8. Pourquoi veut-il s'en aller?
9. Où ces conversations entre Papa et Manuel Wasselin avaient-elles lieu?
10. Qu'est-ce que Manuel Wasselin ramenait de son bureau à la maison?

Discussion ou composition

1. Décrivez le caractère de Manuel Wasselin.
2. À votre avis, est-ce que c'était un homme honnête et respectable? Qu'est-ce qui le prouve?
3. Manuel Wasselin était-il un bouffon? Donnez des exemples pris dans le texte.

198 Professions et métiers

4. Pourquoi voulait-il abandonner la comptabilité et que veut-il dire par « quelque esprit moins agile que le mien »?
5. Décrivez l'entretien entre Manuel Wasselin et son employeur.
6. À votre avis, pourquoi Madame Wasselin levait-elle les bras au ciel?
7. Si vous étiez l'employeur, aimeriez-vous avoir Manuel Wasselin comme employé? Expliquez.
8. Quels détails indiquent que Manuel Wasselin ne prend pas son travail au sérieux?
9. Connaissez-vous des « chapardeurs »? Expliquez. Dans quelles professions ou dans quels métiers est-il facile de voler?
10. Montrez l'ironie de la dernière phrase du texte.

Composition

1. Comment Manuel Wasselin échappe-t-il à la routine et à la monotonie de la vie? À votre avis, est-ce une bonne idée? Quels autres moyens y a-t-il d'y échapper?
2. D'après vous quelles sont les qualités qu'un bon comptable honnête devrait avoir?
3. Quel est le métier ou la profession de votre père ou de votre mère? Vous y intéressez-vous? Pourquoi ou pourquoi pas?
4. En quoi consiste la profession de comptable et la comptabilité? Faites une liste de raisons pour lesquelles vous aimeriez (ou n'aimeriez pas) exercer cette profession.

Reconnaissez-vous cet acteur célèbre?

Et maintenant...

1. Imaginez que vous êtes l'employeur de Manuel Wasselin et que vous décrouvrez qu'il vole des crayons, des cahiers, des enveloppes, des pots de colle et des timbres. Écrivez le dialogue que vous avez avec lui.
2. La famille de Manuel Wasselin veut qu'il garde son travail dans la même maison. Imaginez le dialogue qu'ils ont avec lui pour le convaincre des mérites de garder son travail de comptable. Faites une liste des qualités qu'il devrait avoir pour « réussir » dans la vie, et une liste d'avantages pour la famille s'il ne change pas d'emploi et de maison encore une fois.

Extrait du *Chien jaune*

Le docteur en pantoufles

L'inspecteur Leroy, qui avait vingt-cinq ans, ressemblait davantage à ce que l'on appelle un jeune homme bien élevé qu'à un inspecteur de police.

 Il sortait de l'école. C'était sa première affaire et depuis quelques instants il observait Maigret d'un air désolé,° essayait d'attirer discrètement son attention. Il finit par lui souffler° en rougissant :

 « Excusez-moi, commissaire°... Mais...les empreintes°... »

 Il dut° penser que son chef était de la vieille école et ignorait la valeur des investigations scientifiques car Maigret, tout en tirant une bouffée° de sa pipe, laissa tomber :

 « Si vous voulez... »

 On ne vit plus l'inspecteur Leroy, qui porta avec précaution la bouteille et les verres dans sa chambre et passa la soirée à confectionner un emballage° modèle, dont il avait le schéma° en poche, étudié pour faire voyager les objets sans effacer les empreintes.

 Maigret s'était assis dans un coin du café. Le patron, en blouse blanche et bonnet de cuisinier, regardait sa maison du même œil que si elle eût été dévastée par un cyclone.

 Le pharmacien avait parlé. On entendait des gens chuchoter° dehors. Jean Servières, le premier, mit son chapeau sur sa tête.

 « Ce n'est pas tout ça! Je suis marié, moi, et Mme Servières m'attend!... À tout à l'heure, commissaire... »

---

désolé *distressed*

souffler *to breathe a word (familiar)*
le commissaire *police commissioner*/**les empreintes** (f.) *fingerprints*
dut (devoir) *had to*
la bouffée *puff*

un emballage *package*
le schéma *diagram*

chuchoter *to whisper*

Le Pommeret interrompit sa promenade.

« Attends-moi! Je vais dîner aussi... Tu restes, Michoux?... »

Le docteur ne répondit que par un haussement d'épaules. Le pharmacien tenait à jouer un rôle de premier plan.° Maigret l'entendit qui disait au patron :

de premier plan *in the foreground*

« ...et qu'il est nécessaire, bien entendu, d'analyser le contenu de toutes les bouteilles!... Puisqu'il y a ici quelqu'un de la police, il lui suffit de m'en donner l'ordre... »

Il y avait plus de soixante bouteilles d'apéritifs divers et de liqueurs dans le placard.

« Qu'est-ce que vous en pensez, commissaire?...

—C'est une idée... Oui, c'est peut-être prudent... »

Le pharmacien était petit, maigre et nerveux. Il s'agitait trois fois plus qu'il n'était nécessaire. On dut lui chercher un panier à bouteilles. Puis il téléphona à un café de la vieille ville afin qu'on aille dire à son commis° qu'il avait besoin de lui.

le commis *clerk*

Tête nue, il fit cinq ou six fois le chemin de l'hôtel de l'Amiral à son officine,° affairé, trouvant le temps de lancer° quelques mots aux curieux groupés sur le trottoir.

une officine *drugstore, chemist's shop*
lancer *to throw*

« Qu'est-ce que je vais devenir, moi, si on m'emporte toute la boisson? gémissait le patron. Et personne ne pense à manger!... Vous ne dînez pas, commissaire?... Et vous, docteur?... Vous rentrez chez vous?...

—Non... Ma mère est à Paris... La servante est en congé...

—Vous couchez ici, alors?...

Un lâche°

un lâche *coward*

...Il y eut les mêmes remous° que quand le professeur entre dans une classe de lycée où les élèves bavardent. Les conversations cessèrent.° Les journalistes se précipitèrent au-devant du commissaire.

le remous *unrest*
cesser *to stop*

« On peut annoncer l'arrestation du docteur? Est-ce qu'il a fait des aveux?°...

un aveu *confession*

—Rien du tout!... »

Maigret les écartait° du geste, lançait à Emma :

écarter *to push aside*

« Deux Pernods, mon petit...

—Mais enfin, si vous avez arrêté, M. Michoux...

—Vous voulez savoir la vérité? »

Ils avaient déjà leur bloc-notes à la main. Ils attendaient, stylo en bataille.

« Eh bien, il n'y a pas encore de vérité... Peut-être pas...

—On prétend que Jean Goyard...

—Est vivant! Tant mieux pour lui!

—N'empêche qu°'il y a un homme qui se cache, qu'on pourchasse en vain...

—Ce qui prouve l'infériorité du chasseur sur le gibier!°... »

Et Maigret, retenant Emma par la manche, dit doucement :

« Tu me feras servir à déjeuner dans ma chambre... »

Il but son apéritif d'un trait,° se leva.

« Un bon conseil, messieurs! Pas de conclusions prématurées! Et surtout pas de déductions...

—Mais le coupable?°...

Il haussa ses larges épaules, souffla : « Qui sait?... »

Il était déjà au pied de l'escalier. L'inspecteur Leroy lui lançait un coup d'œil interrogateur.

« Non, mon vieux... Mangez à la table d'hôte... J'ai besoin de me reposer... »

On l'entendit gravir les marches° à pas lourds. Dix minutes plus tard, Emma monta à son tour avec un plateau garni de hors-d'œuvre.

Puis on la vit porter une coquille Saint-Jacques, un rôti de veau et des épinards.

Dans la salle à manger, la conversation languissait.° Un des journalistes fut appelé au téléphone et déclara :

« Vers quatre heures, oui!... J'espère vous donner un papier sensationnel... Pas encore! Il faut attendre... »

Tout seul à une table, Leroy mangeait avec des manières de garçon bien élevé, s'essuyant à chaque instant les lèvres du coin de sa serviette.

Les gens du marché observaient la façade du café de l'Amiral, espérant confusément qu'il s'y passerait quelque chose.

Un gendarme était adossé° à l'angle de la ruelle° par où le vagabond avait disparu.

« M. le maire demande le commissaire Maigret au téléphone! »

Leroy s'agita, ordonna à Emma :

« Allez le prévenir° là-haut... »

Mais la fille de salle revint en déclarant :

« Il n'y est plus!... »

L'inspecteur grimpa l'escalier quatre à quatre, revint tout pâle, saisit le cornet.°

« Allô!... Oui, monsieur le maire!... Je ne sais pas... Je... Je suis très inquiet... Le commissaire n'est plus ici... Allô!... Non! Je ne puis rien vous dire... Il a déjeuné dans sa

n'empêche que all the same

le gibier game (animal)

d'un trait in one gulp

le coupable guilty party

gravir les marches to climb the steps

languir to lag

adossé leaning against a wall/**la ruelle** narrow street, alley

prévenir to warn

le cornet telephone receiver

chambre... Je ne l'ai pas vu descendre... Je... je vous téléphonerai tout à l'heure... »

Et Leroy, qui n'avait pas lâché sa serviette, s'en servit pour s'essuyer le front...

Le couple à la bougie

L'inspecteur ne monta chez lui qu'une demi-heure plus tard. Sur la table, il trouva un billet couvert de caractères morses qui disait :

« Montez ce soir vers onze heures sur le toit,° sans être vu. Vous m'y trouverez. Pas de bruit. Soyez armé. Dites que je suis parti à Brest d'où je vous ai téléphoné. Ne quittez pas l'hôtel.—Maigret. »

Un peu avant onze heures, Leroy retira ses chaussures, mit des chaussons de feutre° qu'il avait achetés l'après-midi en vue de cette expédition qui n'était pas sans l'impressionner.

Après le second étage, il n'y avait plus d'escalier, mais une échelle° fixe que surmontait une trappe dans le plafond...

Quelques instants plus tard, il franchissait la lucarne,° mais n'osait pas tout de suite descendre vers la corniche.° Tout était froid. Au contact des plaques de zinc, les doigts se figeaient.° Et Leroy n'avait pas voulu s'encombrer d'un pardessus.

Quand ses yeux se furent accoutumés à l'obscurité, il crut distinguer une masse sombre, trapue,° comme un énorme animal à l'affût.° Ses narines° reconnurent des bouffées de pipe. Il siffla légèrement.

L'instant d'après, il était tapi° sur la corniche à côté de Maigret. On ne voyait ni la mer ni la ville. On se trouvait sur le versant° du toit opposé au quai, au bord d'une tranchée° noire qui n'était autre que la fameuse ruelle par où le vagabond aux grands pieds s'était échappé.

Tous les plans étaient irréguliers. Il y avait des toits très bas et d'autres à la hauteur des deux hommes. Des fenêtres étaient éclairées, par-ci, par-là. Certaines avaient des stores sur lesquels se jouaient comme des pièces d'ombres chinoises. Dans une chambre, assez loin, une femme lavait un tout jeune bébé dans un bassin émaillé.

La masse du commissaire bougea, rampa° plutôt, jusqu'à ce que sa bouche fût collée à l'oreille de son compagnon.

« Attention! Pas de mouvements brusques. La corniche n'est pas solide et il y a en dessous de nous un tuyau

le toit *roof*

le chausson de feutre *felt slipper*

une échelle *ladder*

franchir la lucarne *to jump over the dormer*
la corniche *ledge*
se figer *to stiffen*

trapu *stocky, thickset*
à l'affût (de) *in wait (for)/*
la narine *nostril*
tapi *crouched*

le versant *slope*
la tranchée *trench*

ramper *to crawl*

de gouttière° qui ne demande qu'à dégringoler° avec fracas°... Les journalistes?

—Ils sont en bas, sauf un qui vous cherche à Brest, persuadé que vous suivez la piste Goyard...

—Emma?...

—Je ne sais pas... Je n'ai pas pris garde à elle... C'est elle qui m'a servi le café après dîner ».

C'était déroutant de se trouver ainsi, à l'insu de° tous, au-dessus d'une maison pleine de vie, de gens qui circulaient dans la chaleur, dans la lumière, sans avoir besoin de parler bas.

« Bon... Tournez-vous doucement vers l'immeuble à vendre... Doucement... »

C'était la deuxième maison à droite, une des rares à égaler l'hôtel en hauteur. Elle se trouvait dans un pan° d'obscurité complète et pourtant l'inspecteur eut l'impression qu'une lueur° se reflétait sur une vitre sans rideau du second étage.

Petit à petit, il s'aperçut que ce n'était pas un reflet venu du dehors, mais une faible lumière intérieure. À mesure qu'il fixait le même point de l'espace, des choses y naissaient.°

Un plancher ciré... Une bougie à demi brûlée dont la flamme était toute droite, entourée d'un halo...

« Il est là, dit-il soudain en élevant le ton malgré lui.
—Chut!... Oui... »

Georges Simenon, *Le Chien jaune*

le tuyau de gouttière
 rain pipe/**dégringoler** *to fall*
le fracas *crash*

à l'insu de *unknown to*

le pan *patch*

la lueur *ray, gleam*

naissaient *were growing, could be seen*

Compréhension et discussion

1. À quoi ressemblait l'inspecteur Leroy?
2. Quelle est la profession de Maigret?
3. Comment l'inspecteur Leroy a-t-il passé sa soirée?
4. Comment est-ce que le patron trouvait sa maison? Pourquoi?
5. Que propose le pharmacien? Pourquoi?
6. Décrivez le pharmacien.
7. Quelle est la réaction des journalistes devant le commissaire?
8. D'après les journalistes qui est le coupable?
9. Où Maigret disparaît-il?
10. Que fait-il sur le toit?

Discussion ou composition

1. Où se passent les scènes et quels en sont les personnages?
2. Quelle opinion avez-vous de Maigret d'après sa description?
3. Simenon décrit l'indifférence nonchalante de Maigret et l'inexpérience de Leroy. Relevez les phrases et les mots qui mettent l'accent sur le contraste entre ces deux hommes.
4. D'après vous, quel genre de crime a été commis? Justifiez votre réponse avec des exemples pris dans le texte.
5. Que font Maigret et Leroy sur le toit? Qu'est-ce qu'ils espèrent trouver? Est-ce qu'ils le trouvent?
6. Par quels détails l'auteur nous fait-il comprendre que Maigret est un homme habile et adroit qui connaît bien son métier?
7. Qu'est-ce qui fait le suspense du récit?
8. Montrez comment le pharmacien essaie de jouer un rôle « de premier plan » et quel en est l'effet sur le patron du café?
9. Comment est-ce que Maigret traite les journalistes? Est-ce justifié? Expliquez pourquoi ou pourquoi pas.
10. En quoi consiste le danger d'aller sur le toit? Comment cela montre-t-il la persévérance pour résoudre les crimes que demande la profession de Maigret?

Composition

1. D'après ce texte, quelle impression avez-vous de Maigret? En dehors de ce texte, quelles autres connaissances avez-vous des commissaires, des inspecteurs et de la police en général? Donnez les noms de quelques inspecteurs célèbres.
2. Imaginez qu'on vous offre d'accompagner Maigret. Quelles seraient vos raisons d'accepter ou de refuser?
3. Montrez comment « l'observation des faits » joue un rôle important dans la profession de Maigret. Donnez des exemples précis pris dans le texte.
4. Faites le portrait du « coupable ». Imaginez exactement son crime, comment il l'a commis et comment l'inspecteur Leroy et le commissaire Maigret vont résoudre cette énigme.

Et maintenant...

1. Imaginez un crime que vous avez vu sur votre campus. Le commissaire Maigret arrive et fait une enquête. Il vous interviewe et demande votre assistance.
2. Faites une liste de six autres métiers ou professions où il y a un élément de danger et de risque. En quoi consiste le danger et quelle sorte de personnalité ou de caractère correspond à chaque emploi?

Une assistante d'ingénieur. Cela paraît plutôt un métier masculin et pourtant...

Assistante d'ingénieur

Assistante technique d'ingénieur. Voici une profession qui, à première vue,° ne doit guère faire rêver les jeunes filles. Il s'agit pourtant d'un métier presque exclusivement féminin et qui se révélera passionnant s'il est choisi en toute connaissance de cause.° À envisager lorsque l'on est forte en maths mais que l'on ne souhaite pas faire d'études longues; lorsque l'on est attirée par la technique tout en aimant les contacts humains; lorsqu'enfin, l'on souhaite un travail permettant des initiatives.

    Il faut savoir aussi que l'assistante d'ingénieur peut effectivement être la collaboratrice directe d'un ingénieur, qu'elle décharge° d'un certain nombre de tâches° administratives, scientifiques et techniques, mais qu'elle est très souvent employée au sein d'°une équipe (pour 70% d'entre elles) dont elle se voit surtout confier les rapports et la mise en forme des résultats. Peu de postes de recherche, également, et surtout des emplois dans des bureaux

à première vue *at first sight*

en connaissance de cause *with knowledge of the facts*

décharger *to unload, to relieve/***la tâche** *task, work*
au sein de *in the heart of*

d'études, des services technico-commerciaux, répartis° dans presque toutes les branches de l'industrie. **répartis** *divided*

Marie-France, vingt-neuf ans, célibataire. L'air encore d'une étudiante. Elle désirait être ingénieur et fit des études techniques au lycée de Lyon. Depuis cinq ans, elle travaille dans une société parisienne d'optique, comme adjointe° du directeur du département « instruments ». **un(e) adjoint(e)** *assistant*

« J'ai fait un an de classe préparatoire aux grandes écoles et j'avais senti alors que, pour une femme, cela représentait beaucoup d'études avec des débouchés très aléatoires.° Je crois en effet que les femmes sont défavorisées au départ si elles veulent rivaliser avec les hommes sur le même terrain qu'eux. Personnellement, je n'ai pas rencontré de difficultés, n'ayant jamais eu de rôle hiérarchique vis-à-vis des hommes, mais seulement un rôle de coordination. Un rôle qui demande de la souplesse° et m'apparaît bien adapté aux qualités féminines ». **aléatoire** *risky* **la souplesse** *flexibility*

La difficulté, pour Marie-France, a été de vaincre° sa timidité, d'apprendre à s'exprimer, art que l'on maîtrise mal « au sortir de l'école ». Grave inconvénient dans une profession exigeant généralement de nombreux contacts! **vaincre** *to overcome*

« J'ai débuté comme assistante du chef du service d'études et d'application d'une société de matières plastiques, avec, pour fonctions, la gestion° du bureau d'études, la documentation et le secrétariat technique. **la gestion** *management*

Je ne tapais° pas moi-même : je supervisais et constituais les dossiers. Au bout de deux ans, j'étais passée « assimilée cadre ». Mais j'ai quitté cet emploi l'année suivante car j'ai senti que je plafonnais.° On vous fait passer un échelon,° rarement deux. Alors, il faut changer. Car, pour obtenir une promotion, il faut savoir être mobile. Je n'ai pas hésité à partir pour Poitiers où je suis restée deux ans. Depuis lors, je suis cadre avec le niveau ingénieur ». **taper** *to type* **plafonner** *to reach the ceiling; here, to reach the highest level* **un échelon** *step*

Aujourd'hui, Marie-France s'occupe de gestion des bureaux d'études, de planification° des études et de recherche de documentation. **la planification** *planning*

« J'ai été choisie parmi cent-soixante candidats, dont beaucoup avaient des diplômes supérieurs de langues. Un choix que je dois à ma formation technique : je connaissais le dessin industriel et la mécanique, c'était un atout° majeur, car je suis obligée de savoir ce qu'on fabrique, et comment on le fabrique pour mon travail d'étude de rentabilité° ». **un atout** *asset* **la rentabilité** *profit-earning capacity*

Chantal, vingt-huit ans, célibataire. Une petite voix tout en douceur, mais affirmative; et du charme. Depuis juillet 1975, elle est assistante du directeur technique d'une fabrique de produits réfractaires.° Et elle préside l'Association Nationale des Assistantes d'Ingénieurs.

réfractaire *fireproof*

« Être technicienne et garder sa féminité, c'est difficile. Mais je suis convaincue qu'il faut tout de même rester femme. Les hommes, à priori, nous refusent dans le technique car ils ne nous font pas confiance; dans tous les cas, ils nous attendent au tournant! Mais quand je montre que je sais de quoi je parle, ils sont d'abord étonnés et puis ils se disent que, ma foi, c'est agréable d'expliquer à une femme! »

Chantal a débuté dans le métier à dix-huit ans et demi!

« J'ai d'abord été embauchée par Nord-Aviation, où je participe aux essais en vol, et rédige° les rapports d'essais et de contrôles en relation avec les ingénieurs et le laboratoire. J'ai quitté cette société au bout d'un an et demi, lors de sa fusion avec Sud-Aviation, car on ne m'offrait pas de promotion. Ensuite, durant trois ans et demi, les Pétroles B.P., dans le service des études économiques. J'y ai travaillé pendant près d'une année sur un rapport qui consistait à traduire en clair des résultats codés et comme on ne voulait pas me changer de poste, je suis partie. J'ai alors trouvé un emploi technico-commercial dans une entreprise fabriquant des groupes électrogènes : j'étais l'assistante du directeur des groupes. J'assurais le suivi° des affaires et le suivi des chantiers,° mais sans aller sur les chantiers! »

rédiger *to compose*

le suivi *follow-up*
le chantier *work yard*

Aujourd'hui, elle se trouve en contact avec les agents commerciaux pour les informations ou avec les directeurs d'usines. « Au début, je craignais de faire beaucoup de secrétariat. Heureusement, je me contente de classer les lettres auxquelles je réponds moi-même. Il n'empêche que les ingénieurs et les autres directeurs me présentent comme « la secrétaire de M.P. » Mais je rectifie toujours : « Non, l'assistante de M.P. » Car je suis obligée de me bagarrer° sans cesse. Et il en est ainsi depuis que je travaille. On a tendance à nous considérer comme des secrétaires ».

se bagarrer *to scuffle*

Chantal sait de quoi elle parle : en tant que présidente de l'Association Nationale des Assistantes d'Ingénieurs, elle est, mieux que personne, consciente du fait que, pour gravir les échelons, l'assistant doit parfaire° ses connaissances ou se spécialiser dans la branche de l'industrie qui l'emploie. Pour améliorer l'information sur sa profession, elle déploie° une grande activité.

parfaire *to perfect*

déployer *to exert*

Chantal termine sur cette note très optimiste : « Plus la formation d'assistant d'ingénieur est connue, plus elle est appréciée par les employeurs. Et chaque fois qu'ils ont eu l'occasion d'embaucher une diplômée, ils en redemandent! »

Geneviève Leclerc, reproduit de *Jacinte*

Compréhension et discussion

1. En quoi est-ce qu'il faut être fort(e) pour devenir assistant(e) d'ingénieur?
2. Quelles sont quelques responsabilités des assistant(e)s d'ingénieur?
3. Pourquoi Marie-France n'a-t-elle pas eu de difficultés avec les hommes dans son travail?
4. Quelle était la grande difficulté qu'elle a eue?
5. Pourquoi a-t-elle quitté l'emploi où elle était « assimilée cadre »?
6. À quoi doit-elle le fait qu'elle a été choisie parmi cent-soixante candidates?
7. D'après Chantal, pourquoi les hommes refusent-ils les femmes dans « le technique »?
8. À quel âge Chantal a-t-elle débuté dans le métier?
9. Où se trouve-t-elle aujourd'hui?
10. Quelle est sa fonction dans l'Association Nationale des Assistantes d'Ingénieurs?

Discussion ou composition

1. Expliquez la profession d'assistant(e) technique d'ingénieur.
2. Pourquoi pensez-vous que le rôle d'assistante technique d'ingénieur demande de la souplesse et paraît bien adapté aux qualités féminines?
3. Comment Marie-France est-elle arrivée au niveau où elle se trouve?
4. D'après Marie-France, pourquoi le dessin et la mécanique étaient-ils un atout majeur? Dans quelles autres professions pourraient-ils être utiles?
5. Marie-France nous dit qu'il faut savoir être mobile pour obtenir une promotion. Pourriez-vous vous déplacer souvent dans votre profession, ou est-ce qu'il est important pour vous de vivre dans un seul endroit?
6. Qu'est-ce que Chantal reproche le plus aux hommes de sa profession?
7. À votre avis, pourquoi Chantal craignait-elle de faire beaucoup de secrétariat? Connaissez-vous d'autres professions où le titre indique un emploi qui est plus prestigieux que la réalité?
8. Pourquoi Chantal est-elle si optimiste en ce qui concerne sa profession? À votre avis, a-t-elle raison? Pourquoi?
9. Quelle est la formation nécessaire pour un(e) assistant(e) technique d'ingénieur?
10. Quelle distinction fait-on entre les ingénieurs et leurs assistant(e)s? En quoi consiste la profession d'ingénieur?

Composition

1. Pourriez-vous personnellement envisager de devenir assitant(e) d'ingénieur? Pour quelles raisons?
2. Chantal est présidente de l'Association Nationale des Assistantes d'Ingénieurs. Quelle est l'importance des groupes qui représentent les métiers et les professions? Expliquez votre réponse et donnez des exemples d'autres associations professionnelles de votre pays.
3. À votre avis, pourquoi cette profession semblerait-elle faite plutôt pour un homme que pour une femme? Quelles sont d'autres professions où il y a beaucoup plus d'hommes que de femmes, mais où les femmes commencent à pénétrer?
4. Les deux femmes mentionnées dans le texte travaillent pour des sociétés assez importantes. Quels sont les avantages de travailler pour de telles sociétés? Y a-t-il des inconvénients?

Et maintenant...

1. Choisissez quatre professions et dites ce qu'il faut faire pour y avancer professionnellement. Est-ce que votre profession va occuper une grande place dans votre vie? Doit-elle être plus importante que votre famille, vos amis, votre vie sociale?
2. Faites trois listes: (1) professions où il y a la sécurité de l'emploi, mais pas beaucoup d'occasions d'avancement; (2) professions où on peut avancer, mais où on n'est pas sûr de l'avenir; et (3) professions où on s'amuse beaucoup, mais qui ne sont pas bien rémunérées et qui n'offrent pas de sécurité. Laquelle de toutes ces professions préféreriez-vous? Pourquoi?

Exercices récapitulatifs

A. *Dans les phrases suivantes remplacez l'article en italique par un adjectif possessif (*mon, ma, son, sa, leur, *etc.).*
   1. Elle est malade. Elle va chez *le* médecin tout de suite.
   2. Demandez un rendez-vous avec *le* professeur.
   3. Ces ouvriers sont en colère. Ils vont voir *l'*employeur.
   4. *La* domestique est malade. Donc, je ferai *le* ménage moi-même.
   5. *L'*avocat préféré vient de nous inviter chez lui.
   6. J'espère que *les* professeurs changeront la date de *l'*examen.
   7. L'eau coule partout! Heureusement *le* plombier arrive.
   8. *Le* patron est très content. *Les* employés travaillent bien.

B. *Répondez aux questions suivantes avec une phrase complète en employant un pronom possessif.*
   1. Mon mécanicien est en vacances. Où est le vôtre?
   2. Mes professeurs sont formidables! Comment sont les vôtres?
   3. Je suis avocat. Quelle est la profession de votre père?
   4. Ma voiture est vieille. Comment est la voiture de vos parents?
   5. Mon actrice préférée est Sophia Loren. Quelle est la vôtre?

C. *Complétez les phrases suivantes en employant l'article défini le, la, les, l' ou l'adjectif possessif.*
   1. L'alpiniste s'est cassé _____ bras gauche.
   2. Le conducteur garde toujours _____ chapeau sur _____ tête.
   3. Cet acteur a _____ yeux marron, _____ cheveux blonds et _____ teint mat.
   4. L'électricien s'est brûlé _____ mains.
   5. Le coiffeur va me couper _____ cheveux demain.
   6. Le fermier a mis _____ manteau parce qu'il faisait très froid.
   7. Regardez cette chanteuse. Elle a vraiment mal à _____ gorge.
   8. _____ nez lui fait très mal.

D. *Complétez les phrases suivantes en remplaçant les tirets par le possessif ou l'article défini qui convient.*
   1. Le pharmacien prépare _____ ordonnance.
   2. Es-tu malade? Le docteur va prendre _____ tension artérielle.
   3. L'avocat m'a appelé à _____ bureau.
   4. Ces pilotes savent bien piloter _____ avions.
   5. Il donne des conseils à _____ clients.
   6. Je vais parler à _____ secrétaire pour voir où elle a laissé _____ dossier.
   7. Ces musiciens ont oublié _____ musique.

E. *Dans les phrases suivantes mettez à ou de devant l'infinitif si c'est nécessaire.*
   1. L'avocat m'a conseillé _____ ne parler avec personne.
   2. L'agent de police a essayé _____ faire une enquête vendredi mais l'inspecteur l'a empêché _____ le faire.
   3. Le bijoutier continue _____ faire de beaux bracelets en or.
   4. Mon comptable s'habitue _____ voir toutes sortes d'erreurs de ma part.
   5. La vendeuse préfère _____ travailler dans une petite boutique parisienne.
   6. Cet architecte a réussi _____ faire de très beaux plans.
   7. La secrétaire a oublié _____ fermer le bureau à clé.
   8. Il vaut mieux _____ choisir une profession qui vous plaise, n'est-ce pas?

F. *Dans les phrases suivantes remplacez les noms en italique par les pronoms personnels qui conviennent. Attention à l'accord du participe passé.*
   1. La mère fait manger *son bébé.*

2. Le juge nous a fait savoir *la vérité*.
3. La coiffeuse s'est fait couper *les cheveux*.
4. L'inspecteur voit approcher *le commissaire Maigret*.
5. Il fait nettoyer *sa maison* par *sa domestique*.
6. La bibliothécaire laisse *les étudiants* parler dans *la bibliothèque*.
7. L'actrice a fait faire *sa robe par la couturière*.

I. *Questions de culture générale*
   1. Les professions libérales jouissent d'un plus grand prestige en France que les autres occupations. En est-il de même aux États-Unis? Discutez et donnez des exemples.
   2. Depuis longtemps, certaines professions semblent réservées aux hommes. Accepteriez-vous :
      a. que votre dentiste soit une femme?
      b. de subir une très grave opération de la main d'une chirurgienne?
      c. de prendre une avocate dans un procès très important pour vous?
   3. La grande majorité des ouvriers en France sont politiquement à gauche. Est-ce là une chose qui peut être modifiée? Que proposeriez-vous pour changer cette situation?
   4. Parmi les ouvriers du monde entier, la vie de l'ouvrier américain semble être la meilleure. Justifiez cette opinion et dites à quoi on peut attribuer cet état de choses. Donnez plusieurs raisons.

II. *Activités en groupes*
   A. Activités en petits groupes
      Faites deux listes de métiers qui vous plaisent et qui ne vous plaisent pas. Chaque liste doit avoir au moins dix métiers. Expliquez pourquoi vous aimez ou vous n'aimez pas ces métiers et donnez deux avantages et deux inconvénients pour chaque métier.

   B. Activités en groupes de deux
      Faites la description de cinq personnes qui exercent des professions libérales sans donner le titre de leur profession (médecin, avocat, ingénieur, etc.). Présentez ces descriptions en employant des termes techniques et le vocabulaire professionnel qui y correspond, et demandez aux autres étudiants de deviner « qui suis-je? »

III. *Composition écrite*
   Quelle est la différence essentielle entre une profession et un métier? Quelle profession (ou métier) désirez-vous exercer? Donnez les raisons de votre choix. Expliquez en quoi la profession ou le métier consiste et quelle en est la formation nécessaire. Combien voulez-vous être payé?

IV. *Situations*
   1. Vous êtes un patron qui cherche (a) un(e) secrétaire; (b) une réceptionniste; et (c) un vendeur pour votre magasin de chaussures. Inventez les annonces à mettre dans le journal.

2. Vous cherchez un emploi de votre choix. Préparez votre curriculum vitae.
3. Imaginez la scène suivante : vous venez de passer une heure dans la salle d'attente d'un médecin. Vous êtes furieux(-euse) mais très malade. Que dites-vous au médecin?
4. Vous êtes un avocat qui doit défendre un meurtrier. Vous savez qu'il est coupable, mais c'est votre devoir de le défendre. Inventez la plaidoirie (*case*) que vous faites devant la salle d'audience.

V. *Débats*
1. Les grèves des ouvriers.
2. Une profession où la rémunération consiste seulement en commissions.

Quelque chose de curieux
1. C'est en forgeant qu'on devient forgeron.
2. Il n'est point de sot métier.

Chapitre 10
Loisirs et vacances

Vocabulaire

Les vacances

aller en vacances *to go on a vacation*
partir en vacances *to go away on holiday*
passer de bonnes vacances *to spend a nice holiday*
passer ses vacances à la mer *to spend one's vacation at the seaside*
        à la montagne *in the mountains*
        à la campagne *in the country*
        à l'étranger *abroad*
faire un voyage *to take a trip*
faire une randonnée *to go for a walk, hike, ride, drive*
voyager en voiture *to travel by car*
       en train, en chemin de fer *by train*
       en avion *by plane*
       en autobus *by bus (within towns)*
       en car *by bus (between towns)*
       en bicyclette *to ride a bike*
faire de l'auto-stop, faire du stop *to hitchhike*
le sac à dos *knapsack, rucksack*
le sac de couchage *sleeping bag*
le poids lourd (le gros camion) *very large truck, freight truck*
passer une nuit à la belle étoile *to spend a night in the open, to spend a night under the stars*
dormir à la belle étoile *to sleep in the open, to sleep under the stars*
faire ses bagages *to pack*
faire ses valises *to pack one's suitcases*
descendre à un hôtel *to put up in a hotel*
faire une réservation *to make a reservation*

La voiture

une autoroute *major highway with toll, turnpike*
le tableau de bord *dashboard*
le changement de vitesse *gears*
passer en première, deuxième . . . *to shift into first, second . . . gear*

le phare *headlight*
tomber en panne *to break down*
le pneu(matique) *tire*
avoir une crevaison, crever *to have a flat tire*
se dégonfler *to go down (for tire), to deflate*
le cric *jack*
faire du cent à l'heure *to drive at a speed of 100 kilometers an hour (1,6 km = 1 mile)*

Les sports

faire du sport *to engage in sports*
pratiquer un sport *to practice a sport*
la course *running*
le jogging *jogging*
les sports d'hiver *winter sports*
faire du ski *to ski*
la natation *swimming*
nager *to swim*
le ski nautique *water skiing*
maigrir *to get thin, to lose weight*
faire du culturisme *to exercise, to keep in shape*
grossir *to get fat, to put on weight*
être mince *to be thin*
être maigre *to be skinny*
être gros *to be fat*
revigorer *to invigorate*
être bronzé *to be (sun)tanned*
le bronzage *(sun)tan*
être en forme *to be in shape*
la forme *form, shape*
le moniteur *instructor (sports), counselor*
la monitrice *instructor, instructress, counselor*
la période de réchauffement *warming up*
un exercice d'extension *stretching exercise*
prendre son pouls *to feel one's pulse*
garder la ligne *to keep one's figure*
perdre la ligne *to lose one's figure*

Quelques dangers des vacances

un empoisonnement *poisoning*
une abeille *bee*
la guêpe *wasp*
le venin *venom*
la crème solaire *suntan lotion*

le coup de chaleur *heatstroke*
le coup de soleil *sunburn*
une insolation *sunstroke*

Mise en train

I. *Proposez une autre solution pour les parties en italique dans les phrases suivantes.*
 1. Je déteste voyager *en avion*. Je préfère *la voiture*.
 2. L'année prochaine je passerai mes vacances *à la mer*.
 3. Pensez-vous qu'ils soient tombés en panne?
 4. La plupart des jeunes aiment *descendre à un hôtel*.
 5. Ils ne sont pas encore arrivés bien qu'ils *conduisent très vite*.
 6. *Le jogging* est excellent pour maigrir, n'est-ce pas?
 7. Il faut faire *des exercices d'extension* avant de commencer une séance de danse aérobique.
 8. Méfiez-vous *des coups de chaleur*.

II. *Que fait-on pour :*
 1. faire de l'auto-stop
 2. faire une réservation à un hôtel
 3. réparer un pneu crevé
 4. se bronzer
 5. passer une nuit à la belle étoile

Bien qu'ils soient loin de Paris et en vacances, les Français aiment bavarder et se reposer à la terrasse des cafés.

III. *Questions sur les photos. Répondez aux questions suivantes avec des phrases complètes.*
1. Choisissez une photo et décrivez-la en détail.
2. Considérez chaque photo et présentez un plaisir agréable qu'elle vous évoque.
3. Faites la même chose mais présentez un danger cette fois.
4. Les photos réprésentent des scenes de vacances. Quelles vacances préférez-vous et pourquoi?
5. Donnez un titre pittoresque à chacune des photos.

C'est un départ mouvementé.

Un début de vacances mouvementé I

Alors arrivèrent les vacances... L'usine fermait en août. Cette fois on n'irait pas chez la grand-mère à Troyes lui biner° ses carrés° et retaper° ses cabanes à lapin pour revenir avec des ampoules° et des tours de reins° ; on irait dans un hôtel à la campagne, comme les vraies gens qui vont en vacances, et on se reposerait pour de bon, du matin au soir, sans rien faire que respirer le bon air et faire des réserves de santé pour la rentrée°, on partirait le, on irait par, on mangerait à. Bref en un rien de temps ils avaient réussi à transformer la fête en un sacré emmerdement° On en parlait depuis Pâques; l'itinéraire; l'hôtel; le programme; l'horaire. Car ils avaient enfin la bagnole,° et le chef de famille était passé mécano° qualifié...

biner *to hoe/***le carré** *square piece of ground/* **retaper** *to repair*
une ampoule *blister/***le tour de reins** *back strain*
la rentrée *start of the new school year*
un emmerdement *nuisance (slang)*
la bagnole *car (familiar)*
le mécano *mechanic (familiar)*

Enfin on partit, tous en chœur entassés;° cette année, pour bien que tout le monde profite de la voiture et se rende compte que le père en avait une, personne n'avait été mis à la Colonie,° au diable l'avarice, et ça c'était bien dommage, les seules bonnes vacances qu'on prend c'est celles des autres.

Papa conduisait comme un cochon;° tous les autres chauffards° de la route le lui faisaient bien remarquer, et j'avais les jetons° chaque fois qu'il essayait de doubler° une bagnole; c'était une vieille traction° ce qu'on avait, il disait que ça devait doubler tout, à cause de la Tenue de Route°; la Tenue de Route ça devait être vrai, sinon avec papa elle n'y serait pas restée longtemps.

Chaque fois qu'un de ces excités sortait sa sale gueule° de sa quincaillerie° pour le traiter d'[imbécile], son aîné rougissait; il avait honte de son père; et depuis le début il était en fureur parce qu'on l'avait jamais laissé toucher à la précieuse mécanique; c'était un point sur lequel le père ne cédait° pas.

Toutes les vingt-cinq bornes° Patrick demandait qu'on lui laisse le volant,° rien qu'un peu, et le père répondait fermement que non.

—Je ferais au moins aussi bien que toi, dit Patrick, humilié une fois de plus car le père venait de se faire agonir° par un quinze tonnes.°

—J'avais la priorité! proclama le vieux,° en accélérant victorieusement au virage qu'il prit à la corde° à gauche, Dieu merci il ne venait personne en face.

—Un si gros que ça a toujours la priorité, fit remarquer Patrick. D'ailleurs il venait de droite, et on était dans une agglomération.°

—De droite, de droite! Je vais te la faire voir la droite, dit-il en la lâchant du volant pour l'envoyer dans la figure du rebelle; la mère serra sa Chantal sur son cœur en voyant arriver le platane,° le père rattrapa le volant à deux mains, de justesse,° le fils n'eut pas la beigne;° il profita aussitôt de la situation.

—De droite. La droite, c'est là, dit-il, en la montrant. De fait, c'est bien Patrick qui avait raison.

—Je sais ce que j'ai à faire, déclara le père, qui puisait dans° la tenue d'un volant une autorité nouvelle. Pendant un moment on tapa le cent dix° en silence.

—Pipi, dit Catherine.

—Ah non! dit le père.

—J'ai envie, dit Catherine, et elle se mit à pleurnicher.°

entassé *piled up*

la Colonie *summer camp*

conduisait...cochon *was driving badly (slang)*
le chauffard *reckless driver*
avoir les jetons *to be afraid (slang)*/**doubler** *to pass*/**la traction** *front-wheel drive*
la Tenue de Route *road-holding qualities*

une sale gueule *unpleasant face (slang)*/**la quincaillerie** *car (slang)*

céder *to yield*
la borne *kilometer (slang)*
le volant *steering wheel*

agonir *to hurl insults*/**le quinze tonnes** *large truck*
le vieux *father (familiar)*
prendre un virage à la corde *to cut a corner close*

une agglomération *town (administrative term)*

le platane *plane tree*
de justesse *barely*/**la beigne** *slap on the face (familiar)*

puiser dans *to draw from*
taper le cent dix *to drive at about 70 miles an hour (familiar)*

pleurnicher *to whimper*

—Tu attendras qu'on prenne de l'essence.

—Tu sais bien qu'elle ne peut pas attendre, dit la mère, plaintivement. Elle va faire dans sa culotte.°   **la culotte** *panties*

—Ah là là! dit le père, pour gagner encore un peu de temps.

Ou alors c'était Chantal qui avait mal au coeur;° elle ne supportait pas la voiture, et finalement il avait fallu la mettre devant avec la mère, près de la vitre, en cas.° Patrick était au milieu, entre le père et la mère. Moi derrière j'avais Nicolas sur moi, et la moitié de Catherine; les jumeaux étaient tassés dans l'autre coin, regardant le pays et échangeant leurs impressions dans leur javanais° à eux qu'ils s'étaient fabriqué pour qu'on ne les comprenne pas. Aux arrêts Nicolas cueillait des fleurs et les lâchait en l'air, pour voir si elles allaient s'envoler. On remontait dans la voiture, où le père resté s'impatientait en regardant sa montre.

avoir mal au coeur *to feel sick*

en cas *just in case*

le javanais *Javanese, here, slang (specifically, a slang formed by adding* av *or* va *to the syllables of words)*

—Avec vous autres j'arriverai jamais à tenir ma moyenne.°   **la moyenne** *average (speed)*

Patrick se mit à rigoler bruyamment.

—Toi je vais te laisser sur la route, dit le père. Je vais te laisser sur la route tu vas voir!

Il pensait que quitter sa belle voiture c'était un châtiment suprême.

—Oké, dit Patrick. J'aime mieux être orphelin que d'être mort.

Comme on n'était pas encore démarrés° il eut sa gifle.°

démarrer *to start the car*
la gifle *slap on the face*

Le père avait une faiblesse pour l'aîné de ses garçons, celui qui le continuait en somme; mais question voiture c'était un autre homme : plein d'allant,° de dynamisme, d'autorité : ça le révélait.

de l'allant *plenty of drive*

—Descends, dit-il en ouvrant la portière de droite, devant laquelle la mère achevait de reculoter Catherine.

—Maurice...dit la mère faiblement.

—Ça lui servira de leçon, dit le chef de famille. Ce morveux.° Ça lui servira de leçon, tiens.   **le morveux** *brat (familiar)*

Sur le bord de la route, Patrick jubilait.° Le père démarra, avec difficulté parce qu'il s'était mis dans un tas de sable. Aussitôt commença une scène avec la mère, qui trouvait qu'il avait été trop dur,° et qui voulait qu'on retourne. Lui ne voulait pas.

jubiler *to exult*

dur *tough*

—J'en ai marre° à la fin, de ce morveux. Toujours à critiquer ce que font les autres.   **J'en ai marre** *I'm fed up (familiar)*

Dans le fond ça le soulageait de ne pas l'avoir à côté de lui en train de lui faire remarquer toutes ses [idioties].

Nous on les remarquait aussi mais au moins on la bouclait.° Il s'offrait une petite récréation. Quand il eut assez profité, il se laissa fléchir.° « Il doit avoir compris maintenant », dit-il, et il exécuta sur la route un demi-tour qu'il valait mieux que Patrick n'ait pas vu, et il nous dit que les vitesses dans la traction ça grinçait° toujours.

    Patrick n'était plus où on l'avait laissé. Plantés de part et d'autre de la route le père et la mère observaient l'environ. Rien. L'angoisse s'établit. On appela, Paaatrick! Paaatrick! « Je te l'ai dit, disait la mère, que t'étais trop dur. Je le savais »; le père ne répondait pas. Moi, les jumeaux et Nicolas on avait trouvé un buisson de mûres° et on était dedans.

    —Vous pouvez pas nous aider à chercher plutôt, non? J'émis l'idée° qu'il s'était peut-être jeté dans la rivière, qui coulait non loin; mais dans le fond je n'y croyais pas. Cathy se mit à hoqueter.° Je dis qu'après tout on s'était peut-être trompés d'endroit, est-ce qu'il y avait bien cette bâtisse,° là, je ne me souvenais pas de l'avoir vue la première fois; les jumeaux dirent qu'ils étaient absolument sûrs qu'elle n'y était pas, ils avaient vu un transformateur. On réussit à faire remonter les vieux comme ça un bon bout de chemin, et à la fin ils ne savaient plus rien du tout. Le père décida de prévenir les gendarmes et les Recherches dans l'Intérêt des Familles,° si on peut dire dans le cas de Patrick. Et de continuer. La mère dit qu'elle resterait dans le village jusqu'à ce qu'on ait retrouvé « le petit », comme ils l'appelaient maintenant. Tous les péquenauds° du coin s'intéressaient à nous, la mère était entourée de bonnes femmes, il y a des bonnes femmes partout. Le père, conscient de ses responsabilités, décida qu'il conduirait les siens à destination d'abord, on ne pouvait pas faire courir les routes à de jeunes enfants comme ça, surtout la petite fille dans cet état, Cathy avait des convulsions, et qu'il reviendrait aussitôt pour les Recherches. Tout le monde s'intéressait à Patrick, « le Petit Disparu ». Le père disait : « J'ai été trop sévère, il est tellement sensible », les hommes parlaient de draguer° le fleuve.

la boucler *to shut up (familiar)*
se laisser fléchir *to relent*

grincer *to grind*

le buisson de mûres *blackberry bush*

émettre une idée *to present an idea*
hoqueter *to hiccup*

la bâtisse *building*

Recherches dans l'Intérêt des Familles *special police department that locates lost children*
le péquenaud *country bumpkin (familiar)*

draguer *to dredge*

Compréhension et discussion

1. Quand la famille est-elle partie en vacances?
2. Quel genre de vacances vont-ils prendre cette année-là?
3. Que faisaient les enfants les autres années?

4. Combien de personnes sont entassées dans la voiture? Donnez les noms des enfants si possible.
5. Pourquoi Patrick est-il très fâché contre son père?
6. Que signifie « avoir la priorité à droite »?
7. À quelle vitesse roule la voiture? Qu'en pensez-vous?
8. Pourquoi le père a-t-il fait descendre Patrick de la voiture?
9. Pourquoi le père est-il content de s'être débarrassé de Patrick pour un moment?
10. Pourquoi les hommes parlent-ils de draguer le fleuve?

Discussion ou composition

1. Quels projets les parents ont-ils faits pour ces vacances?
2. Qu'est-ce qui, pour Josyane, la narratrice, représente « un sacré emmerdement »?
3. Quelle est l'attitude des autres automobilistes vis-à-vis du père et pourquoi?
4. Patrick, le fils aîné, a environ 14 ans. Est-ce une bonne idée de lui permettre de conduire la voiture? Pourquoi?
5. Décrivez comment les parents et les enfants sont installés dans la voiture.
6. Quel semble être le comportement des Français vis-à-vis de la voiture d'après ce texte? Est-ce le même que celui des Américains? Discutez.
7. En quoi le fait d'avoir fait descendre Patrick de la voiture peut-il être une leçon comme le pense le père? A-t-il raison? Pourquoi?
8. Discutez le rôle de la mère dans cette famille. Est-elle une « femme libérée »?
9. Quelle semble être l'attitude des enfants vis-à-vis de leurs parents dans ce récit?
10. Imaginez ce qui a pu arriver à Patrick.

Composition

1. Êtes-vous en faveur des familles nombreuses comme celle du récit? Pourquoi ou pourquoi pas?
2. Vous êtes moniteur dans une colonie de vacances. Vous préparez une journée typique pour un groupe d'enfants de douze ans.
3. Faites une liste des fautes de conduite d'un chauffard.
4. Présentez la réaction des divers membres de la famille quand ils n'ont pas retrouvé Patrick où ils l'avaient laissé?

Et maintenant...

1. Imaginez que vous êtes Patrick. Vous racontez, à votre façon, ce départ en vacances à un ami. (Employez beaucoup de subjonctifs.)
2. Faites exactement le même récit de ce départ mais en employant le vocabulaire familier et l'argot qui figurent dans le texte.

Un début de vacances mouvementé II

On le rencontra plus loin à un croisement, assis sur un parapet de pont, et mangeant des pommes.

—Ben vous allez pas vite, nous dit-il avec mépris° quand on s'arrêta à sa hauteur. Ça fait bien une heure que je vous attends.

—Ben où que t'as passé? dit le père complètement sur le cul.°

—Je vous ai doublés, dit Patrick. C'était pas difficile. Et ça l'aurait été encore moins si t'avais pas roulé en plein sur le milieu de la route. J'allais repartir, je commençais à en avoir marre.

—Non mais tu te [fiches]° de notre gueule? éclata le père. Je vais te relaisser là, moi!

—Maurice...supplia la mère. Allez, monte, dit-elle à Patrick, en descendant avec sa Chantal en toute hâte pour le lui permettre. Dépêche-toi, ton père a déjà perdu assez de temps avec toi.

Patrick monta dignement, regardant tout avec dédain.

—J'étais dans une Cadillac, dit-il au bout d'un moment, bien que personne lui ait rien demandé. Ça c'est de la suspension, ajouta-t-il après un passage de pavés.

—T'aurais tout de même pu nous attendre, dit la mère; tu savais bien qu'on reviendrait te chercher. On se demandait où t'étais passé.

—Josyane a dit que tu t'étais jeté dans la rivière, moucharda° Chantal à tout hasard.

—J'y croyais pas vraiment, dis-je, ç'aurait été trop beau.

—Patrick nous ferait pas ce plaisir, dirent les jumeaux.

Mais Patrick ne s'occupait pas de nos bavardages;° il expliquait tout ce qu'il y avait dans la Cadillac, qui n'était pas dans celle-ci.

—Et les vitesses peuvent pas grincer même avec la dernière des cloches,° fit-il remarquer comme le père passait en troisième, vu qu'elles sont automatiques.

—Pourquoi tu y es pas resté? dis-je, en ayant marre. Pourquoi t'es revenu avec des minables° comme nous? Pourquoi t'y es pas resté dans ta Cadillac? Patrick négligea l'interruption et continua sur les boutons du tableau de bord.

—Pourquoi tu y es pas resté, pourquoi tu y es pas resté, se mirent à chanter les jumeaux, couvrant sa voix.

le mépris *scorn*

être sur le cul *to be flabbergasted (slang)*

se ficher de *to make fun of (familiar)*

moucharder *to squeal (familiar)*

le bavardage *chatter*

la cloche *dumbbell (slang)*

un minable *pathetic person (familiar)*

—Oh bouclez-la, dit le père qui cherchait ses lumières car la nuit tombait, on n'y voit rien.

—C'est la mauvaise heure, lui dit sa femme, en veine de° converser. Entre chien et loup.°

—Dans la Cadillac, dit Patrick, les phares s'allument automatiquement quand le jour baisse.

—La ferme,° dit le père, avec ta Cadillac.

—Patrick nous les casse,° dirent les jumeaux, Patrick nous les casse, Pa-trick-noulékass, Pakass nous les trique, tricasse les patates . . .

—Allez-vous vous taire! dit la mère. Ah ces gosses!°

—On n'est jamais tranquilles avec ça! Même en vacances!

—Y ne nous laissent même pas profiter du moment.

—Dire qu'il faut traîner° ça! soupira le père accablé.°

—Pourquoi que tu nous as faits? dit parmi les soupirs la petite voix de Nicolas, supposé endormi.

Ils ne répondirent pas. On entendit des gloussements.° C'était nous, pour un instant unis dans une douce rigolade. On avait tout de même quelque chose en commun. Les parents.

Il se mit à pleuvoir et on creva. Le père nota qu'on avait assez de pot,° c'était le premier pépin,° un pépin en quelque sorte normal et courant, dit-il en faisant marcher le cric, sous la flotte°. Patrick tenait la lampe.

—Dans la Cadillac, dirent les jumeaux, quand un pneu crève, un autre pneu vient se mettre à la place tout seul.

Néanmoins, Patrick resta avec nous. La nuit, il n'avait jamais été très fortiche.°

On arriva. On réveilla l'hôtel. Le patron avait donné une des chambres, ne nous voyant pas arriver, en saison on ne peut pas garder des chambres vides. On s'installa dans deux, en attendant un départ. Le lendemain, les vacances commencèrent. Je m'attendais à aimer la Nature. Non.

C'était les mêmes gens, en somme, que je voyais d'habitude, qui étaient là. La différence est qu'on était un peu plus entassés ici dans ce petit hôtel qu'à Paris où on avait au moins chacun son lit; et qu'on se parlait. Comme ils disaient, en vacances on se lie° facilement. Je ne vois pas comment on aurait pu faire autrement, vu qu'on se tombait dessus sans arrêt, qu'on mangeait ensemble à une grande table, midi et soir, et que dans la journée on allait pratiquement aux mêmes endroits. Avec ça qu'on n'avait rien à faire du matin au soir, puisque justement on était là

en veine de *in the mood for doing something/* **entre chien et loup** *in the twilight (familiar)* **la ferme** *shut up (familiar)* **casser les pieds à quelqu'un** *to bore someone stiff (slang)*

les gosses *kids (familiar)*

traîner *to drag along/* **accablé** *worn out, overwhelmed*

le gloussement *chuckle*

avoir du pot *to be lucky (slang)/***le pépin** *trouble* **la flotte** *water; here, from rain (familiar)*

fortiche *crafty, smart, brave (slang)*

se lier *to make friends*

pour ça, et même il n'y avait pas de télé pour remplir les moments creux,° avant les repas, alors ils se payaient des tournées° et causaient; et entre le dîner et l'heure d'aller au lit, car si on va au lit juste après manger, comme il y en avait toujours un pour le faire remarquer à ce moment-là, on digère mal; alors on allait faire un tour dehors, sur la route, prendre l'air avant de rentrer : c'était sain, disaient-ils, ça fait bien dormir; c'est comme de manger une pomme, et de boire un verre de lait, ajoutait l'un, et la conversation partait sur comment bien dormir.

les moments creux *slack times*
se payer des tournées *to pay in turn for drinks (familiar)*

Moi je dormais plutôt mal dans le même lit que mes sœurs, Catherine avec toujours ses sacrés cauchemars,° qui sautait, et Chantal avec ses sacrés ronflements;° et je ne pouvais même pas bavarder avec Nicolas, qui était dans l'autre pieu° avec ses frères.

le cauchemar *nightmare*
le ronflement *snoring*
le pieu *bed, sack (slang)*

Le pays était beau, disaient-ils. Il y avait des bois, et des champs. Tout était vert, car l'année avait été humide. Les anciens, qui étaient arrivés avant nous, nous indiquaient où il fallait aller, comment visiter la région. On faisait des promenades; on allait par le bois et on revenait par les champs; on rencontrait les autres qui étaient allés par les champs et revenaient par le bois. Quand il pleuvait papa faisait la belote avec deux autres cloches, également en vacances. Les gosses jouaient à des jeux [stupides]. Les femmes à l'autre bout de la table parlaient de leurs ventres.

—En tout cas on se repose. Et puis il y a de l'air, disaient-ils. Pour les enfants.

Je ne me souvenais pas d'avoir manqué d'air à la Cité. En tout cas pas au point de [m'emmerder]° tellement pour aller en chercher ailleurs.

s'emmerder *to be bored stiff (familiar)*

Quel malheur qu'on ne m'ait pas donné de devoirs de vacances! Des arbres à planter en quinconce° le long d'allées qui se croisent. Des fontaines remplissant des bassins. Des conjugaisons. Le verbe s'ennuyer, si difficile : où met-on le yi?

planter en quinconce *to plant in alternate rows*

J'essayai de m'en inventer; mais ça ne marchait pas; les devoirs, ça doit être obligé, sinon c'est plus des devoirs c'est de la distraction et comme distraction les devoirs c'est barbant.°

barbant *boring (familiar)*

—Promène donc Nicolas tiens, qu'on ne soit pas obligé de le traîner.

Nicolas et moi, on ne trouvait même rien à se dire, je ne sais pas pourquoi, parce qu'enfin à Paris, il n'arrivait pas tellement de choses non plus si on veut bien regarder. C'était peut-être l'air : ils disaient aussi que le Grand Air, ça fatigue.

—Pourquoi on rentre pas à la maison? dit Nicolas.
—Parce qu'on est en vacances.

Christiane de Rochefort, *Les Petits Enfants du siècle*

Compréhension et discussion

1. Où et comment la voiture familiale a-t-elle enfin rejoint Patrick?
2. Qu'est-ce que Patrick a fait pendant qu'on le cherchait?
3. Pourquoi le père est-il exaspéré par la Cadillac?
4. Quels sont les avantages que présente une Cadillac par rapport à la voiture familiale selon Patrick et les enfants?
5. Que se passe-t-il lorsqu'ils ont une crevaison?
6. Pourquoi le patron de l'hôtel a-t-il donné une des chambres réservées par la famille?
7. Selon Josyane, la narratrice, pourquoi est-il facile de se lier avec les gens de l'hôtel où on est descendu pendant les vacances?
8. Pourquoi Josyane regrette-t-elle l'absence de la télévision à l'hôtel?
9. Comment la famille passait-elle le temps quand il pleuvait?
10. Pourquoi Josyane veut-elle faire des devoirs de vacances?

Discussion ou composition

1. Décrivez l'attitude physique et mentale de Patrick lorsqu'il retrouve sa famille.
2. Décrivez la réaction des parents après qu'ils ont retrouvé leur aîné.
3. Qu'auriez-vous dit à Patrick si vous aviez été son père? sa mère?
4. Qu'est-ce qui montre que les parents ne semblent pas heureux d'avoir tant d'enfants?
5. Qu'est-ce que les gens de l'hôtel proposent de faire après le dîner pour bien dormir?
6. Quelles seraient vos suggestions pour bien dormir?
7. Pour quelles raisons Josyane n'est-elle pas satisfaite de partager la chambre de ses soeurs?
8. Connaissez-vous deux jeux pour enfants de 10–12 ans qui ne soient pas stupides? Lesquels?
9. Conjuguez le verbe *s'ennuyer*, que Josyane trouve très difficile, au présent de l'indicatif et au présent du subjonctif.
10. Josyane doit garder son petit frère Nicolas. Est-ce juste de demander aux soeurs aînées de faire du babysitting pour leurs petits frères ou soeurs? Pourquoi?

Composition

1. Décrivez l'arrivée de la famille à l'hôtel.
2. Imaginez que vous soyez dans la voiture. Il fait nuit, il pleut, un pneu crève. Que faites-vous?
3. Décrivez une journée typique des vacances de la famille à l'hôtel.
4. Donnez votre opinion sur ce départ mouvementé. Pensez-vous qu'il soit préférable de prendre le train ou l'avion avec une si grande famille? Pourquoi ou pourquoi pas? (Considérez les deux moyens de transport.)

Et maintenant...

1. Imaginez que vous soyez Patrick. Vous racontez à votre meilleur ami ce que c'est que d'être le fils aîné d'une si grande famille ou comment vous avez passé vos vacances à l'hôtel.
2. Vous êtes un des estivants à l'hôtel où la famille nombreuse vient de s'installer. Vous racontez, dans une lettre, à des amis, restés à Paris, vos impressions de cette famille.

Les dangers de la belle saison

Comment résister à l'envoûtante° magie du soleil et de la terre? Mais, dans leur hâte de jouir de cette saison belle entre toutes, les gens s'exposent innocemment à une myriade de dangers, certains insignifiants, d'autres, hélas! mortels. Pour vous éviter de gâcher° votre été, nous vous indiquons ici quelques-unes des choses dont vous devez vous méfier.

Barbecues. La graisse qui dégoutte des aliments que vous cuisez sur charbon de bois peut s'enflammer. Ayez donc toujours, parmi vos accessoires, une bouteille d'eau munie d'un gicleur° et, si possible, un petit extincteur ou une bonne provision de bicarbonate de soude. N'arrosez jamais la braise° de liquide d'allumage, car la flamme pourrait remonter le long du jet jusqu'au contenant et le faire exploser. Arrosez aussi également que possible le charbon froid, attendez quelques minutes pour qu'il s'imprègne bien, puis allumez. Étalez° le charbon pour élargir le lit de braises.

Empoisonnements alimentaires. Gardez votre pique-nique au chaud ou au froid, mais non à une température intermédiaire. Les bactéries raffolent des aliments tièdes.°

envoûtant *bewitching*

gâcher *to spoil*

le gicleur *spraying nozzle*

la braise *live charcoal*

étaler *to spread*

tiède *lukewarm*

Les dangers de la belle saison 227

Attention, chien méchant! En plus, méfiez-vous de l'herbe à puces, des abeilles, des guêpes, des araignées, du soleil, des tondeuses à gazon. Amusez-vous bien quand même!

Plantes vénéneuses. En Amérique du Nord, il y en a des centaines qui vous rendront malade si vous en mangez. Par exemple : les branches de cerisier,° les feuilles de pêcher° et de rhubarbe, les boutons d'or° et les bulbes d'iris, sans compter bon nombre de champignons. Il ne faut donc jamais manger ni mâchonner une plante sans être certain qu'elle est sans danger. Et si, malgré tout, vous êtes victime d'un empoisonnement, appelez immédiatement un médecin ou un centre antipoisons.

le cerisier *cherry tree*
le pêcher *peach tree*/**le bouton d'or** *buttercup*

L'herbe à puces,° très répandue dans nos régions, est une petite plante arborescente ou grimpante dont les feuilles brillantes, disposées par groupe de trois, portent souvent de petites baies blanches. Son contact peut causer des rougeurs, de vives démangeaisons et des ampoules... Si vous avez le malheur de vous frotter° à l'une de ces plantes, lavez la partie affectée aussitôt que possible à l'eau et au savon fort, puis enduisez°-la d'une lotion calmante.

une herbe à puces *poison oak*

se frotter *to rub*

enduire *to coat*

Insectes. Abeilles et guêpes attaquent rarement sans provocation. Mais si vous êtes piqué, sachez que la guêpe a un dard° lisse, qu'elle ne perd d'ailleurs pas, tandis que l'aiguillon de l'abeille est barbelé et reste fiché° dans la peau. Il vaut mieux le retirer en grattant° délicatement la peau avec l'ongle, plutôt que de presser ou d'utiliser des pinces, ce qui pourrait faire pénétrer une plus grande quantité de venin dans la plaie.° Pour réduire l'enflure° et la démangeaison, badigeonnez° la zone affectée de boue, de pâte de bicarbonate de soude, de salive ou de glutamate monosodique. Si, après une ou plusieurs piqûres, vous commencez à souffrir d'un violent mal de tête, de nausées ou d'étourdissements,° voyez un médecin ou allez à l'hôpital sans délai : le venin de ces insectes est très puissant, et vous y êtes peut-être allergique. Traitez de la même façon toutes les piqûres d'insectes.

le dard *sting*
fiché *stuck*
gratter *to scratch*

la plaie *wound, cut*/**une enflure** *swelling*
badigeonner *to cover, to smear*

un étourdissement *dizzy spell*

Araignées. La veuve noire femelle, araignée qu'on identifie à sa tache jaune ou rouge en forme de sablier,° est venimeuse. Si vous êtes mordu, lavez la plaie à l'eau froide et au savon et voyez un médecin.

le sablier *hourglass*

L'eau. Ne surchargez° jamais un bateau et ne laissez aucun des passagers se lever ou s'asseoir sur le bord de l'embarcation. Si vous tirez un skieur, prenez une autre personne à bord : vous ne pouvez pas à la fois piloter et surveiller° le skieur. N'utilisez que des vestes de sauvetage homologuées° par un organisme compétent, ayez-en une pour chaque passager et exigez que tous la portent, qu'ils sachent nager ou non. À peu près tous les bateaux flottent une fois retournés.° Si vous chavirez,° n'essayez pas de

surcharger *to overload*

surveiller *to watch*
homologué *approved*

retourné *turned over*/**chavirer** *to capsize, to overturn*

redresser l'embarcation; accrochez-vous au bord, gardez la tête hors de l'eau et regagnez le rivage en battant des pieds.

Le soleil. Soyez patient. Évitez de vous exposer entre 10 heures et 15 heures ou enduisez-vous d'une bonne crème solaire, car c'est la période de la journée où la densité de rayons ultra-violets est la plus forte. Et n'oubliez pas que la sueur,° l'eau, le sable et le frottement contre les vêtements ou la serviette de plage enlèveront peu à peu la couche° de crème que vous avez appliquée. Si vous jouez ou travaillez au grand soleil, portez des vêtements de couleur claire et un chapeau pour éviter l'insolation. Et surtout, sachez vous arrêter à temps. L'insolation provoque des maux de tête et de la fièvre. La peau s'assèche,° le pouls s'accélère. Si vous éprouvez ces symptômes, couchez-vous et demandez à quelqu'un de vous appliquer des compresses humides jusqu'à ce que vous puissiez être hospitalisé.

Le coup de chaleur, par contre, se manifeste par une sensation de faiblesse, une forte transpiration, des nausées et parfois des crampes. Pour y remédier, couchez-vous et buvez tous les quarts d'heure pendant une heure de l'eau salée (1/2 cuillerée à thé de sel dans 1/2 verre d'eau).

Tondeuses à gazon.° Vous pouvez vous prémunir contre la plupart des accidents en vérifiant avant de commencer qu'aucun objet, métallique ou autre, ne traîne dans l'herbe et en portant un pantalon et des chaussures pour travailler. Quand vous lancez le moteur, placez vos pieds à bonne distance des lames.° Ne tondez jamais une pelouse° humide : l'herbe mouillée est glissante et conduit très bien l'électricité. Coupez le courant chaque fois que vous faites un réglage° ou que vous vous éloignez, ne serait-ce que 30 secondes. Pour remplir le réservoir, attendez que le moteur soit froid et faites-le toujours à l'extérieur. Enfin, tenez-vous à l'écart° de l'ouverture latérale pour ne pas risquer d'être atteint par les objets durs que peut projeter la tondeuse.

La foudre.° Elle frappe d'ordinaire au point le plus élevé, alors ne vous abritez° pas sous un arbre pendant un orage. Si vous êtes à bicyclette, abandonnez-la et courez vous mettre à l'abri. Ne vous approchez ni des clôtures métalliques ni des câbles téléphoniques. Si vous êtes dans ou sur l'eau, regagnez la terre ferme.° Ne jouez pas au golf, car votre canne pourrait attirer la foudre. Réfugiez-vous à l'intérieur d'un bâtiment ou d'une auto (et fermez les fenêtres) ou encore dans un fossé.° Si l'orage vous surprend en rase campagne,° mettez-vous à genoux, les pieds collés l'un contre l'autre et baissez la tête, mais ne vous couchez pas.

la sueur *sweat*

la couche *layer*

s'assécher *to dry out*

la tondeuse à gazon *lawnmower*

la lame *blade*/**la pelouse** *lawn*

le réglage *adjustment*

à l'écart *away from*

la foudre *lightning*
s'abriter *to take shelter*

la terre ferme *solid ground*

le fossé *ditch*
en rase campagne *in open country*

Chiens méchants. Le plus souvent, le chien gronde pour vous éloigner de son territoire et se calmera si vous continuez à marcher sans vous presser.° Essayez de l'apaiser en lui parlant d'une voix douce, sans vous arrêter ni hâter le pas. Ne balancez pas les bras. Si le chien s'entête,° tournez-vous de côté, de façon à réduire la zone vulnérable à l'attaque, et criez : « Assez! couché!° » Si cela échoue, mieux vaut battre calmement en retraite.° Les morsures de chien doivent être lavées à l'eau et au savon, et montrées à un médecin.

se presser *to hurry (up)*

s'entêter *to persist*

couché *down!*

battre...en retraite *to fall calmly back*

Dan Carlinsky, Condensé de « *The Toronto Star* », Sélection du *Reader's Digest*

Compréhension et discussion

1. De quelles choses doit-on se méfier à la belle saison? Donnez au moins trois choses.
2. De quoi a-t-on besoin pour faire un barbecue sans danger?
3. À quelle température faut-il garder son pique-nique et pourquoi?
4. Quelles sont les plantes vénéneuses qui vous rendront malade si vous en mangez?
5. Quels sont les problèmes que causent les contacts avec l'herbe à puces?
6. Les abeilles sont-elles plus dangereuses que les guêpes? Pourquoi?
7. Qu'est-ce qu'une « veuve noire » et que faire si elle vous a mordu?
8. Faut-il tondre une pelouse humide? Savez-vous pourquoi?
9. En cas d'orage violent que faut-il faire tout d'abord?
10. Comment réagir si un chien méchant vous montre les dents et gronde?

Discussion ou composition

1. Discutez les précautions qu'il faut prendre avec les barbecues.
2. Comment reconnaît-on l'herbe à puces?
3. Que faire si on est entré en contact avec l'herbe à puces?
4. Y a-t-il des désavantages à porter une veste de sauvetage lorsqu'on est sur un bateau? Lesquels?
5. Quels sont les dangers du soleil encore plus graves dont l'article ne parle pas directement?
6. Les dangers de la tondeuse à gazon sont plus réels aux États-Unis ou au Canada qu'en France. Pourquoi?
7. Vous êtes en rase campagne. Un orage éclate. Que faites-vous?
8. À votre avis, un chien qui gronde peut-il être apaisé par une voix douce ou par un ton impératif?

9. Aux États-Unis, quand un chien a mordu plusieurs personnes on finit par le faire mourir. Qu'en pensez-vous? N'y aurait-il pas d'autres solutions?
10. Voyez-vous d'autres dangers de la belle saison dont le texte ne parle pas? Lesquels?

Composition

1. Vous vous préparez à piloter un bateau pour faire du ski nautique avec des amis. Quelles précautions allez-vous prendre?
2. Donnez des conseils à vos amis pour éviter les dangers du soleil. (Commencez par : Il faut que vous...et employez beaucoup de subjonctifs.)
3. Vous racontez à vos amis ce que vous avez fait pendant un pique-nique quand un orage a éclaté.
4. Écrivez ce que vous savez sur les chiens : leur degré d'intelligence, leurs instincts, la race que vous préférez, si vous aimeriez en avoir un ou comment est le vôtre, etc....

Et maintenant...

1. Sans vous reporter au texte, essayez de faire le bilan rapide de ce que vous avez appris sur les insectes, les chiens méchants, les barbecues et les tondeuses à gazon.
2. Le soleil, ses dangers et aussi ses bienfaits : faites une liste et discutez.

Exercices récapitulatifs

A. Dans les phrases suivantes remplacez les tirets par la forme correcte du subjonctif présent des verbes entre parenthèses.
   1. Il faut que vous _____ (*passer*) vos vacances en Corse, c'est une île magnifique.
   2. Nos parents ne veulent pas que nous _____ (*voyager*) seules.
   3. Il se peut qu'ils _____ (*finir*) leur voyage en chemin de fer.
   4. Je doute que nous _____ (*prendre*) nos vacances en août l'an prochain.
   5. Elle ne croit pas que vous _____ (*avoir*) besoin d'un passeport.
   6. Nous emporterons notre crème solaire pour que tu ne _____ (*prendre*) pas de coups de soleil.
   7. Ils craignent qu'il _____ (*pleuvoir*) trop pour dormir à la belle étoile.

B. Dans les phrases suivantes remplacez les tirets par la forme correcte du subjonctif présent des verbes entre parenthèses.
   1. Bien qu'il _____ (*faire*) beau, nous n'irons pas à la plage.

232 Loisirs et vacances

2. Malgré que nous _____ (*aller*) à la montagne, nous comptons bien nous amuser.
3. Nos amis passerons un mois à l'île de Ré, pourvu qu'ils _____ (*pouvoir*) faire une réservation à temps.
4. Il faudra regarder le tableau de bord très souvent pour que vous _____ (*savoir*) quelle est votre vitesse.
5. Pour que vous n' _____ (*avoir*) pas d'ennuis sur la route, faites réviser votre voiture.
6. Nous passerons nos vacances à l'étranger, à moins que nos parents ne le _____ (*vouloir*) pas.
7. Afin que tu _____ (*être*) en forme, fais de la danse aérobique et du jogging.

C. *Dans les phrases suivantes mettez les verbes en italique au subjonctif passé. Attention à l'accord du participe passé.*
1. Bien qu'ils *se reposent* du matin jusqu'au soir, ils sont encore très fatigués.
2. Le père a attendu jusqu'à ce que ses enfants *descendent* de la voiture.
3. Nous ne pensons pas que Josyane *aime* sa grande famille.
4. Ils se peut qu'ils *répondent* à nos lettres.
5. Nous sommes enchantés qu'ils *se détendent* au bord de la mer.
6. Il est possible que vous *puissiez* apaiser le chien en lui parlant doucement.

D. *Complétez les phrases suivantes avec le subjonctif ou l'indicatif du verbe entre parenthèses.*
1. Il me semble qu'elle _____ (*faire*) trop d'exercices violents.
2. Ils sont contents que vous _____ (*savoir*) faire la cuisine.
3. Il est probable qu'ils _____ (*faire*) la traversée en avion l'année prochaine.
4. Il est certain que l'auto-stop _____ (*être*) dangereux.
5. J'espère que vous _____ (*pouvoir*) venir nous rendre visite à Saint-Tropez dans un mois.
6. Ont-ils dit qu'il _____ (*falloir*) emporter un sac de couchage?
7. Il semble que nos vacances _____ (*être*) trop courtes.
8. Ne pensez-vous pas qu'elles _____ (*aller*) à Londres? Non, je ne pense pas qu'elles y _____ (*aller*).

E. *Complétez les phrases suivantes.*
1. Il est curieux que...
2. Il est regrettable que...
3. Il est peu probable que...
4. Il a dit que...
5. Il n'est pas évident que...
6. Il est évident que...

F. *Répondez aux questions suivantes avec des phrases complètes.*
1. Qu'est-ce qu'il faut que vous fassiez, vous et votre ami, avant de partir en vacances à l'étranger?
2. Pensez-vous que les vacances en famille soient aussi peu intéressantes que les jeunes en pensent? Répondez (a) positivement, (b) négativement.
3. Est-il probable que vous alliez en France l'été prochain? Répondez (a) positivement, (b) négativement.

4. Est-il essentiel qu'on aille voir un médecin lorsqu'on a été piqué par une abeille? Répondez (a) positivement, (b) négativement.

I. *Questions de culture générale*
   1. En France, la tradition veut que presque tout soit fermé en août (usines, magasins, ateliers, etc.) dans les grandes villes. Cette coutume crée de grands problèmes pour la grande ville. Lesquels?
   2. Beaucoup de Français vont alors en vacances sur les plages de l'Atlantique et de la Méditerranée. Quels problèmes se posent alors pour les petites villes de bord de mer?
   3. Le gouvernement français est en train de considérer ce problème « brûlant ». Proposez des solutions pour l'aider à le résoudre.
   4. Discutez le rôle du sport dans la vie des Américains.

II. *Activités en groupes*
   A. Activités en petits groupes
      1. Considérez les formes de loisirs que les Américains semblent préférer.
      2. Faites un sondage pour voir comment les étudiants de votre classe occupent leurs loisirs. Demandez à chacun d'expliquer leurs choix.
      3. Considérez les raisons sociales, économiques et culturelles pour lesquelles les États-Unis sont le pays de la voiture par excellence.
      4. Discutez le problème de « garder la ligne » aux État-Unis et toutes ses ramifications : régime, exercices physiques, abondante littérature sur le sujet, sports, spas, etc.
   B. Activités en groupes de deux
      Un ami français va venir vous rendre visite pour trois semaines. Vous voulez lui montrer votre région. Préparez l'itinéraire pour : (1) une semaine dans votre ville et (2) deux semaines sur la route. Que faites-vous? À qui rendez-vous visite? Que visitez-vous? Comment vous déplacez-vous? En route, où passez-vous la nuit? Où vous arrêtez-vous et pourquoi, etc...?

III. *Composition écrite*
   Racontez ou inventez un voyage en voiture, amusant ou mouvementé, qui vous a laissé de bons souvenirs.

IV. *Situations*
   1. Vous arrivez très tard à l'hôtel où vous avez retenu deux chambres pour vous et trois amis. L'hôtelier a donné une des chambres à quelqu'un d'autre. Vous discutez la situation avec l'hôtelier pour trouver des solutions.
   2. Vous faites de l'auto-stop avec une amie. Une cadillac s'arrête pour vous prendre et son occupant vous propose d'aller passer la nuit chez lui. Vous discutez avec votre amie pour décider.
   3. Vous êtes sur la route. Un violent orage avec éclairs et tonnerre éclate. Que faites-vous?
   4. Vous êtes médecin. Vous conseillez à un homme de 45 ans qui pèse 250 livres de perdre du poids. Que doit-il faire? Quels sports conseillez-vous? Quels sont les dangers de rester si gros? etc.

V. *Débats*
    1. Des vacances dans votre pays ou des vacances à l'étranger.
    2. La mer et la plage ou la montagne et les forêts pour vos vacances.

Quelque chose de curieux
1. Ce n'est pas tous les jours fête.
2. Santé passe richesse.
3. Qui va à la chasse perd sa place.

Chapitre 11

France, Canada, États-Unis

Vocabulaire

L'histoire et les institutions

une indépendance *independence*
un(e) patriote *patriot*
patriotique *patriotic*
un héritage *inheritance*
les droits de l'homme *human rights*
les ancêtres *ancestors*
la généalogie *genealogy*
une identité *identity*
un avenir *future*
une élection *election*
un(e) ambassadeur(-drice) *ambassador*
le défilé *procession*
le fisc *IRS (French)*
un impôt *tax (generally contribution, on income, for instance)*
la taxe *tax (generally incidental tax—luxury tax, for instance)*

Les hommes

un(e) aventurier(-ère) *adventurer*
une hospitalité *hospitality*
un hôte *host*
une hôtesse *hostess*
la bienséance *proprieties*
les règles de politesse *rules of etiquette*
la sollicitude *solicitude*
le savoir-faire *know-how*
contrevenir à *to contravene*
détonner *to clash, to be out of place*
qualités : exceptionnel *exceptional*
  raffiné *refined, sophisticated*
  affable *affable*
  accueillant *hospitable, friendly, open*
  malin *smart, shrewd*

236

défauts :   **rusé** *sly, cunning*
   calculateur(-trice) *calculating*
   mal à l'aise *ill at ease*
   peureux(-euse) *fearful*
   sceptique *skeptical*
   déroutant *disconcerting*
   déplacé *misplaced, uncalled for*

La campagne et la ville

le moulin à vent *windmill*
la vigne *vineyard*
la clôture *fence, hedge*
la haie *hedge*
la ruche *beehive*
une autoroute *highway*
un édifice *building*
le quartier résidentiel *residential area (of town)*
le désoeuvrement *idleness*

Le progrès

un ordinateur *computer*   **un avion à réaction** *jet (plane)*
le (les) gratte-ciel *skyscraper* **un hélicoptère** *helicopter*

Mise en train

I. *Donnez le mot (et l'article s'il y a lieu) qui correspond aux définitions suivantes.*
   1. La partie d'une ville où il y a essentiellement des habitations privées : _____
   2. Quelqu'un qui déconcerte les autres : _____
   3. La conformité aux usages de la société : _____
   4. Un édifice moderne avec un très grand nombre d'étages : _____
   5. Une science qui recherche l'origine et la suite des familles : _____
   6. Une personne qui recherche l'aventure : _____
   7. Une machine qui permet de faire des opérations arithmétiques et logiques sans intervention humaine : _____
   8. Une contribution que chaque citoyen doit payer pour assurer le fonctionnement de l'état : _____

II. *Posez une question pour chacun des mots suivants.*
   1. affable :   4. malin :
   2. peureux :   5. exceptionnel :
   3. déplacé :   6. déroutant :

238 France, Canada, États-Unis

III. *Questions sur les photos. Répondez aux questions suivantes avec des phrases complètes.*
  1. Identifiez ces photos. Elles représentent uniquement le Canada et les États-Unis. Ne vous découragez pas. Les réponses vous sont données après la cinquième question.
  2. Faites quelques recherches sur les chutes du Niagara : location, pourquoi elles existent, les problèmes qu'elles posent aujourd'hui, etc.
  3. Imaginez comment se déroule l'existence dans le petit village du Vermont qui figure sur une des photos.
  4. Les Canadiens, comme les Français, aiment passer de longues heures à la terrasse des cafés. Expliquez-leur pourquoi ce plaisir est bien moins répandu dans les villes des États-Unis.
  5. Ces photos sont-elles interchangeables, c'est-à-dire serait-il possible que chacune représente à la fois la France, le Canada et les États-Unis? Dites ce que vous en pensez pour chaque photo.

Réponse à la question n° 1
  Les photos représentent : —les chutes du Niagara
  —le Château Frontenac à Québec
  —un petit village du Vermont (Springfield)
  —un petit café avec terrasse

France, États-Unis ou Canada? Qu'en pensez-vous?

Une 2 CV (2 chevaux). Ce n'est pas la Porsche du riche ami français d'Art Buchwald, mais c'est pratique, ça consomme peu d'essence et ça roule bien.

Un Américain à Paris

Il y avait six ans que je n'avais pas vu mon ami Dupont quand nous nous sommes rencontrés par hasard sur les Champs-Elysées. Je me souvenais de lui comme du Français le plus élégant que j'avais connu. Il se vantait° ouvertement de son grand appartement de Paris avec terrasse, de sa villa à la campagne, de son yacht à Saint-Tropez, de ses chevaux à Deauville et de sa maîtresse entre le 6e et le 8e arrondissement. Quand il me montrait sa Porsche garée° en double file° dans l'avenue Foch, il me disait : « Le président Giscard a été bon avec moi ».

    Maintenant, j'avais peine à croire que c'était le même homme. Les revers° de sa veste étaient fripés,° les poignets de sa chemise élimés,° sa cravate avait des taches de soupe, il sortait du métro et clignait des yeux à la lumière du jour.

    —Comment ça va, Dupont? lui demandai-je. Il regarda nerveusement autour de lui.

    —Chut, parlez plus bas. Je risque d'être imposé° si je parle à un Américain.

    —Que me dites-vous là?

se vanter de *to boast*

garé *parked*
la file *line (of cars)*

le revers *lapel* / **fripé** *crumpled*
élimé *worn thin*

imposé *taxed*

—Mitterrand impose tout le monde. Si le fisc me voit en train de vous parler, il croira que je cherche à faire évader° mes capitaux.

—À propos de capitaux, comment vont votre appartement de Paris avec terrasse, votre villa à la campagne, votre maîtresse entre le 6ᵉ et le 8ᵉ arrondissement et votre Porsche garée en double file dans l'avenue Foch?

—Je ne veux pas en parler, dit vivement Dupont.

—Mais vous ne parliez que de ça la dernière fois que nous nous sommes vus. Vous ne les avez pas perdus, j'espère?

—Non, mais je ne peux pas en parler. Les socialistes collent° des impôts sur tout ce que je possède. Plus personne en France ne se vante de ses biens.

—Ainsi, Mitterrand fait vraiment payer les riches, hein?

—Si l'ensemble de vos biens dépasse 500.000 dollars, ils refilent° votre nom à un ordinateur. Une fois que votre nom est programmé, il n'en sort plus. Vous devez déclarer tout ce que vous possédez y compris les bijoux de votre femme. Je passe mon temps à essayer de dénigrer° tout ce qui m'appartient.

—Ça ne doit pas être commode,° pour vos chevaux de course.

—Quels chevaux de course? Des juments laitières!°

—Et le yacht?

—Le yacht? Comme vous y allez! Ça n'a jamais été qu'un pointu° qui prend l'eau.

—Et la villa à la campagne?

—Vous voulez parler de cette vieille ferme en ruines sans toit?

—Qu'est devenue la Porsche garée en double file dans l'avenue Foch?

—Un tas de ferraille,° que je ne pourrais même pas vendre, qui n'est plus cotée à l'Argus.[1]

—Si j'ai bonne mémoire, vous aviez une femme de chambre stylée, une perle. Vous l'avez toujours?

—Quoi? La cousine qui vit avec nous en attendant de trouver un appartement?

—Je vois. Je comprends ce que vous faites, Dupont. Mais ça ne doit pas être drôle de posséder toutes les bonnes choses de la vie et de ne pas pouvoir en parler.

faire évader *to help escape*

coller *to give (familiar)*

refiler *to palm off, to give (familiar)*

dénigrer *to denigrate, to put down*

commode *practical*

la jument laitière *brood mare*

le pointu *pointed boat*

le tas de ferraille *scrap heap*

---

[1] Argus : newspaper that gives quotations for cars

—Que voulez-vous que je fasse? Mitterrand prend tout aux riches pour le donner aux pauvres et l'économie n'a jamais été plus mauvaise.

—Bizarre, ça. Ronald Reagan fait exactement le contraire et notre économie ne vaut pas mieux que la vôtre.

—Mais au moins, en Amérique, les riches ne souffrent pas.

—Reagan ne cherche pas à les avoir, si c'est ce que vous voulez dire. Il faut reconnaître qu'il ne s'en est jamais pris aux gens uniquement parce qu'ils avaient de l'argent.

—Reagan est un type bien, dit Dupont. J'aimerais bien qu'il soit président de la République française.

—Chez nous aux États-Unis, beaucoup de gens le voudraient aussi. J'ai une idée, Dupont. Mitterrand s'inquiète des pauvres en France et Reagan se fait du souci pour les riches aux USA. Pourquoi est-ce que nous n'enverrions pas nos pauvres en France et vous nous enverriez vos riches? Comme ça, tout le monde serait heureux.

—Nous n'avons pas le droit de faire sortir notre argent de France, alors nous ne pouvons être riches qu'ici, me dit Dupont. Si nous allions en Amérique et si notre fortune restait ici, nous serions pauvres.

—Je suis sûr que les Français sont assez malins pour trouver un moyen de faire sortir leur argent de France.

La figure de Dupont s'illumina.

—Peut-être. Ça ne vous dirait rien d'acheter la plus belle villa de la campagne française? Je laisserais même ma cousine en prime.°

la prime *free gift, bonus*

Art Buchwald, « La France de Mitterrand », extrait de *Paris-Match*

Compréhension et discussion

1. Il y avait combien de temps qu'Art n'avait pas vu son ami Dupont?
2. Où l'a-t-il rencontré et comment?
3. Qu'est-ce qui montre que l'ami français d'Art est très riche?
4. Quels changements Art remarque-t-il chez son ami?
5. Pourquoi Dupont a-t-il peur de parler à Art?
6. Qu'a fait le gouvernement de Mitterrand contre les riches et comment l'a-t-il fait?
7. Qui est cette cousine qui vit chez les Dupont?
8. Qu'est-ce qu'elle fait chez eux?
9. Quel échange Art propose-t-il à son ami Dupont?
10. Pourquoi cet échange ne peut-il se faire réellement du côté français?

242 France, Canada, États-Unis

Discussion et composition

1. D'après ce texte, comment les riches Français sont-ils imposés?
2. Que pensez-vous de ce système pour votre pays?
3. Faites une description du « nouveau » Dupont. Pourquoi a-t-il pris le métro?
4. Quel stéréotype des Français évoque la maîtresse dont parle Art? Citez d'autres stéréotypes de ce genre en ce qui concerne les Français.
5. À quelle fin les ordinateurs sont-ils employés dans le texte? Donnez trois autres emplois des ordinateurs.
6. D'après le texte, et d'après ce que vous savez, quelles sont les idées des socialistes français?
7. Si vous étiez le chef du gouvernement socialiste auriez-vous choisi une autre méthode pour imposer les gens équitablement? Laquelle?
8. Pourquoi le gouvernement empêche-t-il les Français de sortir leur argent du pays?
9. Comment Dupont propose-t-il de résoudre ce problème?
10. Quelles autres solutions pourriez-vous offrir?

Composition

1. Relevez trois éléments dans le texte qui vous semblent particulièrement ironiques et dites pourquoi ils le sont.
2. Du point de vue sociologique est-ce une bonne idée de mieux répartir les richesses de ce monde? Pourquoi ou pourquoi pas?
3. Aimeriez-vous un gouvernement plus socialiste dans votre pays? Pourquoi ou pourquoi pas?
4. Qu'est-ce que l'attitude de Dupont indique en ce qui concerne les impôts et les Français? Est-ce la même chose dans votre pays ou comment est-ce différent?

Et maintenant...

1. Faites une liste des biens que possède Dupont en ajoutant des renseignements supplémentaires.
2. Considérez ce que sont devenus ces biens dans la bouche de Dupont à cause de la menace des impôts socialistes. Ajoutez quelques commentaires personnels de votre choix.

Le projet de Déclaration des droits de l'homme rédigé par La Fayette. En marge, annoté par Thomas Jefferson : « Ceci est assuré de la manière la plus satisfaisante par une séparation des pouvoirs en législatif, judiciaire et exécutif ». Jefferson était alors ambassadeur des États-Unis à Paris.

1776-1789 : Le boomerang de la liberté

Sans les Français, il n'y aurait pas eu d'Indépendance américaine. Sans les Américains, qu'aurait été la Révolution de 1789 ?

Les Français soulignent volontiers° leur rôle dans la Révolution américaine. Ils oublient facilement celui des Américains dans la Révolution française. Il est pourtant presque aussi important. Les « Treize Provinces » révoltées n'ont pas envoyé d'or, d'armes ou de soldats, mais des idées fortes. Et des hommes exceptionnels.

À la fin de 1776, la situation des « insurgents » est grave. Les Anglais ont repris New York et Philadelphie.

volontiers *willingly*

L'armée de Washington bat en retraite vers le sud. Le Congrès décide à l'unanimité d'expédier Benjamin Franklin à Paris, pour obtenir une aide militaire.

Franklin n'est pas un inconnu en France. Ses travaux scientifiques font autorité.° Il connaît Voltaire,[1] Dupont de Nemours[2] et Lavoisier.[3] Franklin est apprécié comme écrivain, journaliste, savant, philosophe.

Il va devenir un mythe, à la suite d'un formidable malentendu.° Les Français le prennent pour l'un de ces quakers idéalisés par Voltaire. Le « bonhomme » a trop d'humour et de scepticisme pour faire partie de cette secte. Mais il se garde bien d'éclaircir le malentendu. Dans un monde vêtu de soie,° il garde ses habits de bure,° son bonnet de fourrure° et ses lunettes.

Formidable succès. Ce savant rusé incarne° à merveille un nouveau personnage : le Bon Sauvage. Franklin est une réclame vivante pour les idées nouvelles.

Fragonard, Greuze, Houdon[4] se disputent l'honneur de reproduire ses traits. Il écrit à sa fille : « Le visage de votre père est ici aussi connu que la lune ». Les salons se l'arrachent.° Les dames de la haute société grimpent° parfois sur ses genoux en l'appelant « mon papa ».

Cela ne lui tourne pas la tête. Il obtient de Vergennes une aide militaire et un traité de commerce. Il ridiculise les espions anglais qui grouillent° à Paris. Il négocie secrètement avec le trafiquant d'armes Beaumarchais...

Quand Franklin quitte Paris, en 1785, le Roi lui offre son portrait orné de 408 diamants. La Reine a mis une litière à sa disposition pour le transporter jusqu'au Havre. Ils n'ont pas compris la puissance subversive des idées qu'il incarnait. Le peuple de Paris, lui, apprenant sa mort, en avril 1790, pleura le faux quaker comme l'un de ses fils.

Thomas Jefferson, le successeur, à Paris, de Benjamin Franklin, est un homme de la même trempe.° C'est le principal auteur de la Déclaration d'Indépendance. Mais il n'a pas la simplicité du « bonhomme ». Avocat, architecte, musicien, c'est un raffiné. Il débarque en compagnie d'un esclave noir, James Hemming, grand expert en cuisine française. Hemming ne sera pas émancipé avant d'avoir enseigné sa science à un autre esclave.

faire autorité *to be authoritative*

le malentendu *misunderstanding*

la soie *silk/***la bure** *homespun, frieze*
la fourrure *fur*
incarner *to embody, to give form to*

arracher *to fight over (someone)/***grimper** *to climb*

grouiller *to mill about*

la trempe *caliber*

---

[1] Voltaire : homme de lettres du 18ᵉ siècle aux idées libérales pour l'époque.
[2] Dupont de Nemours : économiste français.
[3] Lavoisier : chimiste français distingué.
[4] Fragonard et Greuze : peintres célèbres de l'époque; Houdon : sculpteur célèbre de l'époque.

Jefferson, observateur lucide, sait qu'il assiste à la fin d'un monde. De Louis XVI, il écrit : « Il chasse une moitié de la journée; il est ivre° pendant l'autre, et signe tout ce qu'on veut... »

ivre *intoxicated*

Le futur président des États-Unis n'est pas seulement un ambassadeur. Son prestige est tel qu'il participe directement à la vie politique française. La Fayette, Latour-Maubourg et plusieurs de leurs amis discutent un soir passionnément chez lui. La Fayette vient de rédiger son projet de Déclaration des droits de l'homme, un texte inspiré de la Déclaration d'Indépendance et de la Constitution de l'État de Virginie. Il le soumet au jugement de Jefferson, qui y griffonne° ses remarques. En marge du passage relatif à l'organisation des pouvoirs, le diplomate américain écrit de sa main : « Ceci est assuré de la manière la plus satisfaisante par une séparation des pouvoirs en législatif, judiciaire et exécutif ». Les idées de Montesquieu[5] viennent de retraverser l'Atlantique. En boomerang.

griffonner *to scribble, to jot down*

Thomas Paine, lui, ne sera jamais ambassadeur à Paris. C'est un aventurier de génie, qui manie° non pas les bombes, mais les idées. De manière explosive. Cet ancien agent des douanes° britanniques est un redoutable pamphlétaire. Son livre *Common Sense* (*Le Bon Sens*) s'est vendu à 150.000 exemplaires dans les colonies d'Amérique. Chiffre fabuleux pour l'époque.

manier *to handle*

un agent des douanes *customs officer*

Il arrive à Paris en 1787 pour présenter les plans d'un pont métallique de 152 mètres, qu'il veut jeter sur la Seine. Le pont ne sera jamais construit, mais, le 14 juillet 1790, Paine est un des deux délégués américains qui portent la bannière étoilée devant la tribune royale. Son deuxième ouvrage politique, *Les Droits de l'homme*, le rend célèbre. L'Assemblée législative lui accorde la nationalité française le 23 août 1792. Il est élu à la Convention par quatre départements. Le voilà député de la République Une et Indivisible. Un député girondin qui refuse de voter la mort du Roi par reconnaissance envers son aide aux insurgés américains : ce geste lui vaut neuf mois de prison. Il échappe par miracle à la guillotine, sur intervention de l'ambassadeur James Monroe. Il reprend sa place à la Convention en 1795, sur un vote unanime, et y fait lire un discours. Ce parlementaire n'a en effet jamais appris le français. C'est peut-être la raison de son retour définitif en Amérique, à la fin de 1802.

---

[5] Montesquieu : écrivain français du 18ᵉ siècle aux idées libérales pour l'époque.

Alors, La Fayette et Rochambeau,[6] oui. Mais Franklin, Jefferson et Paine aussi. Ce n'est pas un hasard si l'une des clefs de la Bastille se trouve aujourd'hui à Mount Vernon, la résidence de George Washington sur les rives du Potomac. Elle a été donnée par le marquis de La Fayette à Tom Paine pour qu'il la transmette au général devenu président de la nouvelle république. Avec une lettre décrivant l'objet comme « un premier trophée des dépouilles° du despotisme..., le premier fruit mûr° des principes américains transplanté en Europe ».

les dépouilles (f.) *spoils*
mûr *ripe*

Reproduit de *l'Express*

Compréhension et discussion

1. Qu'est-ce que les Français oublient facilement?
2. Qu'est-ce que les « treize provinces » révoltées ont envoyé à la France?
3. En 1776, qu'est-ce que le Congrès a décidé de faire à l'unanimité et pourquoi?
4. Que savait-on de Benjamin Franklin en France à cette époque?
5. Pourquoi les Français de 1776 ont-ils pris B. Franklin pour un quaker?
6. Qu'est-ce que B. Franklin est vraiment venu chercher à Paris?
7. Quelle grande différence y a-t-il entre B. Franklin et son successeur Thomas Jefferson?
8. Qui Jefferson a-t-il rencontré à Paris?
9. Pourquoi Thomas Paine est-il venu à Paris?
10. Comment se fait-il qu'une des clés de la Bastille se trouve à Mount Vernon?

Discussion ou composition

1. Discutez le malentendu qui, selon le texte, a fait de B. Franklin un mythe.
2. Qu'est-ce qu'un quaker et quelles sont ses croyances?
3. Pourriez-vous être quaker? Pourquoi ou pourquoi pas?
4. Qu'est-ce que le « Bon Sauvage »? Y croyez-vous? Pour quelles raisons?
5. Quand peut-on dire qu'une personne est raffinée?
6. De quoi La Fayette est-il l'auteur? Comment Thomas Jefferson l'a-t-il aidé?
7. Est-il plus efficace de « manier les bombes » ou les idées? Pourquoi?
8. Est-ce une bonne idée de donner une nationalité à quelqu'un qui ne parle pas la langue du pays dont il devient citoyen? Pourquoi?
9. Que pensez-vous de la guillotine comme instrument de justice?
10. Discutez la peine de mort. Êtes-vous pour ou contre? Pourquoi?

[6] Rochambeau : commandant des troupes envoyées pour aider les Américains.

Composition

1. Racontez l'accueil fait par les Français à B. Franklin.
2. Faites quelques recherches qui justifient ce que l'article dit de B. Franklin : « Il est apprécié comme écrivain, journaliste, savant, philosophe ».
3. Résumez ce qui est arrivé à Thomas Paine en France.
4. Que savez-vous de plus sur Thomas Jefferson que ce qui est dit dans le texte?

Et maintenant...

1. Faites une liste, avec vos commentaires, de tout ce que les Français ont fait pour les Américains d'après ce texte.
2. Considérez ensuite ce que les Américains ont apporté aux Français.

La mémoire incertaine

Parce qu'une autoroute en construction oblige le chauffeur à effectuer un long détour dans un rang[1] peu fréquenté, voilà que j'ai rendez-vous avec mon enfance.

...Si je parle d'une petite fille en vacances chez son grand-père, des baignades dans le mince ruisseau glaiseux,° de l'éolienne[2] qui geint° doucement sous la brise, est-ce que j'invente? Cette petite citadine en vacances au Point du Jour n'était-ce pas moi?

Ai-je vécu ces soirées paisibles sur la galerie[3] camouflée de vigne sauvage où s'endormaient les hirondelles?° Ai-je sauté dans un océan de foin° frais coupé, dans des granges vastes comme des cathédrales : Ne m'a-t-on pas plutôt raconté des choses plus tard, à propos d'une autre petite fille, alors que je cherchais un joli passé à la vieille dame que je suis devenue? Ou encore, n'aurais-je pas lu tout cela dans quelque livre? Où finit l'imagination? Où commence le souvenir?

Voici la vieille maison normande, blanche à volets° verts. Mais la haie de cèdres devant le parterre° n'existe plus. Point de vigne sauvage. Point d'éolienne. Et la terre jusqu'au bois m'apparaît bien petite. Que sont devenus les

glaiseux(-euse) *clayey, loamy/* **geindre** *to moan, to groan*

une hirondelle *swallow/* **le foin** *hay*

le volet *shutter*
le parterre *border, (flower) bed*

---

[1] au Québec, rang de fermes faisant face au même chemin
[2] du moulin à vent
[3] véranda

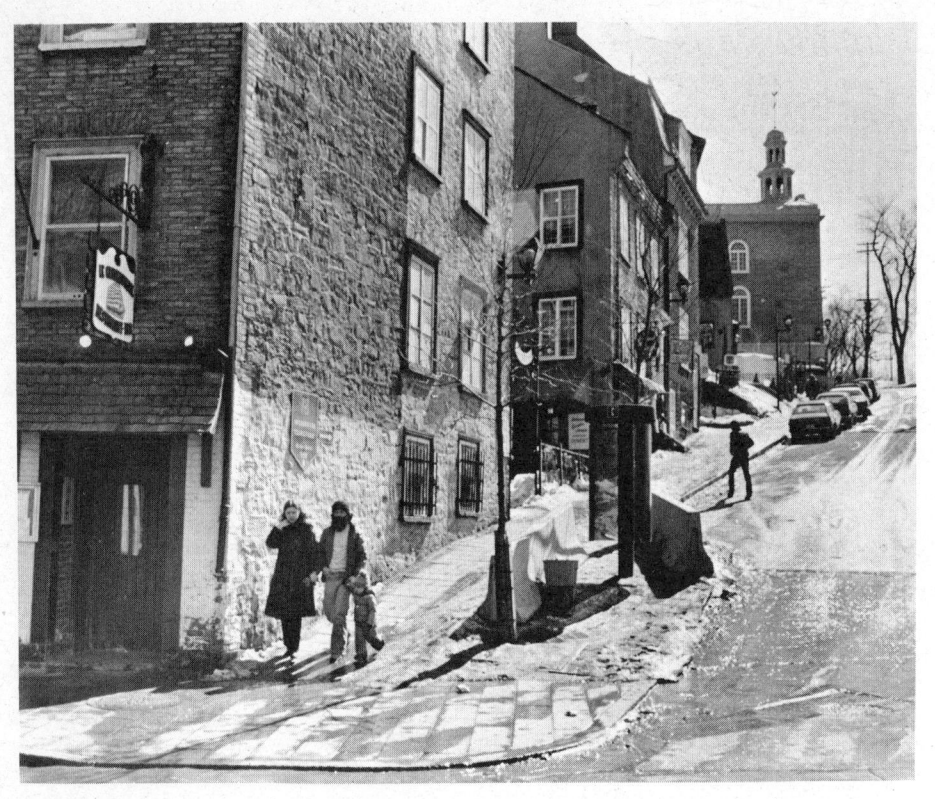

Un petit village pittoresque au Canada.

ruchers,[4] le précieux centrifugeur,[5] le boghei[6]...et grand-père si savant qui parlait d'Horace et de Virgile comme s'ils eussent été ses voisins?

Le Point du Jour, c'était un univers enclos sur lui-même. C'était un port d'attache,° un phare° où chaque dimanche de l'année nous ramenait, poussés par le reflux de la ville. Nous étions des exilés et n'appartenions à la ville que provisoirement. Notre vraie vie était ici, sur cette terre qui, depuis la naissance du pays, appartenait à la famille. Grand-père n'avait-il pas sacrifié une vocation de professeur pour y assumer la relève,° comme son père, puis comme son fils plus tard, selon les règles d'une loi plus forte qu'eux?

Quand après un long voyage dans une ronflante° automobile, nous...laissions le fleuve derrière nous, je savais que nous touchions au terme de notre expédition. Nous

le port d'attache *home base*/**le phare** *beacon*

assumer la relève *to take over from somebody*

ronflant *throbbing (of motor)*

---

[4] lieux où se trouvent les ruches
[5] la baratte, appareil avec lequel on fait le beurre
[6] boquet ou buggy—mot anglais (*buggy*)

empruntions ensuite une route pompeusement nommée le Chemin du roi. Maman rajustait son chapeau et nous avertissait : —Nous arrivons, les enfants, mettez vos gants!

Nous chaussions[7] nos gants bien propres, lissions nos nattes,° redressions nos nœuds. Quand ils apercevaient le nuage de poussière que soulevait la voiture, les fermiers endimanchés, assis sur leur galerie, nous faisaient de grands gestes : on nous reconnaissait. Nous étions au Point du Jour.

la natte braid

Je ne sais si le nom s'appliquait à la maison ou à ses habitants, ou au rang tout entier. Mais le Point du Jour c'était d'abord grand-père qui nous embrassait avec sa moustache piquante. Puis l'oncle qui ne craignait pas les vaches malgré que La Vilaine l'ait encorné.° Puis tante qui confectionnait des montagnes de desserts et qui, avant notre départ, remplissait l'auto de fleurs, de fruits, de légumes. Le Point du Jour, c'était aussi nombre de cousins, de tantes, d'oncles qui se rassemblaient dans l'après-midi tranquille. C'était aussi des étrangers venus de Joliette, de Sorel pour acheter le miel doré de grand-père, et qui partageaient la conversation.

encorné gored

Le piano au son aigrelet,° la bibliothèque aux livres défendus, les poêles° à bois qui ronronnent,° les placards mystérieux, la provision de biscuits qu'on entame° en cachette et les chats blottis sous les meubles, c'était aussi le Point du Jour.

aigrelet shrillish
le poêle stove/**ronronner** to hum
entamer to start, to open

C'est là que j'ai fait la connaissance de Papineau, de Laurier,° de Napoléon. Je croyais que ce dernier était l'un de nos grands-pères plus illustre que les autres. Il est curieux de constater comment tout ce qui entrait au Point du Jour faisait aussitôt partie de la famille. Balzac, Claudel, Proust, c'était des cousins éloignés dont on nous racontait les livres, dont les portraits côtoyaient° ceux de Napoléon et de l'arrière-grand-mère. Avant même que nous sachions ce qu'était la littérature, l'histoire, la politique, le Point du Jour nous en offrait une synthèse inoubliable. On y pratiquait le culte de l'intelligence et, dans la grande maison de ferme, il fallait avoir de l'esprit de l'érudition et le goût de la conversation. Quand on disait de quelqu'un « C'est un homme de plaisir! », il était accepté. On entendait par là qu'il avait la répartie facile, l'esprit inventif et des connaissances suffisantes.

Laurier Laurel, ancestor of the author

côtoyer to be close to

Le Point du Jour, c'était une coterie avec ses rites, ses anecdotes, ses jeux de mots bien particuliers. On y parlait beaucoup des Vieux-Pays, de la Sorbonne, de Paris, de la

---
[7] nous enfilions

Normandie, et je m'emparais° de tous ces noms pour me donner une identité.

    Il m'a fallu des années pour admettre que le Point du Jour n'est pas en France, que Paris n'est pas à quelques heures d'automobile, que Napoléon n'est pas mon aïeul°... Que Louis XIV n'est jamais passé avec son équipage sur le Chemin du roi. Que l'histoire de France illustrée dont je contemplais longuement les dessins enluminés, n'est pas l'histoire de mon pays.

    Il a fallu m'expliquer longuement l'ancêtre Nicolas, venu en Canada[8] avec Champlain[9] en 1608, et sa fille, et ses petits-fils qui conservèrent le nom. On sortait la généalogie de la famille et je passais des heures à me demander si je n'étais pas tarée° : mes parents étaient cousins et des mariages consanguins se retrouvaient à toutes les générations. « Comme chez les rois », pensais-je pour me consoler.

    Le printemps venu, je demeurais à la ferme et devenais à mon tour Point du Jour. Je dormais dans un lit de plumes profond comme l'océan où je mourais de peur. Après le petit déjeuner dans la cuisine d'été, je regardais grand-père se préparer à soigner ses abeilles. Dans une vieille cafetière d'étain, il entassait du foin séché et de l'herbe humide, puis il se coiffait d'un chapeau de paille garni d'une moustiquaire° qui tombait sur ses épaules, attachait le bas de son pantalon et prenait ses gants. Il allumait le feu dans sa cafetière et quand elle dégageait une bonne fumée, il se dirigeait vers les ruchers, semblable à quelque mystérieux conspirateur s'apprêtant à remplir une mission délicate.

    Un peu plus tard, il s'installait devant l'appareil de radio qui était le meuble le plus précieux de la maison. On ouvrait ses battants° aussi délicatement que les portes du cabinet d'argenterie et seul grand-père avait le droit de régler les boutons.° Il écoutait religieusement une émission qui commençait par une chanson : « C'est le réveil de la natu-u-re, Tout va revivre au grand soleil, O fils du sol... » Cette musique m'impressionnait tout autant que l'appareil d'où elle sortait.

    Plus tard, quand les vacances à la ferme devinrent pour moi choses du passé il me suffisait d'entendre ce chant, cet hymne à la campagne, pour redevenir toute petite, pour sentir même en plein hiver l'odeur de paille fraîche et de lait chaud.

s'emparer to get hold of

un aïeul grandfather; here, ancestor

être taré to have a defect

la moustiquaire mosquito net

le battant flap

le bouton knob

---

[8] au Canada
[9] Champlain, 1567–1635, voyageur et colonisateur, a fondé Québec. Gouverneur du Canada en 1633

Je cherche la petite fille qui, dans les belles soirées de juin, accompagnait grand-père, oncle et tante à la croix du chemin pour réciter les prières du soir avec les voisins... Qui, dans le soir tombant, revenait lentement par le Chemin du roi tout zébré° d'éclairs° rosés. Au bout des champs, se levaient les étoiles qu'on me nommait comme des cousins lointains ou comme des héros de l'histoire : le Serpent, la Grande Ourse, la Petite Ourse...

    Est-ce que j'invente tout cela? Suis-je cette petite fille qui accompagnait grand-père au village les « jours d'affaires » dans un boghei attelé° d'un beau cheval bai? Nous allions chez l'oncle Notaire que j'ai toujours connu vieillard et sourd...

    Un été, il y eut des élections. Plusieurs jours de suite, ce fut un perpétuel dimanche. On attelait le cheval après dîner et l'on se rendait au village, dans la cour du collège. Là on s'asseyait dans l'herbe et, tout en écoutant les discours des candidats, on déballait° son goûter. On parlait beaucoup de Laurier qui avait fait ses études ici, au collège. On parlait aussi de progrès, d'électricité, de machinerie. Je crois que grand-père avait quelque chose à faire avec toutes ces fêtes!

    La grande maison...la haie de cèdres...l'éolienne... Comme il est difficile de retrouver après tant d'années une vie qui était à jamais liée aux choses, et qu'on croyait immuable° comme elles. Hélas, le petit village est devenu cité. Le progrès, l'électricité, la machinerie sont peut-être allés plus loin, plus vite que ne l'espérait grand-père. Quelques troupeaux égarés çà et là achèvent paresseusement leur vieillesse devant des bâtiments fatigués qui ne seront jamais plus comme autrefois fourmillants° de vie, de chaleur, de labeur. Ce pays plat qui s'étend jusqu'au bois, ce pays où l'on a remplacé les éoliennes par des antennes de télévision, où l'on a rasé les clôtures et les haies parce qu'elles gênaient les machines, ce pays sera ville sous peu. On en fera des rues, des maisons basses, des supermarchés et les petits-fils de ceux qui y avaient cultivé un art de vivre à la mesure des saisons n'y trouveront plus qu'ennui, désoeuvrement, pauvreté.

    Et pourtant, dans la grande maison de ferme, comme on était heureux! Je regardais grand-père, les oncles, les tantes et je voulais tout retenir de ce qu'ils disaient, de ce qu'ils faisaient, de ce qu'ils étaient car je me croyais appelée à les remplacer. Et puis, j'ai cessé d'être une petite fille et les dimanches ne ramenaient plus que mes parents dans le Chemin du roi, les vacances ne m'attiraient° plus au Point

zébré *streaked/* **un éclair** *lightning*

attelé *harnessed, hitched up*

déballer *to unpack*

immuable *immutable*

fourmillant *teeming*

attirer *to draw, to attract*

du Jour. Et la famille s'est décimée° perdant en son automne ses feuilles les plus colorées. Mais tout cela a-t-il tant d'importance?

°**décimé** decimated

Mariane Favreau, « La Mémoire incertaine »

Compréhension et discussion

1. Qu'est-ce qui a provoqué le rendez-vous avec son enfance dont parle la Canadienne du texte?
2. Où passait-elle ses vacances et chez qui?
3. Que voyait un visiteur qui arrivait au Point du Jour?
4. Pourquoi le Point du Jour était-il un port d'attache pour la jeune citadine?
5. Quel accueil les fermiers des environs faisaient-ils à la famille qui arrivait de la ville?
6. Qu'est-ce que les citadins emportaient de la ferme au moment de partir?
7. Que faisait le grand-père après s'être occupé de ses abeilles?
8. Qu'est-ce que la chanson que chantait le grand-père évoque toujours pour l'auteur?
9. Que faisait la famille dans les belles soirées de juin?
10. Qu'est-il arrivé à Point du Jour maintenant que les années ont passé?

Discussion ou composition

1. Quel est le rôle de l'imagination dans les souvenirs d'enfance?
2. Vous paraît-il normal que le grand-père de l'auteur ait sacrifié une vocation de professeur pour être fermier comme ses ancêtres? Pourquoi ou pourquoi pas?
3. Qu'est-ce qu'un « homme de plaisir » pour les Canadiens français?
4. Qui est Champlain et pourquoi l'auteur le mentionne-t-elle?
5. Dites ce que vous savez sur l'histoire des Canadiens français.
6. Que pensez-vous des mariages consanguins entre cousins? Pourquoi sont-ils interdits dans beaucoup d'états des États-Unis?
7. Expliquez les opérations mystérieuses que fait le grand-père alors qu'ils se prépare à soigner ses abeilles.
8. Que savez-vous sur les abeilles?
9. L'auteur regrette l'arrivée du progrès, de l'électricité, de la machinerie. Pourquoi?
10. Voyez-vous des avantages à cette modernisation de la vie à la campagne? Lesquels?

Composition

1. Décrivez ce qu'il y avait de passionnant à faire à la maison de ferme pour la petite Canadienne.
2. Racontez un souvenir de votre enfance que vous aimez particulièrement.
3. Choisissez celui de vos grands-parents qui a eu une vie intéressante. Racontez.
4. Expliquez pourquoi vous aimeriez, ou vous n'aimeriez pas, passer vos vacances à Point du Jour.

Et maintenant...

1. En vous servant du texte comme base racontez une journée typique de la petite Mariane à Point du Jour.
2. Rassemblez tous les souvenirs que l'auteur a de son grand-père, de ses oncles et tantes.

Pour que la fête continue: rendez-vous à Québec

La Nouvelle Orléans, une fête pour tous les sens

La Nouvelle Orléans, c'est 1.050.000 personnes qui ont le privilège d'y vivre toute l'année. C'est une ville qui s'étale sur 90 km² de terre et d'eau et compte 516 églises, 3.700 bars et 41 cimetières. On l'a surnommée « la ville croissant », « la ville la plus pittoresque d'Amérique », « la porte des Amériques », « le berceau du jazz ». Mais elle est bien plus que statistiques et sobriquets.°

    La Nouvelle Orléans, c'est visuel : le reflet des édifices sur les eaux du Mississippi au crépuscule tel qu'on peut l'admirer depuis les salons tournants de l'*International Trade Mart*; des saules pleureurs° se penchant vers les tombes du cimetière de la Métairie; la rue Bourbon où chaque samedi soir circule une foule excitée et gaie; les masses de couleurs tendres ou vives des azalées en fleurs, envahissant au printemps les rues calmes des quartiers résidentiels : l'enchantement du kaléidoscope qu'est la Fontaine Mardi-Gras, un soir d'été; les puissants chênes se

le sobriquet *nickname*

le saule pleureur *weeping willow*

La Nouvelle Orléans, une des plus belles villes des États-Unis.

voilant dans leurs mantilles de mousse espagnole, dans les parcs de la ville.

 La Nouvelle Orléans, c'est sonore : les lamentations des remorqueurs° qui s'élèvent du fleuve, les soirs de brouillard;° le vroom d'un avion à réaction se lançant dans le ciel au-dessus de l'aéroport international Moisant; les notes cristalines et douces échappées de la clarinette de Pete Fountain; le cliquetis du tram tanguant° à l'assaut de l'avenue Saint Charles; le clop-clop des sabots d'un cheval tirant une calèche° le long de la rue Royale; le claquement des mains des amateurs de jazz réunis au *Preservation Hall*; le rire perlé des petits enfants qui réclament : « Jette-moi qué'qu'chose, dis, m'sieur! »

 La Nouvelle Orléans, ça se goûte : café et friandises au Marché Français, dégustés après une nuit blanche;° des huîtres à la Rockefeller chez Antoine; des épinards (mais oui!) chez Corinne Dunbar; des pampanos en papillotte au Caribbean Room de l'hôtel Pontchartrain; du café viennois et des pâtisseries aux Quatre Saisons; de la barbe à papa° qui colle aux lèvres et craque sous la dent pendant qu'on regarde les défilés; des hot-dogs « sur les planches » à la plage Pontchartrain, après le bain.

 La Nouvelle Orléans, ça se hume° : l'odeur musquée du Mississippi qui monte du pont d'un bac° vétuste;° les élégants parfums montant de chaudes épaules à l'Opéra; les relents° moins distingués des lotions solaires et des vaporisations chasse-moustiques à la plage; l'entêtante fra-

le remorqueur *tugboat*
le brouillard *fog*

tanguer *to reel*

la calèche *open carriage*

une nuit blanche *sleepless night*

la barbe à papa *cotton candy*

humer *to smell*
le bac *ferry*/**vétuste** *ancient, timeworn*
le relent *foul smell, stench*

grance des magnolias, le soir dans les parcs; la senteur douceâtre des feuillages au Vieux-Carré après une averse;° l'odeur solennelle de l'encens venue de la cathédrale.

    La Nouvelle Orléans, c'est hier : les bateaux à aubes circulant sur le fleuve; les duels au pistolet sous les chênes centenaires; un tramway nommé Désir...les boîtes malfamées de Basin Street, les ouragans ravageurs° se ruant° sur la ville depuis le golfe.

    La Nouvelle Orléans, c'est aujourd'hui : la circulation intense sur le Pont; les bandes de touristes descendant le mail de la rue Royale; les gratte-ciel en construction luttant de vitesse pour voir lequel touchera le premier la voûte céleste; l'équipe des Saints° mal en point mais invaincus; les cargos bourrés de marchandises attendant d'être soulagés de leur précieuse charge dans le port affairé.°

    La Nouvelle Orléans, c'est demain : un nouvel aéroport qui sera bâti sur une île du lac Pontchartrain; d'autres ponts sur le Mississippi; le Superdome; le service des hélicoptères avec Moisant; les plazas et les terrasses des cafés et restaurants au bord de l'eau.

    Quoi d'autre encore que soit la Nouvelle Orléans, elle reste avant tout une grande dame; élégante, gracieuse, sentimentale, coquette. Parfois aussi—du côté de Bourbon Street ou vers les numéros 600 St. Charles—la grande dame s'encanaille.° Elle est quand même irrésistible et le visiteur en tombe vite amoureux. Elle n'est pas facile à quitter...ni à oublier.

Le Journal français d'Amérique

une averse *shower*

ravageur *devastating*/**se ruer** *to tear into*

les Saints *football team*

affairé *busy*

s'encanailler *to lower one's tone*

Compréhension et discussion

1. Combien y a-t-il d'habitants à la Nouvelle Orléans, de cimetières, d'églises?
2. Comment a-t-on surnommé la Nouvelle Orléans?
3. Que voit-on des salons tournants de l'*International Trade Mart*?
4. Pourquoi les grands chênes des parcs de la villes sont-ils pittoresques?
5. Quand entend-on les lamentations des remorqueurs et pourquoi?
6. Que crient les petits enfants?
7. Qu'est-ce qu'une nuit blanche et que fait-on après une telle nuit à la Nouvelle Orléans?
8. Qu'est-ce que c'est que la barbe à papa et quand en mange-t-on?
9. Quelles odeurs pas très agréables se dégagent de la Nouvelle Orléans?
10. Pour l'auteur, quel genre de grande dame est la Nouvelle Orléans?

Discussion ou composition

1. Si on vous demandait « quelle est la ville la plus pittoresque d'Amérique » choisiriez-vous la Nouvelle Orléans? Pourquoi?
2. Vous expliquez à un Français, qui ne sait pas, ce qu'est un « salon tournant ».
3. Quels sont les caractères qui font de la Nouvelle Orléans une très belle ville du point de vue visuel?
4. Quels problèmes présentent les aéroports pour les villes aujourd'hui?
5. Comment résoudre ces problèmes à votre avis?
6. Quels bruits agréables enchantent un visiteur de la Nouvelle Orléans?
7. Expliquez comment on prépare les huîtres à la Rockefeller.
8. Décrivez une « boîte malfamée ».
9. Pourquoi y a-t-il tant de gratte-ciel dans les villes américaines?
10. Serait-ce un privilège pour vous de vivre à la Nouvelle Orléans? Pourquoi ou pourquoi pas?

Composition

1. Faites l'historique des bateaux à aubes d'après ce que vous en savez.
2. Qui est Pontchartrain? Faites des recherches pour vous renseigner.
3. Rédigez un prospectus donnant les aspects les plus marquants de la Nouvelle Orléans.
4. Où aimeriez-vous vivre de préférence : à New York, à Chicago, à San Francisco, à la Nouvelle Orléans? Choisissez deux villes. Dites pourquoi vous aimeriez y vivre.

Et maintenant...

1. Relevez, dans le texte, ce qui montre que la Nouvelle Orléans est une grande ville.
2. En considérant les rubriques suivantes : « c'est visuel; c'est sonore; ça se goûte », présentez votre ville à quelqu'un qui ne la connaît pas.

Exercices récapitulatifs

A. *Complétez les questions suivantes en remplaçant les tirets par les adjectifs interrogatifs qui conviennent.*
   1. _____ photos avez-vous prises?
   2. _____ de vos amis avez-vous rencontré? Jacques.
   3. _____ de vos amies avez-vous vues? Monique et Jacqueline.
   4. _____ de vos amis avez-vous téléphoné? À Henri.
   5. _____ raisons ne pouvez-vous pas sortir votre argent de la France?

Exercices récapitulatifs **257**

    6. _____ parlez-vous? De mon cousin Jean.
    7. _____ de ces dates voulez-vous partir en vacances?
    8. _____ ville pensez-vous? Je pense à celle qui se trouve près de la Nouvelle Orléans.

B. *Complétez les questions suivantes en remplaçant les tirets par les pronoms interrogatifs (forme courte).*
    1. _____ avez-vous rencontré au café?
    2. _____ pensez-vous? À mon meilleur ami.
    3. _____ pensez-vous? À demander un passeport.
    4. _____ vous intéressez-vous? Aux musées et aux boîtes de nuits.
    5. _____ avez-vous organisé ce voyage? Pour vous.
    6. _____ voulez-vous parler? De mon fils.
    7. _____ se passe-t-il à Chicago?
    8. _____ peut-on comparer les Montagnes Rocheuses? Aux Alpes peut-être.

C. *Dans les questions suivantes remplacez la forme courte des pronoms interrogatifs en italique par la forme longue. Faites les changements nécessaires.*
    1. *Qui* avez-vous vu à Paris?
    2. *Qui* est là?
    3. *À qui* a-t-il écrit hier?
    4. *De qui* votre cousine veut-elle parler?
    5. *Avec qui* voulez-vous discuter?
    6. *À quoi* votre nièce s'intéresse-t-elle?
    7. *Qu'*avez-vous aperçu sur le lac?
    8. *Pour qui* ces Américains ont-ils voté?

D. *Complétez les questions suivantes en remplaçant les tirets par les adverbes interrogatifs qui conviennent : où, quand, comment, combien, combien de temps, pourquoi. S'il y a plusieurs possibilités, donnez-les.*
    1. _____ avez-vous laissé vos amis?
    2. _____ Benjamin Franklin est-il arrivé à Paris?
    3. _____ Thomas Paine a-t-il été arrêté par les Français?
    4. _____ voulez-vous qu'on vous contacte?
    5. _____ faut-il pour aller du Havre à New York?
    6. _____ l'imagination est-elle plus riche que la mémoire?
    7. _____ savez-vous cela?
    8. _____ un billet pour la Nouvelle Orléans coûte-t-il?

E. *Dans les phrases suivantes remplacez les mots en italique par des participes présents.*
    1. *Parce qu'ils savaient* organiser un voyage, ils ont gagné du temps.
    2. *Quand il est arrivé* à Paris, Thomas Jefferson a été reçu par le Roi de France.
    3. *Lorsqu'on voyage* dans un pays on apprend beaucoup sur sa culture.
    4. *Quand nous avons vu* le lac Pontchartrain, nous avons été très impressionnés.
    5. *Si nous y allions* par avion, nous pourrions gagner du temps.
    6. *Tandis qu'ils accueillaient* les Dupont, John Brown et sa femme se sont montrés très aimables.

F. *Dans les phrases suivantes mettez les verbes en italique à la voix passive au temps qui convient.*
 1. Le gouvernement canadien *construit* de nouvelles autoroutes.
 2. Une haie de cèdres *entourait* la nouvelle maison normande.
 3. Le gouvernement socialiste *a proposé* des impôts très lourds.
 4. Pensez-vous que La Fayette *ait rédigé* le projet de Déclaration des droits de l'homme?
 5. Les touristes *aimeront* toujours le Vieux-Carré et ses rues pittoresques.
 6. L'agence de voyage *aurait fait* ces réservations si on le lui avait demandé.

I. *Questions de culture générale*
 1. Quelles différences culturelles entre la France et les États-Unis sont présentées dans les textes de ce chapitre?
 2. Discutez l'origine du peuple américain d'aujourd'hui.
 3. Étudiez les raisons historiques, sociales et économiques qui font que les Américains sont un peuple très hospitalier.
 4. Présentez la culture américaine telle que vous la concevez à des amis français.

II. *Activités en groupes*
 A. Activités en petits groupes
  1. Préparez dix questions à poser à un Canadien français pour mieux connaître son peuple et son pays.
  2. Préparez dix questions à poser à un Français pour mieux connaître la culture française.
  3. Comment les Français voient-ils les Américains d'après les textes de ce chapitre?
  4. Préparez un questionnaire de douze questions pour faire un sondage auprès de vos amis, des membres de votre famille et des étudiants de votre classe pour savoir ce que les Américains pensent de Paris et des Français.
 B. Activités en groupes de deux
  Discutez le rôle de l'imagination dans les souvenirs.

III. *Composition écrite*
 Expliquez à un Français ce qu'a été la Révolution américaine, ses causes, ce qui s'est passé, ses résultats.

IV. *Situations*
 1. Vous venez d'atterrir à Roissy en France; l'aéroport de Paris, situé à environ une heure de car de la capitale. C'est votre premier voyage en France. Quelles questions posez-vous (deux à chaque personne) :
   a. à votre voisin de gauche dans l'avion?
   b. au douanier qui vous interroge?
   c. à un employé de l'aéroport?
   d. au conducteur du car qui vous emmenera à Paris?
   e. à votre voisin dans le car?
  (Évitez les questions qui demandent « oui » ou « non » comme réponses. Employez beaucoup d'adjectifs et de pronoms interrogatifs.)

2. Votre grand-mère vient de vous parler de la ferme familiale et du bon vieux temps, comme la Canadienne dans le texte. Vous lui démontrez qu'il est préférable de vivre aujourd'hui. Donnez au moins cinq arguments convaincants et des détails.
3. Vous vous préparez à passer une semaine à la Nouvelle Orléans. Vous posez huit questions à l'employé de votre agence de voyages. Ensuite vous répondez à ces questions comme si vous étiez cet agent. (Évitez les questions qui demandent « oui » ou « non » comme réponses. Employez adjectifs et pronoms interrogatifs.)
4. Vous êtes venu aux États-Unis (ou au Canada), pour passer un mois dans une famille américaine (ou canadienne). Vous écrivez une lettre à votre meilleur ami pour lui raconter comment on vous a reçu(e).

V. *Débats*
1. Un gouvernement socialiste « à la française » aux États-Unis (ou dans votre pays).
2. Les étrangers ont le droit de se mêler à la politique des États-Unis.

Quelque chose de curieux
1. Nul n'est prophète en son pays.
2. Autant en emporte le vent.

Chapitre 12

Beaux-arts et spectacles

Vocabulaire

Le cinéma—le théâtre—la télévision

assister à un spectacle (au théâtre, au cinéma, etc). *to go to a show (the theater, the movies, etc.)*
le film en exclusivité *first-run movie*
un écran *screen*
un acteur *actor*
une actrice *actress*
le (la) comédien(-ienne) *actor, actress*
la vedette, la star *star*
le jeu des acteurs *acting*
le tournage *shooting*
la prise de vue *shooting of a film*
le scénario *scenario, script*
le metteur en scène, réalisateur *director (play or film)*
la mise en scène *production*
le monteur *editor (film)*
l'ingénieur du son *sound engineer*
le feu des projecteurs *spotlight*
les sous-titres *subtitles*
monter une pièce *to put on a play*
le répertoire *repertory*
la représentation *performance (theater)*
le souffleur *prompter*
un éclairage *lighting*
un entracte *intermission*
les coulisses (f.) *backstage*
la répétition *rehearsal*
faire relâche *to be closed (theater)*
la première *opening night*
une émission *program (radio or television)*

La littérature

un écrivain *writer*
un éditeur *publisher*

Beaux-arts et spectacles

publier *to publish*
le manuscrit *manuscript*
un exemplaire *copy*
décerner un prix *to award a prize*

La peinture

le chef-d'oeuvre *masterpiece*
la peinture, le tableau *painting*
la toile *canvas*
la touche *stroke*
la couche *coat*
le pinceau *brush*
une aquarelle *watercolor*
la peinture à l'huile *oil painting*
le paysage *landscape*
la galerie (de peinture) *(painting) gallery*

La musique et la danse

le (la) musicien(-ienne) *musician*
la musique classique *classical music*
la musique contemporaine *contemporary music*
le rock *rock 'n' roll*
jouer d'un instrument *to play a musical instrument*
le (la) chanteur(-euse) *singer*
le choeur *choir, chorus*
un orchestre *orchestra*
un enregistrement *recording*
le disque *record*
le tourne-disque, un électrophone *record player*
le magnétophone *tape recorder*
la bande magnétique *tape*
le (la) danseur(-euse) *dancer*
le vitrail (les vitraux) *stained-glass window*

Mise en train

I. *Complétez les phrases suivantes en remplaçant les tirets par les mots qui correspondent le mieux à la définition donnée.*
   1. Un intervalle de temps entre les actes d'une pièce de théâtre ou les parties d'un spectacle est _____.
   2. La rédaction détaillée des scènes dont un film est composé est _____.
   3. Donner un prix à quelqu'un c'est _____ un prix à cette personne.

4. La traduction résumée des paroles d'un film étranger, en version originale, est présentée aux spectateurs sous forme de _____.
5. Dans le domaine du cinéma, la personne qui dirige la prise de vue est _____.
6. Pour projeter un film on a besoin _____ et _____.
7. Pour peindre, il faut trois choses : _____, _____ et _____.
8. La première représentation d'une pièce de théâtre s'appelle _____.

II. *Choisissez le mot de droite qui évoque le mieux le mot de gauche. Donnez une définition aux mots de droite.*

1. la littérature   a. la statue
2. le théâtre   b. l'émission
3. le cinéma   c. le chœur
4. la télévision   d. les coulisses
5. la peinture   e. le ballet
6. la sculpture   f. le tournage
7. la musique   g. le manuscrit
8. la danse   h. le pinceau

III. *Questions sur les photos. Répondez aux questions suivantes avec des phrases complètes.*
1. Quelles sont les différentes formes d'art représentées sur ces photos? Lesquelles manquent?
2. Décrivez chacune des photos en employant beaucoup de prépositions et de conjonctions de subordination.
3. Posez deux questions originales sur chacune des photos.
4. Parmi les formes d'art représentées, lesquelles demandent le plus de talent? Pourquoi?
5. Qu'est-ce que chaque photo évoque pour vous? Pour votre meilleur(e) ami(e)?

Un peintre du dimanche à Montmartre. Quel talent! Êtes-vous d'accord?

Le Festival d'Avignon c'est « hors Paris, un besoin, un désir de culture ».

La culture en province...

Parallèlement à la grande décentralisation des Pouvoirs—dont l'idée avait été lancée par de Gaulle, le projet d'application étudié et les décrets désormais° votés peu à peu—la province monte à l'assaut d'un autre pouvoir : la culture. Cet été, il y aura eu, en France, 700 festivals. Et même si, parfois, il s'agit d'un simple éclairage de ruines, par une nuit d'août, avec chœur des enfants des écoles, le mouvement est là. Il monte en flèche. La culture, c'est avant tout le besoin de croire en un monde meilleur, d'échapper au laminement° du quotidien.°

désormais *henceforth*

le laminement *the fact of making something go through the mill*/**quotidien** *daily*

Une idée de poète

En juillet 1947, il y a, dans la grande chapelle du Palais des Papes, à Avignon, une exposition prestigieuse qui réunit des toiles de Braque, Léger, Klee, Picasso. Il y a là, aussi, des amis de toujours de Picasso : le poète René Char et Jean Vilar. C'est René Char—seuls les poètes peuvent avoir des idées aussi folles—qui forme le projet de monter dans ce même endroit et dans la même semaine trois pièces du répertoire de Jean Vilar : *Richard II* de Shakespeare, *Toby et Sarah* de Claudel et *La Terrasse de midi* d'un certain

Clavel, alors inconnu, 20 ans et élève de Normale Sup.[1] Eux-mêmes reconnaissent qu'il s'agit d'un pari° impossible. Raison de plus pour le tenter! La municipalité prête la cour d'honneur du Palais des Papes. Les sympathisants y vont de leur obole° : trois mille francs de subvention. Matériel technique? Quinze projecteurs qu'on tiendra à bout de bras. Les Avignonnais° se chargent de l'accueil et du logement des acteurs. Le jeune Clavel prend son vélo et pédale jusqu'à Marseille (100 km) pour porter l'information aux journaux locaux. Le grand soir arrive et, à la surprise générale, c'est le triomphe. 5.000 spectateurs enthousiastes. Tout le Vaucluse est là, sans publicité, sans lancement spectaculaire. La preuve est faite qu'il y a, hors Paris, un besoin, un désir de culture. Et un public. Le Festival d'Avignon est né.

le pari *bet*

une obole *offering*

un(e) Avignonnais(e) *habitant d'Avignon*

Contre un certain Parisianisme...

Jean Vilar l'a décidé. Chaque été, il reviendra en Avignon pour 17 jours. Il lui réservera ses créations. Pas de raison pour que Paris soit toujours la ville la mieux servie. Il fait de la décentralisation sans le savoir.

Il ne cessera d'y consacrer ses forces, son énergie, son amour du théâtre. Quelques dates dans cette ascension d'Avignon comme reine du théâtre : 1951—c'est l'événement que l'on sait. Toute la France a les yeux de Chimène pour Gérard Philipe° : il est pour la première fois *Le Cid*[2] à Avignon. La même année, Vilar monte son fameux T.N.P.[3] et commence ses non moins fameuses tournées de province. Mais pendant 12 ans, de 1951 à 1963, date de son départ, il réservera toujours ses créations à Avignon, sa ville porte-bonheur.° Avec Vilar, le T.N.P. donnera 4.000 représentations en province, devant plus de cinq millions de spectateurs.

Toute la France...Philipe *everyone loves Gérard Philipe as Chimène does le Cid in the play*

porte-bonheur *lucky*

En 1963, donc, Vilar confie son cher T.N.P. à G. Wilson (pour raison de santé) mais il demeure directeur du Festival d'Avignon. Il commence à y inviter des troupes de province. En 1966, il l'ouvre à d'autres formes d'expression. C'est Béjart pour la danse. « Orden » pour la musique, avec Lavelli. C'est le cinéma avec Commencini... En 1971, Vilar meurt, à la veille du 25ᵉ Festival d'Avignon. L'équipe

---

[1] « Normale Sup » for « École Normale Supérieure » : very prestigious « Grande École » in France
[2] *Le Cid* : famous play of the seventeenth century by Pierre Corneille; Gérard Philipe played le Cid, the hero.
[3] T.N.P. : Théâtre National Populaire

continue. Paul Puaux, qui fut aux côtés de Vilar depuis le premier jour, reprend le flambeau.° Dans la lancée° de Vilar, il élargit encore l'éventail° des participants : Peter Brook, les Soviétiques et les troupes de province : Le Grenier de Toulouse, Rennes, Saint-Etienne, Planchon et sa troupe lyonnaise. La décentralisation en Avignon? On n'en parle même plus. 1980, le festival est devenu une entreprise rentable.° Une « Association de gestion » qui donne mandat,° pour cinq ans, à un inconnu qui ne l'est pas pour tout le monde : Bernard Faivre d'Arcier. Sans tapage et sans « pub »[4] il a déjà donné bien des preuves qu'il était digne de continuer l'œuvre de Vilar. Mais d'abord, qu'est-il?

le flambeau *torch*/**la lancée** *stride*
un éventail *range*

rentable *profitable*
donner un mandat à quelqu'un *to mandate somebody to do*

Un provincial *dans l'âme*

Faivre d'Arcier est un pur produit franc-comtois.° Famille originaire d'un village du XIVe, Arcier, près de Besançon. L'œil bleu, la barbe rousse,° il dit fièrement que sa famille s'est toujours consacrée au service public, de Dieu ou de l'État. Chez lui, il semblerait que les hommes aient été, de préférence, ou général, ou évêque! Sans lésiner° sur la grandeur de la tâche. Dans la tradition familiale, Bernard Faivre d'Arcier entre à l'E.N.A.[5] Sorti dans un bon rang, il refuse les Finances et demande la Culture. À 27 ans, il crée un bureau d'assistance technique aux villes moyennes. Curieusement, c'est l'Équipement qui lui alloue un budget. Avec une petite équipe, il parcourt la France, discute avec les municipalités de leurs possibilités culturelles. Pour lui, il s'agit aussi bien d'aider à la rénovation d'une usine désaffectée° qui servira de centre culturel que d'aider le maire à monter une troupe d'amateurs, une chorale ou même d'implanter un cinéma. « Petites actions peu spectaculaires, dit-il, mais utiles localement ». Quand on lui demande d'en citer quelques-unes, il répond pudiquement : « Je n'aime pas les feux des projecteurs ».

Maintenant, il est servi!° On parle beaucoup de lui, par ici, pour la bonne raison qu'il n'a cessé d'améliorer le festival. In 1982, à son actif° cet été : 125.000 spectateurs. Record battu. Une cinquantaine de spectacles, regroupant théâtre, danse, mimes, récitals. Seize troupes de province, venues aussi bien de Gennevilliers, Ivry, Bourges que de Grenoble ou d'Orange. Et pour rafraîchir les idées françaises, il a également invité des troupes du monde entier :

Franc-Comtois *de la province de Franche-Comté, région est de la France*
roux (rousse) *red (for hair)*
lésiner *to skimp*

désaffecté *disused*

être servi *here, to have one's share*
à son actif *to his credit*

[4] pub : publicité
[5] E.N.A. : École Nationale d'Administration

américaines, canadiennes, italiennes, japonaises, javanaises, anglaises, hollandaises, indonésiennes, allemandes, etc.... Faivre d'Arcier est l'homme des « spectacles vivants », comme on dit, pour faire la différence avec ceux des salles obscures.

Pour raisons professionnelles : il est surmené.° Il semble garder une nostalgie du temps béni° où il courait les petites villes « pour semer° de la graine, aider les gens à découvrir ce qu'ils souhaitent vraiment. Privilégier leur héritage culturel rural, agraire, pour exorciser le côté inhumain des grandes villes ». Pour preuve de ce qu'il avance, il a invité cet été une troupe japonaise de théâtre moderne dont les racines s'ancrent° dans l'antique théâtre No.

surmené *overworked*
béni *blessed*
semer *to sow*

s'ancrer *to take root*

« Nous ne sommes pas le festival officiel du gouvernement »

Malheureusement, ce sont les régions économiquement le mieux développées qui ont les moyens de satisfaire leur appétit de culture. D'où, sans doute, l'essor° constant d'Avignon, devenu le festival numéro un de France. « Mais nous ne sommes pas le festival officiel du gouvernement, je m'y refuse. Je suis contre le manichéisme[6] du pouvoir, quelle que soit sa couleur politique. Je veux ouvrir à tous les perspectives artistiques. Je veux le public contre l'État, s'il le faut. Les artistes doivent passer avant les politiques ». D'ailleurs, l'État n'entre que pour 15% dans le budget du festival. 50% des ressources viennent d'Avignon même, 30% des billets, 5% de la S.N.C.F.,[7] Radio-France et divers. Cette année, il y a eu, à Avignon, une délégation de l'Assemblée Nationale, venue voir comment ça se passait. Faivre d'Arcier jubile (pour une fois!) : « Ils se sont trouvés dans l'obligation d'écouter les artistes, au lieu de s'écouter entre eux, comme d'habitude. Ils ont pris une petite leçon d'évolution sociale ».

un essor *flight (of bird); here, rising*

Une fête nationale...

Avignon, c'est désormais quatre semaines où un énorme public vient faire le point de la création contemporaine. Parmi eux, 20% d'étrangers, 17% de Parisiens, les 63% restants représentant toutes les provinces. « C'est une fête nationale, car toutes les régions y sont représentées. C'est

---

[6] manichéisme : oversimplification, to see something as black or white and nothing in between
[7] La S.N.C.F. : Société Nationale des Chemins de Fer Français

aussi une fête de la communication entre créateurs et spectateurs, faite de chair, d'os, d'inquiétude et d'éphémère ». Le public est neuf—souvent il s'agit de personnes qui n'ont pas la possibilité, dans l'année, d'aller au spectacle et, toujours, de gens qui estiment que l'art est une valeur importante. 10% des spectacles tombent à ce banc d'essai d'Avignon. Quand le public n'aime pas, il hurle,° trépigne.° Il a ses propres goûts, sa propre sensibilité. Il n'a pas été prévenu par l'oeil sacro-saint des initiés. (Faivre d'Arcier se dit excédé° par la « critique nationale » parisienne.) « On sait bien davantage, en province, réveiller peu à peu la France profonde. On n'y montre pas de ces snobismes d'opinion capables de tuer sans appel un spectacle à ses débuts. » À Avignon, on démarre tous les risques,° on essuie les plâtres.° Les créateurs, quels qu'ils soient, se trouvent trop souvent freinés,° à leurs débuts, par des problèmes de financement. Un spectacle, même difficile, même de pointe,° vu et choisi pendant l'hiver par Faivre d'Arcier et son équipe, a toutes ses chances en Avignon. On lui offre un vaste public. Un vrai public. Sans préjugé—puisque certains voient du théâtre pour la première fois.

hurler *to yell out*
trépigner *to stamp one's feet*
excédé *exasperated*

on démarre...risques *they start all the productions that risk failure*
essuyer les plâtres *to have teething troubles*
freiner *to slow down*
spectacle de pointe *ahead of its time*

« Quand ils aiment c'est le signe que l'oeuvre peut exister, faire son chemin dans la mémoire ». Et aussi dans le coeur, le rêve ou l'âme. Entrer dans la grande ronde de ce qu'on appelle l'art. Populaire ou pas. Provincial ou pas. Plutôt du monde entier.

Claire Gallois, reproduit de *Marie-France*

Compréhension et discussion

1. Qu'est-ce que la culture, avant tout?
2. Qui a eu l'idée de monter le premier Festival d'Avignon et dans quelles circonstances?
3. Quelle décision Jean Vilar a-t-il prise ensuite?
4. Pourquoi a-t-il réservé ses créations à Avignon?
5. Comment la consécration d'Avignon s'est-elle faite en 1951?
6. Qui est Faivre d'Arcier et quel est son rôle dans le Festival d'Avignon?
7. En quoi consistait son travail en début de carrière?
8. Quel a été son rôle dans le développement du Festival ces dernières années?
9. Pourquoi les envoyés du gouvernement ont-ils pris « une petite leçon d'évolution sociale » selon F. d'Arcier?
10. Quel est le pourcentage de Parisiens, de Provinciaux, et d'étrangers qui viennent au Festival et comment ces spectateurs se conduisent-ils?

Discussion ou composition

1. En quoi le Festival d'Avignon est-il une « décentralisation » culturelle?
2. Quel rôle la culture occupe-t-elle dans votre vie? Comment?
3. Une des premières pièces montées à Avignon a été le *Richard II* de Shakespeare. Pensez-vous qu'un chef-doeuvre de ce genre perde à être traduit dans une langue étrangère? Discutez.
4. Pour la première du Festival d'Avignon, le poète René Char a choisi trois pièces. Considérez ces pièces et dites ce que vous pensez de ce choix. Qu'auriez-vous proposé comme choix de pièces? Expliquez.
5. Serait-ce une bonne idée d'organiser un T.N.P. (Théâtre National Populaire) aux États-Unis? Quelles seraient les chances de réussite? Pourquoi?
6. Les festivals se passent en plein air. Voyez-vous des avantages et des inconvénients à un tel système dans le cas : d'une pièce de théâtre, d'un film, d'un spectacle de danse, d'un concert de musique symphonique, d'un concert de rock, d'un récital de chanteur d'Opéra?
7. Pour quelles raisons le Festival d'Avignon n'est-il pas le festival officiel du gouvernement?
8. Si le Festival d'Avignon était le festival officiel du gouvernement quels problèmes pourraient se poser?
9. Comment se manifeste une culture de propagande comme celle qui existe dans les pays communistes (U.R.S.S. et satellites, Chine) et quelle en est sa valeur?
10. Si vous deveniez le nouveau directeur du Festival d'Avignon, quelles innovations proposeriez-vous? (au moins deux)

Composition

1. Racontez comment le festival d'Avignon est né et la première de ce festival.
2. Quelles innovations ont été introduites par le nouveau directeur? Donnez votre opinion sur chacune de ces innovations.
3. Comment peut-on dire que le Festival d'Avignon est comme une fête nationale?
4. Considérez tous les aspects positifs du Festival d'Avignon.

Et maintenant...

1. À partir du texte, considérez comment la culture entre dans la vie des Français de province.
2. Relevez dans le texte tous les passages où on voit un désir de s'éloigner de l'influence de Paris, quelle qu'elle soit.

Jeanne Moreau dans un de ses films.

Une interview exclusive de Jeanne Moreau

Pour l'Américain d'aujourd'hui, qui mieux que personne, symbolise le cinéma français? Deux noms viennent à l'esprit : Jeanne Moreau et Simone Signoret. Un nouveau film, *l'Adolescente* vient de réunir ces deux grandes actrices, mais cette fois, Jeanne Moreau était derrière les caméras.

JOURNAL FRANÇAIS D'AMÉRIQUE : Vous voici metteur en scène. Après avoir été si longtemps la grande actrice internationale, votre nouvelle carrière vous trouve-t-elle dépaysée?

JEANNE MOREAU : Quand on tourne, c'est la discipline complète, on est soumis à un entraînement très rigoureux. Même avant le tournage, il y a une mise en condition instinctive : périodes d'essayage des costumes, rencontres avec les maquilleurs et les coiffeurs, etc.... Puis, durant le tournage, au jour le jour, quand on est pris dans l'engrenage,° on est coupé du monde, on n'a plus envie de lire les journaux. On est épuisé, vidé mentalement et physiquement. Après, il faut un certain temps pour se remettre,° et, s'il y a un autre film, il faut enchaîner très vite.

Lorsque vous êtes acteur vous vivez en marge du monde, dans un autre monde parallèle, très riche et fantastique qui vous isole des soucis de la vie quotidienne. Mais

quand...l'engrenage when one is caught up in the system
se remettre to recover

cela me donne l'impression qu'il se passe des choses que j'ai envie de connaître.

J.F.A. : Quand avez-vous ressenti l'envie de passer de l'autre côté des caméras? Comment s'est fait le passage de l'actrice au metteur en scène?

JEANNE MOREAU : Déjà vers les années 68–69, j'y pensais. En 1970, Orson Welles m'avait dit après une discussion : « Jeanne, si tu as vraiment envie de le faire, rien ne peut t'en empêcher ». Mais il m'a fallu presque cinq ans avant de me décider. L'éducation des femmes de ma génération fait qu'elles ont tendance à se laisser diriger, à se soumettre à l'organisation des autres. S'il y a eu des difficultés, elles ne venaient pas de l'extérieur, elles venaient de moi; je me demandais si je devais, si j'arriverais à convaincre les autres. J'ai fait mon premier film *Lumière* en 1975. Mais la transition s'est faite tout naturellement. J'ai toujours travaillé sur les plateaux de cinéma avec passion et curiosité. J'adore le cinéma. Je ne me suis jamais ennuyée. Cela me rappelle le fameux mot de Greta Garbo à qui on venait d'annoncer qu'elle avait tourné quinze films : « Ah bon? C'est drôle! J'ai l'impression que je n'ai rien fait qu'attendre! »

Moi, je n'ai jamais attendu parce que j'ai toujours été concernée par l'organisation technique d'un tournage. J'ai toujours eu la chance de tourner sous la direction de metteurs en scène exigeants° et remarquables : Welles, Buñuel, Malle, Truffaut... J'étais fascinée par la façon dont ils décidaient de planter la caméra, les mouvements, l'appareil, le choix des objectifs, la façon d'éclairer, etc.... Cela a donc été une évolution insensible. Mes rapports avec les techniciens étaient aussi importants qu'avec les acteurs. Donc je connaissais tout le monde, le moment venu, j'ai pu m'entourer des meilleurs techniciens.

exigeant *demanding*

J.F.A. : Comment vous est venue l'idée originale du scénario de *l'Adolescente*?

JEANNE MOREAU : Il s'agit d'un film sur une petite fille, alors que dans mon premier film, *Lumière*, il s'agissait de l'amitié de quatre femmes. Ne sachant pas ce qui se passe dans la tête d'un garçon, j'ai décidé de faire un film sur les angoisses° entourant le passage de l'enfance à l'adolescence chez une petite fille de onze ans et demi. Les changements physiques de la puberté sont plus visibles chez les filles que chez les garçons. C'est à cette période troublée de la vie, que l'adolescent prend conscience du monde qui l'entoure, et que le langage des adultes devient clair au lieu de ressembler à un code.

une angoisse *anxiety*

Les enfants ne comprennent pas vraiment les relations d'adultes, les relations sexuelles. Lorsqu'ils les comprennent, cela peut être traumatisant car ils pensent qu'on les a trompés ces douze ans de leur vie, et qu'ils sont passés à côté de choses importantes. Sans nous en rendre compte, en devenant adolescent, nous perdons à jamais une période d'innocence.

En contrepoint à cette évolution, chaque individu vieillit parallèlement au monde et la vie est ponctuée, de façon proche ou lointaine, par les événements importants, auxquels on ne pense pas quand on imagine la vie qui sera la nôtre...

Dans *l'Adolescente*, j'ai choisi de raconter la découverte des grands changements dans son corps comme dans son esprit, chez une petite fille de onze ans et demi durant des vacances qui ne sont plus, cette fois, les mêmes que les autres années. C'est le dernier été avant la déclaration de guerre de septembre '39. Mais il s'agit surtout des relations entre des femmes de trois générations, la grand-mère (Simone Signoret), la mère (Edith Clever) et la petite-fille (Laetitia Chauveau) pendant ces derniers mois de paix avant la drôle de guerre. Après, tout bascule,° tout est différent.

basculer *to tip over*

J.F.A. : Comment abordez-vous un scénario? Avez-vous une méthode?

JEANNE MOREAU : Je développe seule les idées que je veux souligner. Dans ce film, la perte de l'innocence et la perte de la douceur de vivre. Mais l'histoire n'est pas pessimiste. Nous devons tous continuer à vivre, même après avoir perdu notre innocence. J'ai aussi rencontré la grande écrivain, Henriette Jelinek qui a gardé des liens étroits avec la province, est demeurée très près de la nature, ce dont j'avais besoin pour construire mon scénario. Aux États-Unis, à New York et à Los Angeles, nous avions d'interminables discussions. La distance qui nous séparait de la France ajoutait des dimensions plus profondes au scénario dans lequel je voulais voir se refléter mon attachement à la province française ainsi qu'aux mystères du cœur et de l'esprit de l'enfant.

J.F.A. : Simone Signoret interprète un de ses plus beaux rôles de femme remplie d'une grande sagesse° et d'une grande tolérance. Avez-vous dès le début, pensé à elle, ou son image s'est-elle imposée au fur et à mesure que se développait le scénario?

la sagesse *wisdom*

JEANNE MOREAU : Lors de la première partie du travail, lorsque j'écrivais seule, j'étais dans l'imaginaire, dans la fantaisie la plus totale. Je n'avais alors aucune idée des acteurs ou des actrices. La deuxième mouture,° en collaboration avec Henriette Jelinek, nous a amenées à mettre des visages sur les personnages, sauf sur celui de la petite fille, Marie. J'ai graduellement pensé à Signoret qui joue le rôle de la grand-mère aubergiste,° jadis parisienne mais revenue au pays natal. Elle a acquis une connaissance de la nature humaine qui lui enseigne amour et tolérance.

la mouture *rehash*

un(e) aubergiste *innkeeper*

Le personnage m'a été inspiré par une femme que j'ai vraiment connue et qui a eu une influence déterminante dans ma vie. Ce n'était pas ma grand-mère mais elle faisait partie de ma famille affective. Mais ce n'est pas une œuvre autobiographique. Certes, on travaille toujours avec ses souvenirs mais l'essentiel de l'histoire a été inventé.

Pour la petite fille, il m'a été très difficile de trouver quelqu'un. Cela a demandé une recherche longue et compliquée. J'ai auditionné environ quarante petites filles. Au dernier moment, j'ai rencontré Laetitia qui n'avait jamais joué, mais était écolière. J'ai dû avoir beaucoup de doigté° avec elle car elle résistait à ce que je voulais lui faire exprimer.

le doigté *tact*

J.F.A. : Les scènes de nature du film sont superbes. Où avez-vous tourné le film?

JEANNE MOREAU : En effet, la nature joue un grand rôle dans le film. Les personnages sont toujours vus sur un fond naturel. Il fallait trouver en France un paysage qui n'ait pas changé, qui n'ait pas été modifié par la vie moderne. Enfin quatre semaines seulement avant le tournage, nous avons découvert dans la vallée du Lot...un paysage très sauvage, très beau et très pur, pas de grandes autoroutes, pas d'usines, pas de villas modernes. Là, le paysage n'a pas bougé depuis des siècles, la terre nourrit ses gens et en retour, ils prennent soin d'elle. La population nous a admirablement reçus. Pour la scène finale du bal populaire, nous avons demandé leur contribution comme acteurs et ils ont été adorables.

J.F.A. : Comment votre nouveau rôle de metteur en scène a-t-il été perçu par vos collègues acteurs, par les metteurs en scène? Avez-vous eu des difficultés à obtenir du financement du fait que vous étiez femme?

JEANNE MOREAU : Les banquiers auxquels je me suis adressée, me disaient bien : « Vous êtes une star. Pourquoi vous lancer dans une aventure comme la mise en scène? » Sans doute ne trouvaient-ils pas sérieux ce genre de travail. Dans l'ensemble, il a été difficile de financer le film, non pas parce que j'étais une femme, mais simplement parce que si le cinéma français est riche de talents, l'industrie cinématographique n'est pas considérée comme une source de revenus comme c'est le cas aux États-Unis. C'est comme si les banquiers en avaient honte,° comme s'ils donnaient de l'argent à fonds perdus° et en cachette!°...

avoir honte *to be ashamed*
argent...perdus *money you can kiss goodbye/*
en cachette *behind somebody's back*

J.F.A. : Est-ce qu'il y a de l'avenir pour les jeunes femmes dans votre profession?

JEANNE MOREAU : Il y a toujours de l'avenir pour le cinéma. Il y a des ouvertures immenses; avec la télévision par câble et la vidéo, des progrès techniques extraordinaires ont été faits. Le cinéma va évoluer mais on ne peut pas remplacer le cinéma. Il offre un dépaysement indispensable (je ne parle pas de cinéma comme moyen d'information). Si, dans les années 50–60, tout le monde voulait être photographe, de nos jours, tout le monde veut faire du cinéma. Il y a beaucoup d'appelés et peu d'élus dans nos écoles de cinéma, mais il y a aussi de la place et de la place pour les femmes, comme techniciens, femmes cadreuses, monteuses, ingénieurs du son, metteurs en scène, c'est un domaine qui s'étend beaucoup.

J.F.A. : Quels sont vos projets° immédiats, comme actrice et metteur en scène, comme artiste en général.

le projet *plan*

JEANNE MOREAU : Comme actrice je viens de tourner un film avec Joseph Losey. Le film s'appelle *La Truite*, d'après un ouvrage de Roger Vaillant; j'ai aussi tourné dans le dernier film de Fassbinder : *Querelle de Brest* d'après Jean Genêt. Nous l'avons tourné en mars dernier en vingt-six jours... J'y joue le seul rôle de femme, une tenancière° de bar. Ces deux films sont sélectionnés pour le Festival du Film de Venise.

la tenancière *manageress*

Au mois d'octobre, je viendrai à New York présenter le film *Querelle de Brest* et à la même occasion, mon film *l'Adolescente* sortira sur les écrans new-yorkais. J'aime beaucoup chanter; depuis *Jules et Jim*, j'ai enregistré plusieurs albums, dont un album qui a été primé par l'Académie Charles Gros. J'ai l'intention de faire un disque de poésies d'un Américain, mais je n'ai pas encore choisi qui.

Et puis, je travaille aussi à mon troisième film, dont je ne peux pas encore vous parler. Je sais qu'il se passera en Afrique du Nord et qu'après les deux premiers qui parlaient de femmes et de petite fille, celui-ci parlera d'hommes.

Anne Prah-Pérochon, *Le Journal français d'Amérique*

Compréhension et discussion

1. Quelles sont les deux actrices qui symbolisent le cinéma français pour les Américains?
2. En quoi consiste la nouvelle carrière de Jeanne Moreau?
3. Pourquoi n'a-t-elle plus envie de lire les journaux?
4. Qui a encouragé J. Moreau à se lancer dans la mise en scène et comment l'a-t-il fait?
5. Pourquoi J. Moreau a-t-elle hésité cinq ans?
6. Selon elle, par quoi a-t-elle été aidée au début de sa nouvelle carrière?
7. Quelle méthode J. Moreau emploie-t-elle pour aborder un scénario?
8. Qui est Henriette Jelinek et pour quelles raisons J. Moreau a-t-elle eu de nombreuses discussions avec elle?
9. Quelles difficultés J. Moreau a-t-elle eues avec Laetitia?
10. Quels sont les projets immédiats de J. Moreau?

Discussion ou composition

1. Expliquez en quoi consiste « l'entraînement rigoureux » dont parle J. Moreau.
2. Pourquoi les acteurs vivent-ils en dehors du monde selon J. Moreau?
3. Qu'est-ce qui a empêché J. Moreau de se lancer tout de suite dans sa nouvelle voie?
4. De quoi s'agit-il dans le film qu'elle vient de tourner : *l'Adolescente*?
5. Pour quelles raisons le passage de l'enfance à l'adolescence est-il une période difficile pour les petites filles? Pour les petits garçons?
6. Discutez le rôle des scènes de nature dans un film. Qu'apportent-elles au film, aux spectateurs?
7. Pourquoi l'histoire de *l'Adolescente* n'est-elle pas autobiographique?
8. Comment la population de la région, où le film a été tourné, a-t-elle réagi?
9. Pour quelles raisons J. Moreau a-t-elle eu des difficultés à obtenir du financement pour son film?
10. Quels sont les débouchés que J. Moreau voit pour les femmes dans sa nouvelle profession?

Composition

1. Expliquez quelle a été l'éducation que J. Moreau a reçue et quel rôle cette éducation a joué dans sa nouvelle carrière.
2. Décrivez le paysage que le film demandait d'après J. Moreau.
3. Quel personnage Simone Signoret joue-t-elle dans le film et comment le joue-t-elle?
4. Aimeriez-vous voir *l'Adolescente*? Pourquoi ou pourquoi pas?

276   Beaux-arts et spectacles

Et maintenant...

1. Faites une liste, avec explications, des éléments positifs que J. Moreau a rencontrés dans sa nouvelle profession et pour l'élaboration de son film *l'Adolescente*.
2. Faites une seconde liste avec les difficultés qu'elle a rencontrées (avec explications) pour montrer comment elles les a surmontées.

Exercices récapitulatifs

A. *Complétez les phrases suivantes avec les prépositions qui conviennent.*
   1. Notre ingénieur _____ son est un technicien _____ valeur.
   2. Les instruments _____ cordes sont difficiles _____ accorder.
   3. Les enregistrements _____ disques ont eu beaucoup _____ succès.
   4. Il joue très bien _____ violoncelle et sa femme joue _____ la guitare.
   5. _____ la scène se trouvent les coulisses et _____ la scène, la partie où il y a le bord s'appelle la rampe.
   6. Nous ne verrons rien, l'écran est placé trop _____ nos places.
   7. La salle était pleine _____ spectateurs et _____ l'entracte presque tout le monde est sorti.
   8. _____ un metteur en scène comme lui, le film n'aurait pas été bien reçu _____ le public.

B. *Complétez les phrases suivantes avec les prépositions qui conviennent.*
   1. On a tourné son dernier film _____ Argentine et pour le prochain il projette _____ aller _____ Mexique ou _____ Chine.
   2. Les musiciens ont présenté un concert dans plusieurs villes _____ États-Unis. Ils ont joué _____ New York, _____ la Nouvelle Orléans et _____ San Francisco.
   3. Elle a monté une pièce _____ États-Unis. Elle sera aussi représentée _____ Canada et _____ Amérique du Sud.
   4. Cet écrivain célèbre a vécu _____ de nombreux états _____ États-Unis; en particulier _____ Texas, _____ Caroline du sud, _____ Maine et _____ Californie.
   5. Ces acteurs ont fait des tournées dans le monde entier. _____ Europe ils se sont rendus _____ Suisse, _____ Danemark, _____ Norvège, _____ Allemagne _____ sud, _____ Angleterre, _____ Portugal et _____ Espagne.
   6. Il est allé _____ Mans, _____ Havre _____ Cannes et _____ Nice.

C. *Complétez les phrases suivantes en remplaçant les tirets par les prépositions suivantes qui conviennent (si plus d'une convient, donnez plusieurs solutions)* : à côté de, au dessus de, autour de, au haut de, à l'extérieur de, en face de, le long de, près de.
   1. Le sculpteur a placé ses deux statues l'une _____ l'autre.

2. Où as-tu mis ma bande magnétique? Elle est sur la table _____ tourne-disque.
3. Nos places sont situées _____ parterre. Ce sont de très bonnes places.
4. La camera a été placée _____ la colline pour prendre les meilleures vues.
5. Comme la salle était comble, beaucoup de gens ont dû rester _____ théâtre.
6. Les chanteurs de la chorale se tiennent _____ magnifique balcon de la cathédrale.
7. Dans ce paysage, les personnes semblent marcher _____ la plage en s'éloignant de nous.
8. Nous sommes trop _____ l'orchestre. Pour un concert de rock, plus on est loin, mieux ça vaut.

D. *Faites des phrases complètes avec les prépositions suivantes et le vocabulaire qui figure en tête du chapitre.*
   1. à
   2. pour
   3. sur
   4. durant
   5. au dessus de
   6. à l'intérieur de
   7. sauf
   8. chez

E. *Complétez les phrases suivantes avec une des conjonctions de subordination suivantes :* quand, puisque, après que, sans que, de telle sorte que (*deux fois*), au cas où, avant que.
   1. Ils ont changé de place _____ ils ont pu voir les sous-titres.
   2. La représentation a commencé _____ le rideau a été levé.
   3. _____ vous êtes venu de bonne heure, répétons cette scène encore une fois.
   4. _____ le spectacle sera terminé, nous irons féliciter les acteurs dans leurs loges.
   5. Il faudra au moins deux autres répétitions _____ cette pièce puisse être présentée au public.
   6. _____ vous passeriez par Avignon, envoyez-moi une carte postale du Palais des Papes.
   7. Ils ont changé de place _____ le photographe puisse avoir une meilleure perspective du château.
   8. Son manuscrit a été publié _____ elle ne le sache.

F. *Complétez les phrases suivantes avec les verbes entre parenthèses au mode et au temps qui conviennent.*
   1. Pourvu que cette pièce _____ (*faire*) partie de leur répertoire.
   2. Tandis que le rideau _____ (*se lever*), nous pouvions admirer les splendides décors.
   3. Étant donné que les acteurs _____ (*être épuisé*) il faut qu'on _____ (*faire*) relâche un jour par semaine.
   4. Dès qu'il _____ (*terminer*) sa toile, il la présentera au salon d'automne.

5. Ils ne sont pas restés jusqu'à la fin parce que la pièce _____ (*sembler*) un véritable four.
6. Les critiques n'ont pas été favorables, bien que sa dernière pièce _____ (*réussir*) auprès du public.
7. Aussitôt que le scénario _____ (*être*) au point, nous l'enverrons au metteur en scène.
8. Le journaliste a décidé de ne pas quitter la ville de peur qu'il _____ (*ne pas pouvoir*) rencontrer cet acteur célèbre.

I. *Questions de culture générale*
   1. En considérant les textes de ce chapitre, dites quel semble être le rôle de la culture dans la vie des Français.
   2. Beaucoup de Français pensent que peu d'Américains s'intéressent à la culture. Démontrez-leur que c'est faux avec des arguments et des exemples.
   3. La musique semble être la forme d'art la plus accessible aujourd'hui. Discutez, donnez votre avis et justifiez votre réponse.
   4. Il semble que certaines nations soient plus douées que d'autres pour une forme d'art spéciale :
      a. essayez de situer ces nations en considérant les formes d'art suivantes : la musique, la danse, la littérature, le cinéma, la peinture. (Donnez au moins deux nations.)
      b. essayez d'expliquer ces phénomènes, et si vous le pouvez, donnez plusieurs raisons.

II. *Activités en groupes*
   A. Activités en petits groupes
      1. Aimeriez-vous mieux être star ou metteur en scène? Pourquoi?
      2. Si vous deviez vous isoler à la campagne pour le reste de votre vie, quels sont les trois livres que vous emporteriez sans hésitation avec vous? Pour quelles raisons?
      3. Discutez le cinéma pornographique. A-t-il une mauvaise influence sur les moeurs? A-t-il de la valeur en tant que moyen éducatif. En tant qu'art?
      4. Choisissez deux formes d'art qui ont une influence sur votre vie. Faites ensuite un sondage pour voir quelles sont les formes d'art les plus recherchées parmi les étudiants de votre classe.
   B. Activités en groupes de deux
      Expliquez quel est votre film préféré et pourquoi.

III. *Composition écrite*
   Vous êtes écrivain, et vous avez l'intention d'écrire un livre. Faites un résumé de ce que sera ce chef-d'oeuvre.

IV. *Situations*
   1. Vous avez la chance de pouvoir rencontrer votre acteur (actrice) préféré(e). Préparez dix questions que vous aimeriez lui poser. Ensuite, comparez vos questions à celles des membres de votre groupe et choisissez en cinq qui vous paraissent les meilleures.

2. Vous voilà devenu critique d'art. Vous choisissez un tableau de Renoir et vous essayez d'en montrer la technique : la disposition des personnages, les couleurs, les effets spéciaux, la beauté, etc., enfin, pourquoi c'est un chef d'oeuvre.
3. Vous devez choisir entre un tableau de Monet ou un tableau de Braque. Que décidez-vous? Pour quelles raisons?

V. *Débats*
1. Cinéma, théâtre ou télévision?
2. a. la musique classique ou le rock.
   b. l'amour de l'un exclue-t-il l'acceptation ou l'appréciation de l'autre?

Quelque chose de curieux
1. La critique est aisée et l'art est difficile.
2. C'est le ton qui fait la musique.
3. À l'oeuvre on connaît l'artisan.

Lexique

Abréviations

adj   adjectif
adv   adverbe
conj   conjonction
f   féminin
inf   infinitif
inv   invariable
m   masculin
nf   nom féminin
nfpl   nom féminin pluriel
nm   nom masculin
nmpl   nom masculin pluriel
pl   pluriel
prép   préposition
pron   pronom

abattre *to cut down, to pull down*
abeille nf *bee*
abord nm *landing, access, approach* / **d'** ___ adv *at first* / **au premier** ___ *at first sight*
aborder *to arrive at, to approach, to land*
aboyer *to bark*
abri nm *shelter* / **à l'** ___ *sheltered*
accepter *to accept* / ___ **de**+inf *to accept to*
accompagner *to accompany*
accord nm *agreement* / **être d'** ___ **(avec)** *to agree (with)*
accorder *to make agree, to reconcile*
s'accoutumer (à) *to get used (to)*
accueil nm *welcome*
accueillant adj *welcoming*
accueillir *to welcome*
achat nm *purchase*
achever *to end, to finish, to terminate* / ___ **de**+inf *to finish to*
acteur (actrice) *actor, actress*
actif (-ve) adj *active*
addition nf *bill, check*
admettre *to admit, to let in*

adresser (à) *to send* / **s'** ___ **(à)** *to apply*
adroit *skillful, clever, crafty*
aéroport nm *airport*
affaire nf *matter, business, case (police)* / **un homme d'** ___ **s** *businessman*
agaçant adj *irritating*
agir *to act, to do* / **il s'agit de** *it's a question of*
agiter *to agitate, to shake* / **s'** ___ *to be restless*
aide-cuisinier nm *cook's assistant*
aider *to help* / ___ **quelqu'un** *to help someone* / ___ **à**+inf *to help to*
aiguille nf *needle, hairpin*
aiguillon nm *sting, spur, incentive*
d'ailleurs *besides, moreover*
aîné(e) nm ou nf ou adj *firstborn / elder, eldest*
air nm *air, tune, look* / **en plein** ___ *in open air* / **avoir l'** ___ *to look, to appear* **prendre l'** ___ *to take a walk*
aisément adv *easily*
ajouter *to add*
aliment nm *food*
alléchant adj *attractive, tempting*
allemand adj *German* / **Allemand** nm *German man*
allié nm *ally*
allumette nf *match*
amant nm+adj *lover / loving*
amateur nm (f: **amatrice**) *amateur person*
âme nf *soul*
aménager *to plan, to prepare*
amoureux (-euse) adj *loving, enamored, in love* / **être** ___ **de** *to be in love with*
ampoule nf *blister, swelling, bulb (electric)*
s'amuser *to amuse oneself, to have a nice time, to have fun* / ___ **à**+inf *to enjoy to*

ancien (ancienne) adj *ancient, former, old*
s'ancrer *to get a footing*
ange nm *angel*
annonce nf *announcement /* **petites ____s** *classified ads*
août nm *August*
apaiser *to pacify, to calm, to appease*
appartenir à *to belong to*
appel nm *call, appeal*
appétit nm *appetite, relish*
apporter *to bring*
apprendre *to learn, to hear of, to be informed of, to acquire, to tell, to inform, to teach /* **____ à**+inf *to learn to*
apprenti nm *apprentice, beginner*
s'apprêter à *to get ready to*
s'apprivoiser *to become sociable, to become tame*
s'approvisionner *to supply oneself*
appuyer *to lean (something), to press, to back up*
après-midi nm ou f *afternoon*
araignée nf *spider*
argent nm *silver, money*
argument nm *reason, argument*
armateur nm *shipowner*
arracher *to pull, to tear away /* **s'____** *to tear oneself away*
arroser *to water, to sprinkle, to irrigate*
article nm *article, item*
artiste nm ou f *artist*
aspirer *to breathe in, to inhale, to aim at*
assaut nm *assault, attack*
s'asseoir *to sit (down)*
assis adj *seated*
atelier nm *workshop, studio*
atout nm *trump*
atteindre *to reach*
atteler *to harness, to yoke*
attendre *to wait (for), to expect /* **s'____ à** *to expect*
attente nf *waiting*
attirer *to attract*
attristant adj *saddening*
aube nf *dawn, daybreak*

auberge nf *inn*
aubergine nf *eggplant*
aubergiste nm ou nf *innkeeper*
auprès de adv *close to*
aussitôt adv *immediately /* **____ que** conj *as soon as*
autant adv *as much, so much /* **____ de** *as much /* **____ que** *as much as*
automne nm *fall, autumn /* **en ____** *in the fall*
automobiliste nm et nf *motorist*
autoroute nf *freeway, turnpike*
auto-stop nm *hitchhiking /* **faire de l'____** *to hitchhike*
autour (de) prép *about, around*
autre adj *other, different*
autrefois adv *formerly, in the past*
d'avance adv *in advance*
avantage nm *advantage*
avant-hier adv *day before yesterday*
avare adj *stingy*
avenir nm *future*
avertir *to warn*
avion nm *airplane*
avis nm *advice, opinion /* **à mon ____** *in my opinion*
avocat nm *lawyer*
avortement nm *abortion*
avorter *to abort, to miscarry*
avouer *to admit*

baguette nf *switch, rod, wand, long roll (French bread)*
baie nf *berry, bay*
baignade nf *bathing*
bain nm *bath*
baiser nm *kiss*
banc nm *bench /* **____ d'essai** *test bench*
bande nf *group, band /* **____ dessinée** *cartoon /* **____ magnétique** *tape (for recorder)*
banlieue nf *suburb*
barbe nf *beard*
barbiche nf *goatee*
barrière nf *fence*
bas nm *lower part, bottom /* **en ____ de** *at the foot of*

basculer *to rock, to swing*
bassiste nm *cellist, tuba player, saxhorn player*
bataille nf *battle /* **en ____** *in a fighting manner or mood*
bâton nm *stick*
battre *to beat, to strike /* **se ____** *to fight*
bavarder *to chat*
beau (belle) adj *beautiful*
bec nm *beak, bill, mouth*
bénéfique adj *beneficial*
béni adj *blessed*
berceau nm *cradle*
berger nm *shepherd*
besoin nm *need /* **avoir____ (de)** *to need (someone or something)*
betterave nf *beet*
bibliothécaire nm ou f *librarian*
bien nm *good /* **les ____s** nmpl *goods, chattel*
bien-être nm *well-being*
bienfait nm *kindness, benefit*
bijou nm *jewel*
bijoutier nm *jeweler*
bilan nm *result, balance sheet*
billet nm *ticket, note*
biscuit nm *biscuit, cracker*
blanc (blanche) adj *white*
blé nm *wheat*
blesser *to hurt, to wound*
blette nf *chard*
se blottir *to curl up, to smuggle*
bœuf nm *ox, beef*
boire *to drink*
bois nm *wood*
boîte nf *box /* **____ à musique** *music box*
bonbon nm *candy*
bonheur nm *happiness*
bonne nf *maid*
bonté nf *goodness*
bord nm *edge, border /* **____ de mer** *seashore /* **au ____ de la mer** *at the seashore, at the coast*
bouche nf *mouth*
boucherie nf *butcher's shop*
bouger *to move*

bougie nf *candle, sparkplug*
bouilli adj *boiled*
boulanger nm *baker*
boulangerie nf *bakery*
boulot-dépannage nm *part-time job* (familiar)
bout nm *end, extremity /* **au ____ de** *at the end of*
bouteille nf *bottle*
bouton nm *button*
boutonner *to button*
bracelet nm *bracelet*
braise nf *live coals*
brandir *to wave*
bras nm *arm*
bref (brève) adj *short*
briller *to shine*
brochure nf *booklet, pamphlet*
se bronzer *to bronze, to tan*
brosse nf *brush*
broyer *to crush*
bruit nm *noise*
brûlé adj *burnt*
brûlure nf *burn*
brume nf *mist, fog*
brusque adj *blunt, abrupt*
but nm *goal, aim*

cacher *to hide (something) /* **se ____** *to hide (oneself)*
cachette nf *hiding place /* **en ____** *secretly*
cadet adj *younger, junior*
cadre nm *frame, business executive*
cahier nm *notebook*
camarade nm ou nf *companion, friend*
caméra nf *movie camera*
camionnette nf *light delivery truck*
campagne nf *country /* **à la ____** *in the country*
cancre nm *bad student*
cantine nf *lunchroom (school)*
capital adj *essential, outstanding*
caprice nm *whim, fancy*
car conj et nm *for, because, as / large bus*
carte nf *card, map, menu /* **jouer aux ____s** *to play cards /*

____ **postale** *postcard*
caserne nf *barracks*
casse-croûte nm *snack*
casser *to break*
cauchemar nm *nightmare*
célibataire nm ou nf *single man, single woman*
cerf-volant nm *kite*
cerveau nm *brain*
cesse nf *cease, ceasing*
cesser *to stop /* ____ **de**+inf *to stop doing*
chagrin nm *sorrow*
chahut nm *rowdiness*
chair nf *flesh*
chaleur nf *heat, warmth*
chaleureux (-se) adj *cordial, warm*
champ nm *field*
champignon nm *mushroom*
chance nf *luck /* **avoir de la** ____ *to be lucky /* **bonne** ____! *good luck!*
chandelle nf *candle*
changement nm *changing, alteration*
changer (de) *to change, to exchange*
chanson nf *song*
chantier nm *yard, building site*
chaque adj *each, every*
charcuterie nf *pork, butcher's meat, delicatessen*
châsse nf *shrine, reliquary*
chasseur nm *hunter*
châtiment nm *punishment*
chaudron nm *cauldron*
chaussure nf *shoe, footwear*
chef-d'oeuvre nm *masterpiece*
chemin de fer nm *railway, railroad*
chemise de nuit nf *nightgown*
chercher *to look for, to search /* ____ **à**+inf *to attempt to*
chère nf *entertainment, fare /* **faire bonne** ____ *to fare well*
chèvre nf *goat*
chiffre nm *figure, number*
chinois adj *chinese*
chirurgien (-ienne) nm *surgeon*
choeur nm *choir*
choix nm *choice*
chômage nm *unemployment*
chorale nf *choir*
chorus nm *chorus /* **faire** ____ **avec** *to voice one's agreement with*
chou nm *cabbage*
ciel nm *sky*
cimetière nm *cemetery*
ciré adj *waxed*
citadin nm *city dweller*
citoyen nm *citizen*
citrouille nf *pumpkin*
claquement nm *clapping, crackling*
clé (ou clef) nf *key*
client nm *client*
cligner (des yeux) *to wink*
clin d'oeil nm *wink*
clocher nm *bell-tower, steeple*
clôture nf *fence, enclosure, closure*
coeur nm *heart*
se coiffer *to comb one's hair*
coin nm *corner*
colère nf *anger /* **être en** ____ *to be angry*
collé *flunked, failed (familiar)*
colline nf *hill*
combattre *to fight*
comble nm *heaping up beyond a full measure, summit*
commentaire nm *commentary*
commerçant nm *merchant*
commettre *to commit*
commode adj *practical*
compréhensif (-ve) adj *understanding*
comptable nm *accountant*
concurrentiel(le) adj *competing*
conduire *to lead, to conduct, to drive /* **se** ____ *to behave*
confiance nf *trust, confidence /* **avoir** ____ **en quelqu'un** *to trust someone*
confier *to entrust, to disclose*
confiserie nf *candy store*
confiture nf *jam, jelly*
congé nm *leave, holiday /* **être en** ____ *to be on leave*
connaissance nf *knowledge, learning, acquaintance*

conquête nf *conquest*
se consacrer *to devote oneself*
conseil nm *advice*
conseiller *to advise, to recommend* / ____ **quelque chose à quelqu'un** *to recommend something to someone* / ____ **à quelqu'un de**+inf *to advise someone to*
conserve nf *preserve, canned food* / **en** ____ *preserved, bottled, canned*
consister (en) *to consist (of)*
conte nm *story, tale*
contraire nm *opposite* / **au** ____ *on the contrary*
contre adv *against* / **par** ____ *on the other hand*
contribution nf *contribution, tax, share*
convaincre *to convince*
convenir *to suit, to please*
convive nm ou nf *guest*
copain nm *pal, buddy*
coquette nf *flirt*
corps nm *body*
cortège nm *train, suite, procession*
costume nm *costume, dress, suit*
côté nm *side* / **à** ____ **de** *by, next to*
cou nm *neck*
se coucher *to go to bed*
coudre *to sew*
coulisses nfpl *backstage*
coup nm *blow* / **d'un seul** ____ *at once* / **sur le** ____ *on the spot*
coupable nm ou nf *guilty person*
couper *to cut* / **se** ____ *to cut oneself*
courge nf *squash*
courir *to run*
cours nm *current, path, class, market price, rate* / **au** ____ **de** *during*
courtiser *to court*
courtoisie nf *courtesy*
cousin germain nm *first cousin*
couteau nm *knife*
coûter *to cost*

coutume nf *custom*
craindre *to fear*
crainte nf *fear*
crayon nm *pencil*
créer *to create*
crépuscule nm *twilight, dawn*
creux nm *hollow*
crevaison nf *puncture (tire)*
crever *to burst, to split, to puncture*
croisement nm *crossing*
se croiser *to cross or to pass (each other)*
croyance nf *belief, creed*
crudités nfpl *raw vegetables*
cueillir *to gather, to pick*
cuillère ou cuiller nf *spoon*
cuire *to cook*
cuisinier nf *cook*
culpabilité nf *guilt*

davantage adv *more, anymore, any longer*
débandade nf *rout, stampede* / **en** ____ *in disorder*
se débarrasser de *to get rid of, to shake off*
débouché nm *outlet, job opening*
debout adv *standing*
début nm *beginning, start*
décider *to decide, to persuade* / ____ **de**+inf *to decide to* / **se** ____ **à**+inf *to make up one's mind to, to decide on*
décor nm *set, scenery*
décrire *to describe*
déçu adj *disappointed*
défendu adj *forbidden*
se dégager *to become apparent*
dégoutter *to drip*
déguster *to taste, to sample*
dehors adv *outside* / **en** ____ **de** (prép) *outside*
déjà adv *already*
déjeuner nm *lunch*
démangeaison nf *itching*
demeurer *to live* (**avec avoir**), *to remain* (**avec être**)
démolir *to demolish*
démentir *to refute*
dent nf *tooth*

départ nm *departure* / **au ___** *from the start*
dépaysé adj *lost (from home), homesick*
dépaysement nm *feeling of alienation*
dépense nf *expense*
dépenser *to spend*
déplacé adj *displaced, unbecoming*
dernier (dernière) adj *last*
dérouler *to unfold, to develop* / **se ___** *to unfold*
déroutant adj *baffling, confusing*
descendre *to go down, to come down* / **___ à un hôtel** *to check into an hotel*
désobéissant adj *disobedient*
désoeuvrement nm *idleness*
désolé adj *distressed, sad, sorry, desolate*
désormais adv *from now on*
dessin nm *drawing*
dessiner *to draw, to sketch*
destin nm *destiny*
se détacher *to come off*
détaillé adj *detailed*
se détendre *to relax*
devenir *to become*
deviner *to guess*
dévoué adj *devoted*
digne (de) adj *dignify, worthy (of)*
dimanche nm *Sunday*
diminuer *to diminish, to lessen*
dinde nf *turkey*
disparaître *to disappear*
disposer *to dispose, to arrange* / **___ de** *to prescribe*
divorce nm *divorce* / **demander le ___** *to sue for divorce*
dodu adj *chubby*
doigt nm *finger*
dommage nm *loss, damage* / **c'est ___** *it's a pity*
donné adj *given* / **étant ___** *considering, in view of*
donnée nf *basic principle*
doré adj *gilt, gilded*
dormir *to sleep*
dorure nf *gilt*
dossier nm *file, dossier*

douane nf *customs, custom house*
douanier nm *customs officer*
doubler *to double, to pass (car), to overtake*
douceâtre adj *sweetish, sickly*
douceur nf *mildness, sweetness, gentleness*
doué adj *gifted, talented*
douleur nf *pain*
doux (douce) adj *sweet, soft*
droit nm *right*
droite nf *right, law, the right (politics)*
drôle adj *funny*
durant prép *during*
durer *to last*

écart nm *gap, difference* / **à l'___** adv *aside, apart*
échange nm *exchange*
échapper à *to escape, to avoid* / **s'___** *to escape (from)*
échec nm *failure*
échelon nm *rung*
échouer *to fail*
éclair nm *flash of lightning*
éclaircir *to make clear, to brighten*
éclairé adj *lit*
éclater *to split, to burst*
écolier nm *schoolboy*
économie nf *economy, saving*
écran nm *screen*
écrivain nm *writer, author*
écume nf *froth, foam*
écurie nf *stable*
effet nm *effect, result* / **en ___** conj *indeed, as a matter of fact*
efficace adj *efficient*
égard *toward* / **à l'___ de** *with respect to*
église nf *church*
élargir *to widen, to broaden*
élevé adj *high raised, lofty* / **bien ___** *well-bred* / **mal ___** *ill-bred*
élever *to bring up*
éloigné adj *distant, remote*
s'éloigner *to go away, to deviate*
élu adj *elected, chosen*
émaillé adj *enameled*

embaucher *to hire, to engage*
embêté adj *bothered*
embrasser *to kiss /* **s'**___ *to hug, to kiss each other*
émerveillé adj *wonderstruck*
émission nf *program*
empêcher *to prevent /* **s'**___ **de** *to keep from*
emplir *to fill*
emploi nm *use*
employé nm *employee, clerk*
employeur nm *employer*
empoisonnement nm *poisoning*
emporter *to take along*
emprunter *to borrow /* ___ **quelque chose à quelqu'un** *to borrow something from someone*
ému adj *touched, moved (emotions)*
enceinte adj *pregnant*
enchanteur (-eresse) adj et nm *enchanting / enchanter*
enclos adj *enclosed, fenced in*
encourir *to incur*
endimanché adj *in Sunday dress*
endroit nm *place*
enduire *to coat*
enfance nf *childhood*
enfantin adj *childlike, childish*
enfouir *to bury*
engager *to hire*
enluminer *to color, to illuminate*
ennemi nm *enemy, foe*
ennui nm *worry, boredom, bother*
s'ennuyer *to be bored*
énorme adj *huge, enormous*
enquête nf *survey, police investigation*
enregistrement nm *recording*
s'enrouler *to coil up, to wind*
enseigner *to teach /* ___ **quelque chose à quelqu'un** *to teach someone something*
ensemble adv et nm *together / set, group, unity, whole*
ensoleillé adj *sunny*
entamer *to make the first cut in, to make an incision in*
entendre *to hear /* **s'**___ *to agree, to be understood, to be heard /* **s'**___ **avec quelqu'un bien (ou mal)** *to get along well (or badly) with someone*
entente nf *understanding*
enterrer *to bury*
entourer *to surround /* **être entouré de** *to be surrounded by /* **s'**___ *to surround oneself*
entreprise nf *enterprise, business firm, undertaking*
envahir *to invade*
envahisseur nm *invader*
enveloppe nf *envelop*
envie nf *envy /* **avoir** ___ **de**+inf *to feel like doing*
environ adv *about, or so /* **les** ___ nmpl *vicinity, surrounding*
s'envoler *to fly away, to take off*
épais (-se) adj *thick*
épanoui adj *in full bloom*
épargner *to save*
épaule nf *shoulder*
épicerie nf *small grocery store*
épinard nm *spinach*
époque nf *time, age, era /* **à l'**___ *at the time*
épouser *to marry*
époux (-se) nm *husband /* **les** ___ *married couple*
épreuve nf *test*
éprouver *to feel*
épuisé adj *exhausted, worn out*
épuisement nm *exhaustion*
équilibré adj *balanced*
équipage nm *carriage, dress, gear, crew*
équipe nf *team*
errer *to roam, to wander*
erreur nf *error, mistake*
escalier nm *stair, staircase*
esclave nm *slave*
espèce nf *kind, sort*
espion nm *spy*
espoir nm *hope*
esprit nm *spirit /* **avoir l'**___ **ouvert (fermé)** *to have an open (closed) mind*
essai nm *trial, attempt*
essayer *to try /* ___ **de**+inf *to try to*
essence nf *gasoline, species*

essor nm *flight, impulse, soaring*
essuyer *to wipe off, to mop up*
établir *to establish /* **s'____** *to settle down, to take up one's residence*
établissement nm *institution*
étage nf *story, floor*
état nm *state*
été nm *summer /* **en ____** *in the summer*
s'étendre *to stretch oneself out, to extend, to dwell on*
étendu adj *spread out, extensive*
étincelant adj *sparkling*
étiquette nf *label*
étoile nf *star /* **dormir à la belle ____** *to sleep under the stars*
s'étonner (de) *to be astonished, to wonder*
étouffer *to choke*
étranger (–ère) adj et nm *foreign/ foreigner /* **à l'____** *abroad*
étreinte nf *embrace*
étroit adj *narrow*
événement nm *event*
éviter *to avoid*
excédé adj *exasperated, irritated*
exercer *to exercise, to practice, to be in (profession)*
exigeant adj *strict*
exiger *to require, to demand*
exposition nf *display, exhibition*
exquis adj *exquisite, delicious*
extérieur nm *exterior, outside /* **à l'____ de** prép *outside*

fabriquer *to manufacture, to make*
facture nf *bill*
faible adj *weak*
faiblesse nf *weakness, deficiency*
faire semblant *to pretend*
fait nm *fact, act, deed /* **au ____** adv *by the way*
fameux (-euse) adj *famous, celebrated, renowned*
fané adj *faded*
farce nf *joke*
faux nf et adj *scythe / false*
favori (favorite) adj *favorite*
femme nf *woman, wife /* **____ au**

foyer nf *housewife /* **____ de chambre** *cleaning woman*
fenêtre nf *window*
ferme nf et adj *farm / firm, rigid, resolute*
fermeture nf *closing*
fermier nm *farmer*
fête nf *party*
feu nm *fire*
feuille nf *leaf*
fiançailles nfpl *engagement*
se fier à *to trust*
figure nf *face*
figurer *to represent, to appear*
fils à papa nm *rich man's son*
fin nf et adj *end / fine, thin /* **à quelle ____** *for which purpose*
financièrement adv *financially*
flamant nm *flamingo*
flambeau nm *torch*
flâner *to stroll, to loaf*
flèche nf *arrow*
fleuri adj *in bloom*
flotter *to float*
foi nf *faith*
foin nm *hay*
fois nf *time*
foncé adj *dark*
fond nm *bottom, foundation, background /* **au ____** *after all*
force nf *strength /* **à ____ de** *by dint of*
forcément adv *forcibly, necessarily*
forêt nf *forest, woodland*
forger *to forge, to invent*
forgeron nm *blacksmith*
formalité nf *formality, form*
forme nf *shape, form /* **être en bonne (mauvaise) ____** *to be in good (poor) shape*
fort adj et adv *strong, robust, fat / very, highly, loud*
fortune nf *fortune, wealth /* **faire ____** *to make one's fortune*
fossé nm *ditch /* **____ des générations** *generation gap*
fou (folle) nm et adj *insane person/mad, crazy*
foulard nm *scarf*
foule nf *crowd*

four nm *oven, bad play (theater)*
fourchette nf *fork*
fournir *to furnish*
frais (fraîche) adj *fresh* / **de ____** adj *freshly*
frais nmpl *expenses*
freiner *to brake*
fréquemment adv *frequently*
friandise nf *tidbit, sweets*
froisser *to hurt (feelings)*
fromage nm *cheese*
front nm *forehead, front*
frotter *to rub* / **se ____ à** *to rub against*
fuir *to flee, to run away*
fumée nf *smoke*
fumer *to smoke*
fur nm **au ____ et à mesure** *in proportion as, gradually*
furieux (-ieuse) adj *furious, mad*

gâcher *to bungle, to botch*
gagner *to win, to gain, to earn* / **____ sa vie** *to earn one's living*
gai adj *happy, gay*
gamme nf *scale, gamut*
gant nm *glove*
garantir *to guarantee*
garde nf **être sur ses ____s** *to be on one's guard*
gare nf *railroad station*
gâté adj *spoiled*
gâter *to spoil*
gauche adj *left, left wing (politics), awkward, clumsy*
gêné adj *bothered*
généreux (-euse) adj *generous*
génie nm *genius*
genou nm *knee*
genre nm *kind, fashion, style, gender*
gens nmpl *people*
gentil (-le) adj *nice, kind*
geste nm *gesture*
gibier nm *wild game*
gitan nm *gypsy*
glisser *to slide, to slide along, to slip*
glu nf *birdlime*

gonflé adj *swollen*
gorge nf *throat*
gourmand adj *greedy*
goût nm *taste*
goûter nm *snack*
goutte nf *drop*
graisse nf *grease, fat*
gratte-ciel nm inv *skyscraper*
grave adj *serious, grave, solemn, deep (music and voice)*
gravir *to climb, to ascend*
(au) gré des flots *at the mercy of the waves*
grenier nm *attic, granary*
grève nf *strike*
grillade nf *grilled meat*
grimper *to climb*
grincer *to grind, to grate*
gris adj *gray, drunk (familiar)*
gronder *to chide, to scold*
gros (grosse) adj *large, big, fat*
grosseur nf *size*
guêpe nf *wasp*
guère adv *hardly, scarcely*
guetter *to watch*
guide nf *rein*

habile adj *clever*
habit nm *clothes, attire*
habitude nf *habit, custom*
hanter *to haunt*
hasard nm *chance, hazard, risk*
hâte nf *hurry, haste*
haussement nm *shurg*
hauteur nf *height*
hésiter *to hesitate, to waver* / **____ à**+inf *to hesitate to*
heure nf *hour* / **de bonne ____** *early* / **à l'____** *on time* / **à tout à l'____** *see you later (today)*
heureux (-euse) adj *happy*
hisser *to hoist, to pull up*
histoire nf *story, history*
hiver nm *winter* / **en ____** *in the winter*
homard nm *lobster*
honte nf *shame* / **avoir ____ (de) ____** *to be ashamed (of)*
horaire nm *schedule*

horloge nf *clock*
hors adv *safe, except* / ____ **de** *out of*
hospitalier (-ière) adj *hospitable*
huileux (-euse) adj *oily*
huître nf *oyster*
humeur nf *humor, disposition* / **être de bonne (mauvaise)** ____ *to be in a good (bad) mood*
hygiénique adj *hygienic, sanitary*

idée nf *idea*
ignorer *to be unaware (of)*
île nf *island*
immeuble nm *apartment building, edifice*
impassible adj *impassive, unmoved*
impôt nm *tax*
impressionné adj *impressed, affected*
imprimeur nm *printer*
inachevé adj *unfinished*
inconvénient nm *drawback, inconvenience*
inespéré adj *unhoped for*
inoubliable adj *unforgettable*
inouï adj *unheard of*
inquiet (inquiète) adj *worried*
inquiétude nf *worry*
s'inscrire *to sign up*
installer *to install*
instar nm **à l'**____ **de** *following the example of*
intendance nf *management*
intense adj *intense, violent* / **circulation** ____ *heavy traffic*
s'intéresser (à) *to be interested (in)*
intérieur nm *interior, inner part* / **à l'**____ **de** *inside*
interrompre *to interrupt*
intrigue nf *plot*
ivre adj *drunk, intoxicated*
ivresse nf *drunkenness*

jadis adv *of old, formerly*
jamais adv *never*
jambe nf *leg* / **tirer la** ____ *to take someone for a ride (familiar)*

jambon nm *ham*
jaune adj *yellow*
jeunesse nf *youth*
jouer *to play* / ____ **à** + nom *(games)* / ____ **de** + nom *(musical instruments)*
jouir de *to enjoy*
journal nm *newspaper*
journée nf *day* / **toute la** ____ *all day*
jubiler *to exult, to jubilate*
juin nm *June*
jumeau (jumelle) adj *twin*
jumeaux (jumelles) nmpl *twins*

lâcher *to let go, to release*
laideur nf *ugliness*
laiterie nf *dairy*
lancer *to throw*
lapin nm *rabbit*
se lasser (de) *to grow weary (of)*
lavage nm *cleaning*
laver *to wash*
légende nf *caption*
léger adj *light*
légume nm *vegetable*
lésiner *to be stingy, to haggle*
lessive nf *wash*
lèvre nf *lip*
liaison nf *affair (love), relationship*
lier *to link, to tie* / **se** ____ **(avec)** *to become acquainted (with)*
lieu nm *place* / **avoir** ____ *to take place*
ligne nf *line* / **garder la** ____ *to stay slim*
lisse adj *smooth*
littérature nf *literature*
local nm *premises, building*
loge nf *cabin, box (theater), dressing room*
logement nm *lodging, dwelling*
loi nf *law*
loin adv *far*
loisir nm *leisure, spare time*
long (longue) adj *long* / **à la longue** *in the long run*
longtemps adv *long, a long time*
louer *to rent*

lourd adj *heavy, dull-minded, sultry (weather)*
luisant adj *gleaming, shining*
lumière nf *light*
lune nf *moon*
lunettes nfpl *glasses*
lutteur nm *fighter*

mâchonner *to munch*
maigre adj *thin*
maigrir *to grow thin, to lose weight*
maïs nm *corn*
maître (maîtresse) *master /* ___ **de maison** *host*
maîtriser *to master, to overcome, to control*
majeur adj *major, greater, of age*
mal nm et adv *evil / badly /* **avoir** ___ **à** *to hurt (in a body part)*
malade adj et nm ou f *ill / sick person*
maladie nf *sickness*
malentendu nm *misunderstanding*
malfamé adj *ill-famed, of bad repute*
malgré prép *in spite of, despite*
malin adj *mischievous, clever*
manche nf et m *sleeve / handle*
manger *to eat*
manière f *manner, affectation /* **de** ___ **que** conj *so that*
mannequin nm *model (girl or boy)*
manquer *to be missing, to miss /* ___ **à** *to feel the lack of, to miss /* ___ **de** *to lack*
manteau nm *coat*
manutention nf *handling of goods*
maquiller *to make up*
maquilleur nm *makeup person (theater)*
marche nf *step, stair, walk, running (machine)*
marché nm *market*
marge nf *margin /* **en** ___ **de** *on the fringe of*
mariage nm *marriage, wedding*
marin adj *marine*
marron adv inv *brown, chestnut*
mas nm *farm, country house*

maternelle nf *nursery school*
matrice nf *uterus*
mauvais adj *bad /* **faire** ___ *to be bad weather*
mécanicien nm *mechanic*
méchant nm et adj *ill-natured or wicked person / wicked*
méconnu adj *unrecognized, misunderstood*
mécontentement nm *unhappiness*
médicament nm *medicine*
méfiance nf *distrust, mistrust*
méfiant adj *mistrustful*
se méfier de *to mistrust*
mêlé adj *mixed*
mêler *to interfere*
membre nm *member, limb*
même adj *same, self /* **de** ___ *also, as well as*
mémoire nf *memory*
menace nf *threat*
ménage nm *housekeeping*
mensuellement adv *monthly*
mentir *to lie*
se méprendre *to make a mistake*
mépriser *to scorn, to spurn*
mer nf *sea*
merci nf *être à la* ___ **de** *to be at the mercy of (someone or something)*
merveille nf *marvel /* **à** ___ *wonderfully well*
mesure nf *measure /* **à** ___ **que** *as, in proportion as*
métier nm *trade*
mets nm *food, dish*
metteur (en scène) nm *director, stage director*
meurtrir *to wound, to bruise*
miel nm *honey*
milieu nm *middle, center /* **au** ___ **de** *in the middle of*
mince adj *thin, slender*
minutieux (-euse) adj *minute, meticulous*
misère nf *poverty /* ___**s** *woes, misfortune /* **faire des** ___**s à quelqu'un** *to torment someone*
mode nf *fashion, mode, way /* **être à la** ___ *to be fashionable*

moindre adj *smaller, less* / **le** ____ *the least*
moins adv *less, fewer* / **le** ____ *the least* / **à** ____ **que** conj *unless* / **à** ____ **de** + inf *unless* / **au** ____ *at least*
mollement adv *softly*
mondial adj *world, worldwide*
monteur nm *film editor (movies)*
montrer *to show*
moquette nf *carpet*
mordre *to bite*
mot nm *word*
motard d'agence nm *errand person on motorbike*
mou (molle) adj *soft (consistency)*
mouche nf *fly*
mouchoir nm *handkerchief*
mouillé adj *wet*
mouiller *to wet*
mousse nf *moss*
moustique nm *mosquito*
mouvementé adj *animated, lively*
moyen (-enne) adj et nm *mean, middle, medium* / *way, means*
mûr adj *ripe*
musette nf *haversack*
mystère nm *secret, mystery*
mystérieux (-euse) adj *mysterious*

naissance nf *birth*
naître *to be born*
nappe nf *tablecloth*
navet nm *turnip*
neige nf *snow*
neiger *to snow*
nettoyer *to clean, to clear*
nez nm *nose*
nièce nf *niece*
noce nf *wedding, wedding festivities*
noeud nm *knot*
noirci adj *darkened*
nommer *to name*
notation nf *grading*
nouer *to tie, to knot*
nourrir *to feed, to nourish, to keep, to harbor (thoughts of)*
nouveauté nf *novelty, newness*
nu adj *naked*

nuage nm *cloud*
nuit nf *night* / ____ **blanche** *sleepless night*
nul (-le) adj *no, not one* / **nulle part** *nowhere*

obtenir *to obtain, to get*
occuper *to occupy, to employ, to inhabit* / **s'** ____ **à** *to look after, to be interested in* / **s'** ____ **de quelqu'un ou de quelque chose** *to take care of somebody or something*
oeil (pl: **yeux**) nm *eye*
oeuf nm *egg*
oeuvre d'art nf *masterpiece*
offusqué adj *offended*
oisiveté nf *idleness*
ombrage nm *shade*
onduler *to wave*
onéreux (-se) adj *expansive*
ongle nm *nail (finger or toe)*
opération nf *operation* / **subir une** ____ *to undergo an operation*
or nm *gold*
orage nm *storm, tempest, tumult*
ordinateur nm *computer*
ordonnance nf *prescription*
orgueil nm *pride*
orphelin nm *orphan*
os nm *bone*
oser *to dare*
ôter *to take off*
oublier *to forget* / ____ **de** + inf *to forget to*
ouragan nm *hurricane, storm*
ouverture nf *opening*
ouvrier nm *worker*
ouvrir *to open*

paille nf *straw*
pain grillé nm *toast*
paisible adj *peaceful*
pâle adj *pale, pallid*
panier nm *basket*
panne nf *breakdown* / **tomber en** ____ *to have a breakdown*
pantalon nm *trousers, pants*
pantoufle nf *slipper*

paraître *to appear, to seem*
parcourir *to tour the country*
pardessus nm *overcoat*
pareil (-le) adj *similar, the same*
paresser *to be lazy*
paresseux (-euse) adj *lazy*
parole nf *word, promise, speech*
part nf *part, share /* **d'une ____, d'autre ____** *on the one hand, on the other hand /* **pour ma ____** *as for me, as far as I'm concerned*
partager *to share, to divide*
parterre nm *orchestra (theater)*
partie nf *part /* **faire ____ de** *to be a part of, to belong to*
pas nm *footstep*
passager nm *passenger*
passer *to pass, to spend /* **____ son temps à** + inf *to spend one's time to /* **se ____** *to take place, to happen /* **se ____ de** *to do without*
passionnant adj *exciting, thrilling*
pastèque nf *watermelon*
patron nm *employer, boss*
patte nf *paw*
paupière nf *eyelid*
paysage nm *scenery, landscape*
peau nf *skin*
peindre *to paint*
peine nf *punishment, grief, sorrow, trouble, difficulty /* **à ____** adv *hardly, scarcely /* **____ de mort** *death penalty*
peintre nm *painter*
se pencher *to lean*
pendre *to hang*
pension nf *pension /* **____ de famille** *boarding house*
pente nf *slope, ascent, propensity, bent*
percevoir *to perceive*
périr *to die, to perish*
perlé adj *pearled, set with pearls*
permettre *to allow, to permit, to let /* **____ à quelqu'un de faire quelque chose** *to allow someone to do something*
perte nf *loss*

pervenche nf *periwinkle*
peser *to weigh*
petit déjeuner nf *breakfast*
petit-fille nf *granddaughter*
petit-fils nm *grandson*
peur nf *fright /* **avoir ____ (de)** *to be afraid of /* **de ____ que** conj *for fear that /* **de ____ de** + inf conj *for fear of*
peureux (-euse) adj *fearful*
peut-être adv *perhaps, maybe*
phare nm *lighthouse, beacon*
pied nm *foot /* **____s nus** adj *barefooted*
pierre nf *stone*
piéton nm *pedestrian*
pinceau nm *brush*
piqûre nf *sting, bite*
pire adj *worse*
piste nf *track, trail*
place nf *place, location, seat /* **mettre en ____** *to place something where it belongs*
plafond nm *ceiling*
plage nf *beach*
plaindre *to pity, to sympathize with*
se plaindre (de) *to complain*
plaire *to please /* **____ à quelqu'un** *to please someone*
plaisanter *to joke*
plan nm *level, blueprint, map (of city)*
plancher nm *floor, floorboard*
plaque nf *sheet, plate /* **____ tournante** *center*
plat adj et nm *flat / dish*
plateau nm *tray / (theater), movie set, stage*
plein adj *full /* **____ air** nm *outdoors /* **en ____ air** *in open air*
pleinement adv *fully*
plombier nm *plumber*
pluie nf *rain*
plutôt adv *rather*
pluvieux (-euse) adj *rainy*
pneu (matique) nm *tire*
poche nf *pocket*
poids nm *weight*
poignée nf *handful /* **____ de main** *handshake*

poignet nm *wrist*
poilu nm *hairy*
point nm *point* / **faire le ___ de** *to take stock of*
poireau nm *leek*
poisson nm *fish*
poissonnerie nf *fish store*
poivre nm *pepper*
port nm *port* / **___ d'attache** *port of registry*
portail nm *doorway*
porte-bonheur nm *good luck charm*
portefeuille nm *wallet, billfold*
portrait-robot nm *composite profile*
poster *to take up a position*
poulet nm *chicken*
poulie nf *pulley*
pouls nm *pulse*
pourchasser *to pursue, to chase*
poursuivre *to pursue, to continue*
pourtant adv *yet, still, however*
pourvu que conj *provided that*
pousser *to push, to grow (familiar)*
pouvoir nm *power, might, authority* / **___** *to be able to, to have power, to be possible*
se précipiter *to hurl oneself, to rush forward*
préjugé nm *prejudice*
première nf *first night (theater)*
prendre *to take* / **___ soin de** *to take care of* / **s'en ___ à quelqu'un** *to attack someone*
préparer *to prepare* / **se ___** *to prepare oneself* / **___ à + inf** *to get ready to*
près (de) adv *close, near*
presque adv *almost*
se presser *to hurry*
prêt adj *ready* / **être ___ à + inf** *to be ready to*
prêter *to lend, to impart* / **___ quelque chose à quelqu'un** *to lend something to somebody*
preuve nf *proof*
prévoir *to foresee*
primé adj *prize (winning)*
printemps nm *spring* / **au ___** *in the spring*

prix nm *price*
procès nm *lawsuit, action, trial, case*
prochain adj *next*
prodige nm *marvel, wonder (event) prodigy (person)*
profound adj *deep*
projet nm *plan* / **faire des ___s** *to make plans*
prolonger *to prolong, to lengthen* / **se ___** *to extend, to continue*
se promener *to take a walk*
promouvoir *to promote*
prononcer *to pronounce* / **se ___** *to express one's opinion, to declare*
puiser *to draw*
puisque conj *since*
puissance nf *power*
punition nf *punishment*

quant à *as for*
quête nf *search, collection*
quitter *to leave*

racine nf *root*
raffiné adj *refined, subtle, polished*
raffoler (de) *to be passionately fond (of)*
raide adj *straight (hair), stiff*
ramasser *to pick up*
rameau nm *branch*
ramener *to bring back (someone)*
rampe nf *incline, footlights (theater)*
rance adj *rancid*
rangé adj *arranged*
rapport nm *report, relation(ship), account, profit, connection* / **par ___ à** *in comparison with, in relation to*
rapporter *to bring back home*
ras adj *close-shaven, bare* / **rase campagne** *open country*
rassembler *to assemble* / **se rassembler** *to gather together*
raser *to shave, to demolish* / **se raser** *to shave*
rater *to fail*
rayon nm *ray, beam*
réagir *to react*

recherche nf *research*
rechercher *to seek after, to research*
récit nm *story, account, report*
reconnaissance nf *recognition, gratitude, reward*
rédiger *to draw up, to edit*
redouter *to dread, to fear*
reflet nm *reflection, gleam*
se réfugier *to take refuge*
refuser *to refuse /* ____ **à quelqu'un de**+inf *to refuse to let someone*
regard nm *look*
régime nm *diet*
règle nf *rule*
regretter *to regret, to repent, to be sorry /* ____ **de**+inf *to regret to*
rejeté(e) adj *rejected*
rejoindre *to join, to rejoin*
relâché adj *relaxed*
relèvement nm *standing up again*
relever *to point out*
remarquer *to notice*
remédier (à) *to remedy, to cure*
se remettre *to recover, to start again*
remonter *to go back up*
remplacer *to replace*
remplir *to fill /* **être rempli de** *to be filled with*
remporté adj *achieved, won*
rémunération nf *payment, remuneration*
rémunéré adj *paid*
rencontrer *to meet /* **se** ____ *to meet with each other (one another)*
rendez-vous nm *appointment, date*
rendre *to give back, to return /* ____ +adj *to make /* **se** ____ *to go, to surrender /* **se** ____ **compte (de)** *to realize*
renommé *well-known, renowned*
renouveler *to renew /* **se** ____ *to be renewed, to change one's style*
renseignement nm *information*
rentable adj *profitable*
rentrée nf *start of new school year*
renversé adj *knocked over*

répandre *to pour out, to shed, to spill*
répandu adj *spread out*
réparer *to repair*
réparti adj *divided*
répartie nf *retort*
répartir *to divide, to distribute*
repas nm *meal*
répondre (à) *to answer, to reply, to respond (to someone)*
se reposer *to rest, to relax*
requérir *to require*
résoudre *to solve*
responsabilité nf *responsibility*
ressembler (à) *to resemble (someone)*
ressentir *to feel*
resserrer *to tighten*
résultat nm *result*
retenir *to keep, to detain*
retraite nf *retirement /* **prendre sa** ____ *to retire /* **battre en** ____ *to withdraw*
réunir *to reunite /* **se** ____ *to meet, to assemble again*
réussir *to succeed /* ____ **à**+inf *to succeed in*
réussite nf *success*
revanche nf *revenge /* **en** ____ *on the other hand*
revendre *to sell again*
revenu nm *revenue, income*
revers nm *other side*
riche adj *rich*
richesse nf *wealth, richness*
richissime adj *very wealthy*
rideau nm *drape, curtain*
rigoureux (-euse) adj *severe, harsh*
rigueur nf *strictness /* **à la** ____ *if necessary*
riz nm *rice*
robe nf *dress*
romancière nf *novelist*
rond adj *round*
ronde nf *round, dance in a circle*
rondeur nf *roundness*
ronflement nm *snoring*
se ronger *to be eaten, to be worn away /* ____ **les ongles** *to bite one's nails*

rôti nm *roast*
roulotte nf *caravan*
route nf *road* / **se mettre en** ___ *to start out, to set off*
rouvrir *to open again*
roux (rousse) adj *redheaded*
rubrique nf *column (newspaper), heading*
ruche nf *beehive*
rudesse nf *roughness, harshness*
ruelle nf *lane, alley, passage*
ruisseau nm *creek*
rusé adj *sly, clever, cunning*

sabot nm *clog, hoof (animal)*
sac de couchage nm *sleeping bag*
sadique adj *sadistic*
sage adj *good, wise*
sagesse nf *wisdom*
sain adj *healthy*
saison nf *season*
sale adj *dirty*
salle nf *room* / ___ **à manger** nf *dining room* / ___ **de bain(s)** nf *bathroom* / ___ **de séjour** *living room* / ___ **d'attente** *waiting room*
samedi nm *Saturday*
sangloter *to sob*
santé nf *health*
saoul adj *drunk*
sauf prép *except, save*
sauter *to jump, to leave out*
sauvette (à la) adv *without permission*
savant adj en nm *learned / scholar, scientist*
savon nm *soap*
scénario nm *script*
sec (sèche) adj *dry*
sein nm *breast* / **au** ___ **de** *within*
selle nf *saddle*
semblable adj et nm *like, similar, alike / fellow creature*
semer *to sow, to scatter*
sensibilité nf *sensitivity*
serre nf *greenhouse*
serrer *to tighten, to squeeze*
service nm *duty, service* / **être de** ___ *to be on duty*

serviette nf *napkin, towel*
se servir (de) *to use*
seuil nm *threshold, doorstep*
seul adj et nm *alone, lonely / a single one*
siècle nm *century*
sifflet nm *whistle*
sinon conj *if not*
situation nf *situation, position, location*
situé adj *located*
situer *to locate, to place* / **se** ___ *to be located*
ski nm *ski* / ___ **de fond** *cross-country skiing* / ___ **nautique** *waterskiing*
soigner *to take care of, to look after, to treat*
soir nm *evening*
soirée nf *evening, evening party*
solder *to settle (account), to clear* / **se** ___ **par** *to end in*
somme nf et nm *sum / nap /* **en** ___ *all in all*
sommet nm *top, summit* / **au** ___ **de** *at the top of*
sondage nm *survey, poll*
songe nm *dream*
sonner *to ring*
sot (sotte) adj *silly*
sou nm *penny*
souci nm *worry* / **se faire du** ___ *to be concerned, to be anxious*
soucieux (-euse) adj *worried*
soucoupe nf *saucer*
soudain adv *suddenly*
souffle nm *breath*
souffler *to blow*
souffrant adj *unwell*
souffrir *to suffer*
souhaiter *to wish for, to desire*
soulier nm *shoe*
souligner *to underline, to emphasize*
soumettre *to subject, to subdue, to refer*
soupeser *to weigh in one's hand*
souplesse nf *pliancy, flexibility*
sourd adj *deaf, insensible, muffled (sound)*

souris nf *mouse*
se souvenir *to recall, to remember* / ____ **de**+inf *to remember to*
souvent adv *often*
stationnement nm *parking*
store nm *blind, shade*
stylé adj *trained, taught, clever*
sucre nm *sugar*
sueur nf *sweat*
suffire *to suffice, to be enough*
suivre *to follow* / **faire** ____ *to forward*
sûreté nf *safety, reliability*
surgelé adj *frozen*
surmener *overwork*
surmonter *to overcome*
surnommé adj *nicknamed*
surprenant adj *surprising*
sursauter *to jump up*

tableau nm *picture, painting* / ____ **de bord** *dashboard*
tablier nm *apron*
tache nf *spot, stain*
tâche nf *duty, job*
taille nf *waist, height*
tailler *to trim, to clip*
tant adv *so much, so many* / **en** ____ **que** *in so far as*
tapage nm *noise, uproar*
tard adv *late*
tartine nf *slice of bread and butter*
tas nm *heap, pile*
tasse nf *cup*
taureau nm *bull*
teinte nf *shade, hue*
tel adj *such, like*
téléphoner (à) *to telephone, to call*
tenancière nf *manageress (hotel)*
tendance nf *tendency, bend* / **avoir** ____ **à**+inf *to tend to*
tenir *to hold, to possess* / ____ **à quelqu'un ou à quelque chose** *to be attached to, to be fond of someone or something* / ____ **à**+inf *to be anxious to, to be eager to* / ____ **au courant** *to keep up to date on things*
tension nf *tension, strain* / ____ **artérielle** *blood pressure*

tenter *to try, to attempt, to tempt*
tenue nf *upkeep*
terme nm *termination, end, deadline* / **toucher à son** ____ *to come to one's end, to expire (deadline)*
terrain nm *ground, terrain* / ____ **vague** *empty lot*
terre nf *earth* / **par** ____ *on the ground*
théâtre nm *theater*
tiède adj *lukewarm*
tiédeur nf *lukewarmness, indifference*
tige nf *stem*
timbre nm *stamp*
tirer *to draw*
tiret nm *hyphen, dash*
titre nm *title*
toile nf *linen*
toit nm *roof*
tombe nf *grave, tombstone*
tomber *to fall* / ____ **amoureux (-euse) de quelqu'un** *to fall in love with someone*
ton nm *tune, tone*
tonnerre nm *thunder*
tour nm *turn*
tournailler *to go round and round*
tournant nm *turn, bend*
tourne-disque nm *record player*
tournée nf *tour, round*
tourner *to turn, to revolve, to spin* / ____ **un film** *to shoot a film*
tousser *to cough*
traduire *to translate*
trahir *to betray*
traîner *to drag*
trancher *to slice*
travail nm *(pl:* **travaux***) work*
tremper *to dip, to soak*
trépidant adj *pulsating, vibrating, hectic*
trépigner *to stamp one's foot*
tribu nf *tribe*
trier *to sort*
tromper *to betray, to deceive, to mislead* / ____ **quelqu'un** *to betray someone* / **se** ____ **(de)** *to be mistaken*
trottoir nm *sidewalk*

troupeau nm *flock, herd*
trouver to find / **se** ___ *to be found, to be located*
tuer *to kill*
tuile nf *tile*

usage nm *usage* / ___**s** *practices*
usine nf *factory*

vacances mpl *holidays, vacation*
vaincre *to defeat*
vaisselle nf *tableware, flatware, plates, dishes* / **faire la** ___ *to wash dishes* **lave-**___ nm *dishwasher*
valoir *to be worth, to cost* / ___ **la peine** *to be worth the trouble* / ___ **mieux** *to be better*
se vanter (de) *to boast*
vaste adj m et f *vast, wide*
veau nm *calf, veal*
veille nf *night before, day before*
velours nm *velvet*
vendeur (-se) nm *salesperson*
ventre nm *abdomen, belly, (stomach)*
verre nm *glass*
vers prép *toward*
verser *to pour*
vêtement nm *clothing*
vêtu adj *dressed*
vétuste adj *decrepit*
veuf (veuve) nm *widower (widow)*

viande nf *meat*
viandeux (-euse) adj *fleshy*
vide adj *empty*
vider *to empty* / **se** ___ *to empty*
vieillir *to get old*
vieux (vieille) adj et nm *old / old man*
vif (vive) adj *alive, live, living*
vigne nf *vine, vineyard*
violé adj *raped*
visage nm *face*
vis-à-vis (de) adv *opposite, face to face, with respect to*
vitesse nf *speed* / **à toute**___ *at top speed*
vitre nf *windowpane*
vitrine nf *window (shop)*
vivant adj *alive*
vivre *to live, to subsist* / ___ **en paix** *to live in peace*
voeu nm *wish*

voire adv *indeed, even*
voisin nm *neighbor*
vol nm *theft*
volaille nf *fowl*
voler *to steal, to rob*
volontiers adv *with pleasure, willingly*
volupté nf *pleasure, sensual delight*
voûte nf *vault, roof*
vue nf *sight* / **à première** ___ *at first sight*

Literary acknowledgments

Marcel Aymé, "Le Proverbe," from *Contes du chat perché*. Reprinted by permission of Éditions Gallimard.
"Le Boomerang de la liberté." Reprinted by permission of *L'Express*.
Perrine Bour, "Vivre heureuse à Paris," from *Jacinte*. Reprinted by permission of Publications Groupes Média.
Art Buchwald, "Un Américain à Paris," from "La Fra. e de Mitterand," *Paris-Match*.
Dan Carlinsky, "Les Dangers de la belle saison," from "The Toronto Star." Reprinted by permission of *Reader's Digest*.
J. M. G. Clézio, "Des Légumes sympathiques," from *L'Inconnu sur la terre*. Reprinted by permission of Éditions Gallimard.
Colette, "Qu'allons-nous manger ce soir?" from *La Maison de Claudine*. Reprinted by permission of Éditions Hachette.
Pierre Daninos, "Gentil pays," from *Les Carnets du Major Thompson*. Reprinted by permission of Éditions Hachette.
Alphonse Daudet, "L'Arlésienne," from *Les Lettres de mon moulin*
Quentin Debray et Pierre Debray-Ritzen, "Les Aînés sont-ils les plus favorisés?" Reprinted by permission of *Enfants-Magazine*.
Georges Duhamel, "Dialogue de l'employeur et de l'employé," from *Le Notaire du Havre*. Reprinted by permission of Mercure de France.
Evelyne Fallot, "Les Élèves prennent la parole." Reprinted by permission of *L'Express*.
Claire Gallois, "La Culture en province." Reprinted by permission of *Marie-France*, March 1982.
Jean Giono, "La Femme du boulanger," from *Jean le bleu*. Reprinted by permission of Éditions Gallimard.
Remy de Gourmont, "Jose et Josette," from *D'un pays lointain*. Reprinted by permission of Mercure de France.
G. Lafarge et F. Monod, "La Seine." Reprinted by permission of Éditions et productions théâtrales Chappell.
Geneviève Leclerc, "Assistante d'ingénieur," from *Jacinte*. Reprinted by permission of Publications Groupes Média.
"Lycéens et politique." Louis Harris poll. Reprinted by permission of *Marie-France*, June 1982.
André Maurois, "La Douce France," from *Portrait de la France et des Français*. Reprinted by permission of Éditions Hachette.
André Maurois, "Lettre à un étrangère," from *Paris*. Reprinted by permission of Fernand Nathan Éditeur.
G. Michaud et G. Torres, "La Table," from *Le Nouveau Guide France*.
"La Nouvelle-Orléans, un fête pour tous les sens." Reprinted by permission of *Journal Français d'Amérique*, March 1982.
Marcel Pagnol, from *Souvenirs d'enfance*. Reprinted by permission of Editions Bernard Grasset.

Françoise Parturier, "April in Paris," from *L'Amour, le plaisir*. Reprinted by permission of Librairie Plon.
Samuel Perkins, "Fauchon, le paradis des gourmets." Reprinted by permission of *Reader's Digest*.
Anne Prah-Perochon, "Une Interview exclusive de Jeanne Moreau." Reprinted by permission of *Journal Français d'Amérique*, September 1982.
Jacques Prévert, "Chanson de la Seine," from *Spectacle*. Reprinted by permission of Éditions Gallimard.
Jacques Prévert, "Familiale," from *Paroles*. Reprinted by permission of Éditions Gallimard.
Mariella Righini, "Famille, je vous aime!" Reprinted by permission of *Le Nouvel Observateur*.
Christiane de Rochefort, "Un Début de vacances mouventé I, II," from *Les Petits Enfants du siècle*. Reprinted by permission of Éditions Bernard Grasset.
Sempé/Goscinny, "Je fume," from *Le Petit Nicolas*. Reprinted by permission of Éditions Denoël.
Georges Simenon, from *Le Chien jaune*. Reprinted by permission of Éditions Fayard.
Sylviane Stein, "Conquêtes inachevées." Reprinted by permission of *L'Express*.
Yves Thériault, "Le Portrait," from *L'Île introuvable*. Reprinted by permission of Éditions du Jour.
Jacques Thomas, "Français moyen—qui es-tu? I, II." Reprinted by permission of *Marie-France*, March 1982.
Catherine Valabrègue, from *La Condition masculine*. Reprinted by permission of Éditions Payot.
Jacques Verrières et Marc Heyral, "Mon pot' le gitan." Reprinted by permission of Société d'Éditions Musicales Internationales.

Photo credits

Cover: *bottom left, center, right*), Beryl Goldberg.
24, Taurus Photos/Eric Kroll. **40**, Image Works/Mark Antaman. **60**, Photo Researchers Inc./Fritz Henle. **64**, Photo Researchers Inc./Arcis-Rapho. **71** (*top left*), Beryl Goldberg. **71** (*top right*), Monkmeyer Press Photo/Rogers. **71** (*bottom*) Beryl Goldberg. **88**, Photo Researchers Inc./Suzanne Fournier. **96** (*top left*), Image Works/Mark Antman. **96** (*center*), Monkmeyer Press Photo/Rogers. **96** (*bottom*), Sygma Photo/Alain Noques. **96** (*top right*), Magnum Photo/Martine Franck. **99** (*left*), Stock Boston/Owen Franken. **99** (*right*), Woodfin Camp & Assocs./Michal Heron. **108**, Image Works/ Mark Antman. **130**, French Govt. Tourist Office. **138**, Image Works/Mark Antman. **149**, Art Resource. **154**, Photo Researchers Inc./Richard Frieman. **156**, Photo Researchers Inc./Richard Frieman. **169**, Image Works/Mark Antman. **176** (*top right*), Monkmeyer Press Photo/Rogers. **180**, Taurus Photos/Eric Kroll. **195**, Magnum Photo/Richard Kalvar. **198**, Woodfin Camp & Assocs./François Hers. **205**, Image Works/Mark Antman. **213** (*top left*), Photo Researchers Inc./Richard Frieman. **213** (*top right*), Monkmeyer Press Photo/Sybil Shelton. **213** (*bottom*), Monkmeyer Press Photo/Rogers. **217**, Photo Researchers Inc./Rapho-Jean Mainbourg. **235** (*top left*), Monkmeyer Press Photo/Grabitzky. **235** (*center*), Monkmeyer Press Photo/Gregor. **248**, Beryl Goldberg. **254**, Monkmeyer Press Photo/Jefferson. **260** (*top*), Art Resource. **260** (*center*), Magnum Photo/Martine Franck. **260** (*bottom*), Monkmeyer Press Photo/Rogers. **264**, Liaison Agency/Jean-Claude Francolon. **270**, French Cultural Service.